百川集

——庆祝周忠海教授七十华诞文集

李居迁／主编

中国政法大学出版社

2020·北京

图书在版编目（ＣＩＰ）数据

百川集/李居迁主编. —北京：中国政法大学出版社，2020.1
ISBN 978-7-5620-8365-8

Ⅰ.①百…　Ⅱ.①李…　Ⅲ.①周忠海－纪念文集　Ⅳ.①K825.19-53

中国版本图书馆 CIP 数据核字(2018) 第 146621 号

出 版 者　中国政法大学出版社

地　　址　北京市海淀区西土城路 25 号

邮寄地址　北京 100088 信箱 8034 分箱　邮编 100088

网　　址　http://www.cuplpress.com (网络实名：中国政法大学出版社)

电　　话　010−58908586(编辑部) 58908334(邮购部)

编辑邮箱　zhengfadch@126.com

承　　印　保定市中画美凯印刷有限公司

开　　本　880mm×1230mm　1/32

印　　张　9.25

字　　数　225 千字

版　　次　2020 年 1 月第 1 版

印　　次　2020 年 1 月第 1 次印刷

定　　价　58.00 元

百川集

——庆祝周忠海教授七十华诞文集

主　编：李居迁

副主编：林灿铃　马呈元　赵建文

编辑委员会：

李居迁　林灿铃　马呈元　赵建文

郭红岩　谢海霞　朱建庚　孟凡明

说　明

　　二零一四年十月十四日，是我们的恩师周忠海教授七十年华诞。作为周老师的弟子，我们怀着十分欣喜的心情，编辑出版了这本文集。

　　这本文集主要由两部分组成。

　　第一部分"百川归海——学术文章"，选取了恩师培养的博士们的学术文章，作为成绩的汇报和展示。这些学术文章，在一定程度上反映了从中国政法大学周先生门下走出来的这一批博士们的学术贡献和成绩。恩师学问，如浩浩大海，令人学之不尽。我们如同江河一般，虽然长宽浅深各有不同，但也各具波澜，在各自的岗位上为国家、为社会乃至国际社会，做着自己的贡献。百川归海，便是我们向恩师汇报成绩点滴，向社会回报我们的一二贡献之意。

　　第二部分"海边拾贝——生活点滴"，选取了数篇文章，展现了我们师从周先生期间的一些细节。这里既有最早两届博士的回忆，也有最后一届博士的感悟。我们从一个学问大家的身上，不仅看到钻研学问的精深，追求真理的坚韧，心系家国天下的殷切，还看到师道的伟大——教化弟子于无形，启迪智慧于平常，融化道德于平淡。

启发学问，新颖切实；教化弟子，古风依然。这，就是我们的导师。

由于篇幅限制，我们无法一一收录所有的文章，请予谅解。

《百川集》编委会
2014 年 10 月

周忠海教授简介

  周忠海 教授，男，1945 年 10 月生，河北省沙河市人。1968 年毕业于天津南开大学外文系，1981 年于北京大学法律系研究生毕业，获法学硕士学位。1984 年于联合国国际海洋学院结业。1991 年至 1992 年任美国弗吉尼亚大学法学院高级访问学者。1981 年作为中国海洋法代表团顾问出席第三次联合国海洋法会议，并参加公约起草委员会的工作。1982 年于中华人民共和国司法部教育司任职；1983 年至今先后任中国政法大学研究生院教务处副处长、处长、副院长，历任副教授、教授、博士生导师。

  研究领域主要为国际公法、国际经济法、WTO 法、国际海洋法、国际航空法、军事法、国际人道法等。现任中国政法大学法学教授，国际法专业、军事法专业博士生导师，博士后流动站合作导师，中国政法大学国际法研究中心主任，中国政法大学航空航天法律研究中心首席顾问，中国政法大学军事法研究中心顾问。兼任中国国际法学会副会长、中国海洋法学会副会长。中国社会科学院法学研究所、国际法研究中心特聘教授（研究员），中国海洋大学兼职教授，外交学院兼职教授，中国人民解放军西安政治学院军法系兼职教授，上海海洋大学海洋法律政策研究所学术委员会主任。中国军事法学会理事，中央军委办公厅法制局专家组成员，中国人民解放军总政治部当代应急法律机制研究专家组成员，外交部周边海洋问题咨询专家，中国民航总局特聘专家。《中国大百科全书·国际法卷》（第2版）主编，《中国海军百科全书》海洋法规学科专家编审顾问。中国海洋发展研究会理事，学术委员会副主任，中央维护海洋权益工作专家组成员。

主要学术著作有：《国际法学述评》《国际海洋法》《国际经济关系中的法律问题》《周忠海国际法论文集》《海涓集——国际海洋法文集》《国际法（普通高等教育"十一五"国家级规划教材）》《中国的和平发展与国际法》等专著12部。编著：《中国大百科全书·国际法卷》（第2版），《周鲠生国际法文选》《法律辞海》《英美民商事诉讼文书范本》《中国商法（*Business Law in China，Trade，Investment and Finance*）》（英文版），《中华法学大辞书·国际法卷》《中国法学大词典·国际法卷》《中国知识产权法律实务大全》《中华人民共和国常用法律疑难条文释义》《钱端升先生纪念文集》《WTO法律文件释义全书》《WTO诸边协议释义》等21部。译著：《合同法概论》《英汉辞海》《法律教学新方法》《欧洲合同法》《国际公法规则之冲突》《战争与和平法》等8部。学术论文："国际法及其在国际关系中的作用""中国入世后的若干法律问题思考""粗暴践踏国际法已构成犯罪""进一步推动国际法在中国的研究和发展""恢复对澳门行使主权和有关的国际法问题""国际经济法在中国的研究与发展""WTO规则与国际法""海洋法中的剩余权利""中国的和平崛起需要加强对国际法的研究""全球通缉经济犯罪的难题""海外投资的外交保护""论武装冲突中的习惯国际人道法""武装冲突法""海洋法与国家海洋安全""生物科技相关法律问题与《禁止生物武器公约》""论现代国际海洋法中的海盗"等150余篇。《国际海洋法》一书荣获北京市高等学校第二届哲学社会科学中青年优秀成果奖，美国国防与外交政策杂志曾多次引用概述的论点和观点。"中国的和平崛起需要加强对国际法的研究"一文被《中国学术年鉴》评为2004年优秀法学学术论文。"国际法及其在国际关系中的作用"是为中央政治局讲座的讲稿，被收入《中共中央法制讲座汇编》。

【工作经历】

周忠海教授1981年10月于北京大学法律系研究生毕业，获法学硕士学位。

1981年11月分配到司法部教育司工作。

1982年作为中国政法大学筹备组成员组建中国政法大学。

1983年正式调入中国政法大学研究生院工作。

1984年任研究生院教务处副处长。

1990年任研究生院教务处处长。

1994年~2003年任研究生院副院长。

1995年~2003年任中国政法大学学位评定委员会委员、副主席。

2003年离任到国际法学院任教，任中国政法大学国际法学院学术委员会主席、学位委员会主席。

1993年至今任中国政法大学教授。

1995年至今任国际法学专业博士生导师。

2003年至今任军事法学专业博士生导师。

2006年被评为国家二级教授。

恩师小像：生平浩浩如大海

李居迁

"我从来到这个世上便和海洋结下了一生的情缘。"
恩师周忠海教授如是说。

师今年七十华诞，我等弟子，欣喜万分。不管是意气风发、随师左右的求学岁月，还是后来也走上讲台、开门授徒的教书生涯，数十年来，我常常感到人生幸运，能够有缘识师，忝列门墙，不仅随侍师侧，而且登堂入室，学师道德学问一二，受益无穷。

师七十年来，人生的轨迹丰富多彩，如大海一般在时代的光照下绚丽多姿，随国运昌隆的潮流而波澜壮阔，像深邃的海洋一样充满宝藏，似无际的远洋一样浩瀚淼淼，远接天边，直达苍穹。

一、生逢国运盛，乃从四海游

师河北省沙河市人。

沙河市地处燕赵大地，南望黄河，西眺太行，东行至海，北上京津。华北五河润泽，太行燕山屏障。山河形胜，作育英才，自古以来不乏仁人志士，贤哲豪杰。如同每一处神州大地一样，此处人民生生不息，传承着中华优秀传统文化，养育着代代俊杰。深植民间的祥符调豫剧，飘过阡陌小巷；郁茂学界的儒释道文脉，广连学堂梵宇。这里浓厚的文化氛围和勇武果敢的民风，千年绵延，愈集愈厚。钟灵毓秀，人杰斯生。生长在这样的环境中，生命的成长伴随着智慧的滋润。

师生于 1945 年。

是年，世界反法西斯战争胜利，中国人民终于打败了残暴的日本侵略者。

这一年，是世界历史转折的一年，是中国国运昌隆的开端，是正义在这个星球上重新站立的关键一年，是正气在这片土地上充沛蓬勃的肇始。这一年，依照中国传统历法是鸡年。雄鸡一唱天下白，凤凰涅槃古国新。

一个新的时代开始了。

师之出生，恰逢这个新时代。冥冥中似乎寓意着一生休戚，将与国家命运与共；也昭示着人生前程，将与世界潮流同兴。实际上，吾师负笈津门，供职海港；精研国际法于燕园，服务外交于海洋法会议，为国家利益奔走日内瓦城，唱国际公平于莱蒙湖畔；指点国内外学界得失直言不讳，评论会议观点优劣情寄国家；兴学执教于蓟门，访学著书在美国；为中国育英才，为世界培人才；为国家发展献计献策，为社会繁荣立德立言。凡此种种，恰恰体现他多姿多彩的人生道路，与国家发展、世界进步是紧密相关的。

新中国建立后，百废俱兴。师天资聪颖，学习勤奋，不仅成绩优秀，而且兼有出色的组织才干，从小学到高中一直担任班干部，终以优异成绩考入南开大学外文系学习英语。1968 年毕业后在天津港工作，曾到过世界上许许多多的港口，了解各地不同的物产文化、掌故历史、奇闻异事、民俗风情。工作之余，师将所思所想、所见所闻形诸文字，撰写小说。很难想象，一个学富五车的学界泰斗、对国际法种种并不常用的规则如数家珍的法学大家，年轻时竟然不是貌似哲学家康德那样的"刻板宅男"，而是怀揣着文学梦想、发表过虚构类作品的"文艺青年"。

天津港务管理局在 20 世纪 70 年代出版了《天津新港文学丛书》，其中 1973 年的《海燕之歌》上发表了师作《风雨领航》，1975 年出版的《航向》上发表了师作《工人验船师》。略显发黄的丛书扉页上，赫然盖着港务局的印章，并有"周忠海同志留念"的字样。穿过 40 年的时光，一段文字静静地展现在我们面前："……老领航员马云波卷起海图，站起身来，顺手推开窗子，鸟瞰着海港繁忙喧腾的景象，眺望着万顷波涛。明净的月亮扎上了一圈黄晕，海鸥惊飞低旋。"寥寥数笔，便把风雨前的海港刻画得跃然纸上。

显然，吾师对中西文化的长期学习，中文、英文、法文的交互应用，造就了他扎实的文字功底和准确的表达能力。这些与法律似乎没有联系的才能和经历，恰恰在学习和研究法律乃至进行法律论战时，成了最有力的工具，做了"功夫在诗外"的铺垫。

师在天津港工作期间，富有创造性地创办了《情况汇报》等工作刊物，深获好评。顺利处理多起涉外航运事务，工作成绩风生水起，虽然年轻，却已经头角峥嵘。

二、精研而成才，博学而为师

改革开放以后，中国主动打开国门，拥抱世界，走向世界。扩大交往，必须熟悉国际规则，于是，国际法就成了对外交往的关键，国家对国际法人才的需求变得极为旺盛。中国与美国建交后，许多国际法问题不期而至，"湖广铁路债券案"之类的问题曾轰动一时，成了街头巷尾热议的话题。

师多年工作与海运和国际交往有关，对外事问题本来就不陌生，现在又敏锐地意识到了国际法人才对国家的重要性和这一领域的广阔发展前景。于是，师决定报考国际法专业研究生，进一步深造。

北京大学是国内为数不多的、最早进行国际法专业研究生招生的学校之一。国际法学界泰斗王铁崖先生就执教于此。王先生早岁留学英伦，学宗奥本海，求教劳特派特教授，学问精深。首次国际法研究生招生，自然是考试严格，唯海内贤才是求，非德才兼备不收。经过严格考试后，师顺理成章地成了王先生的开山弟子。

王先生对学生学问要求甚严，广博之外，要求必须札记常备，以免遗忘。师虽博闻强识，但仍如先生嘱，随读随记。我随师学，首次上课，师便明言王先生有此要求，可见此事师之重视。所谓"好记性不如烂笔头"，其实是说做学问应扎实入手，求好学不倦，久而功夫纯熟，勿恃聪慧。实际上，师记忆力超群，多年前数据资料亦能随口道出而不谬。记得刚读博士第一个月，一日中午，师电话召我，送稿件一份给出版社。见面，师递厚厚一份稿件，圆珠笔所书，字体强劲潇洒，如同字帖。师母说，师晨起床伏案而书，一气呵成，方才起座。师此时仍活动头颈，微笑说"脖子直了"。我于送稿路上略览，文不加点，约四千多字，为海洋法。其中引用案件，时间、事件、数据，诸项清楚。自忖：即使抄写，四千多字也未必能短短一上午完成，何况有数据等细节！顿时大为叹服，勤奋、效率、强识，师此三端一时具足，令人望尘莫及！有此可见，师求学期间，不仅博览群书，研究深入，且学问细微之处亦功夫绵密纯熟。当时遂大受激励，决心深研学问。

当时，国际社会正是立法高峰时期，又值欧美国家经济大发展，一方面国际法、海洋法公约谈判是全球关注的重大事件，另一方面国际经济法的研究在全球学术界蓬勃发展。师对此两领域均深入研究。1987 年出版学术专著《国际海洋法》、1993年出版《国际经济关系中的法律问题》，其研究和撰写，实际上已于此时开始，可谓十年磨一剑。20 世纪 80 年代是海洋法研究的高峰，问世的著作和论文很多，但师作《国际海洋法》作为独著则是第一个，不仅资料丰富，且基于自己参加《海洋法公约》谈判的实际经验，尤为珍贵。由于早已售罄，除在图书馆尚能找到外，此书现已无处可觅。此书不仅国内评价很高，国外机构也频频援引。

1981 年师甫一毕业，即作为中国海洋法代表团顾问出席第三次联合国海洋法会议，参加公约起草委员会的工作。国际公约谈判，向来是平衡各国利益、维护公平正义的激烈战场，各国与会者不仅要反应敏捷，还要对事实依据、法律规则烂熟于心，随时随地言之成理、持之有据。是时，师过而立之年，精力充沛，白天开会，晚上研究，还能抽出时间陪同倪征燠先生漫步莱蒙湖畔，时时请益。回国时，盈帙满箧，行囊中尽是资料、书籍。犹记得上海洋法课时，师持联合国海洋法会议资料若干来课堂，置讲桌一角，堆如小山。

回国后，师在司法部教育司任职约一年，即受命担任筹备组成员，组建中国政法大学。从此以后，师即入法大为教师，献身法学教育，并于法大退休，桃李满天下，弟子遍中华。

三、兴学以育才，招贤以养学

法大建立，师有功焉。奉命而来，兢兢业业，衔命而住，贡献巨大。在研究生院工作期间，广集天下贤士，创新教学、教育制度，指导研究生学术刊物，作育英才。

1982 年中央 2 号文件《关于组建中国政法大学的决定》下达，司法部党组成立了中国政法大学筹备小组。组长为司法部部长刘复之，负责全面工作，成员有：刘复之、陈卓、云光、吴觉、陈秉华、李铁、周忠海、贾蕴菁和张春来。师负责教务、研究生招生和外事工作。负责校办事务的是贾蕴菁同志，即师母也。办公地点设在陶然亭公园西湖宾馆。

法大命途多舛，与新中国法治大势同一起落，与民族民主政治呼吸与共。实际上，原中国政法大学与新中国同庚，于1949 年由朝阳大学法学院改组而成，校长由新中国成立时第一任内务部长谢觉哉担任。校名由毛泽东主席亲笔题写，后在司法部档案中查得，即现挂在蓟门桥老校门口的校牌。后院系调整，北京政法学院于 1952 年成立，文革中被迫停办，文革结束复办。1983 年法大隆重典礼，正式更名，一校三院格局形成。法大三起三落后，焕发生机，成为中国法学教育的一方重镇，最高学府。

法大成立后，师调入研究生院工作，主管教务，历任副处长、处长、副院长。法大研究生院是全国首家，开创先河，由司法部和教育部联合发文批准。此后，才有教育部属院校在全国试办研究生院。由此可见，法大研究生教育，不仅倡全国研究生院风气之先，且探高级法学人才教育之路。研究生院创办伊始，全国研究生招生工作已经结束。为尽快培养人才，师与同事分赴华东、西南，从西南政法、北京市等地考生第二志愿中招生 124 人。

师言：名校在名师，名师出高徒。

教育目的是出人才。而人才培养，离不开三个关键因素：

一流师资，一流教材，有效教法。

一流师资如何来？导师组制。师于 1985 年在校报上发表文章，肯定了导师组培养制这种大胆尝试的优点。

当时所谓导师组，就是按照十个专业设立十二个导师组，集中全国一流师资，各个导师组教授并非限于法大，而是由包括了北京大学、中国人民大学、武汉大学、西南政法大学、社会科学院等各个高校和研究机构的八九十位著名学者组成，皆是国内学界名师。名单由研究生院提出，由刘复之校长审定。首次导师组会议十分隆重，在人民大会堂召开。一流教师队伍，成了人才培养的有力保障。

一流教材如何来？其一，来自于司法部、教育部法学教材编辑部。编辑部从全国遴选出每部教材的主编，而非限于某一学校。每部教材的主编，都是法大导师组的导师。其二，来自于馆藏和新购置图书。校图书馆的优秀图书，不限语种，复印成册，供研究生使用。此外还专门从英文图书展览会上购置法学图书，充实资料。到我读研究生期间，仍能从这些图书中受益。

有效教法如何办？法学教育有一套十分奏效的传统方法，包括讲授课、案例课、实习等。师在北大读书期间，王先生极重视案例的学习和研究，有案例课程，故深为受益。主管教务期间，师亦强调案例课，并首开美国式案例课，亲自授课，从"What is a Case""What is Case Law"这些最为基本的内容开始，逐步深入。

除了以上三个因素，师主教务期间，还强调开阔的眼界，即研究生应该面向世界，善于对外交流。当时，引进三位外国教授，讲授关贸总协定法等重要法律问题。法大专门讲授关贸总协定法，在全国属于首次，当时中国尚未提出恢复关贸总协定中的地位，此举可谓预见趋势，猛着先鞭。最早培养的数位博士研究生，也都以研究关贸总协定见长。由于条件所限，没有小汽车，师遂决定给三人配备"特种专车"——自行车。虽然因陋就简，倒也符合中国国情，外国教授也很高兴，出入甚为方便。为强化研究生外语学习，每人配发一台录音机。为促使研究生学以致用，避免从书本到书本的书斋倾向，写论文配发调查费每人 400 元，论文完成后评奖，鼓励理论结合实际。

师特别鼓励研究生出国学习，注意吸收外国经验，为我所用。虽然有的研究生留学后没有回国，但与整体法学交流的效果和成绩相比，便不足道了。1988 年，与司法部联合，开始了最早的中美法学交流，并产生了一批合作项目。在此基础上，法大办起了国际教育学院。

研究生是要进行科学研究的。那么，他们平时的学术成果如何体现？研究生院 1983 年便创刊了《研究生法学》，最初名为《蓟门法苑》，一直持续到现在。师长期担任编委，指导编刊工作，并于 1995 年后任编委会主任。记得我任该刊主编期间，师多次过问，并指出每一期应有一篇名师文章，以增其色。该刊越来越规范，影响甚大，稿件来源逐渐不限于本校，每期都有其他高校研究生投稿。

此段法大史实，并非人人所知，即使老法大人，未予其事者，亦语焉不详。略述如上，以俟君子详之。

四、含英张四维，教化行八方

师自到法大以后，一方面致力于行政和教学工作，另一方面从未放松科研工作，著作推陈出新，科研成果丰硕。

1991 年至 1992 年，师赴美国久负盛名的弗吉尼亚大学为高级访问学者。其间，利用美方丰富的资料，重新校订《国际经济关系中的法律问题》书稿。回国后，该书即由中国政法大学出版社出版。该书从国际公法的角度，以国家经济主权为主线，对国家公权力如何管制国际经济关系、如何协调国际经济关系的基本理论，进行了系统的梳理和研究，涉及领域广泛，从贸易到税收，靡不囊括，而又要言不烦，击中肯綮。

师关注技术发展对国际法的影响，并引导学生进行深入研究。科技对国际法发展的作用，是王铁崖先生20世纪80年代总结的国际法四大发展趋势之一。师自然熟知王先生学术门径，一往无前。师著《科技与海洋法》，出版《电子商务法导论》《网络银行法律问题研究》等，无不是关注科技发展的学术硕果。

学术论文涉及领域广泛，包括国际法一般理论、海洋法、世界贸易组织法、武装冲突法、国际经济法以及香港和澳门法律问题、经济犯罪、海盗问题等，多发表在《政法论坛》上，部分发表在《法学研究》《太平洋学报》《法学杂志》等学术刊物上，发表在学术会议上的论文也很多。

师博览群书，学界著作一出，即详加研究，或主动、或应邀撰写书评，求真穷理，直言得失。师主编《国际法学述评》，从法学角度，对国际公法、国际经济法、国际私法三个领域的问题，进行了全面的、详细的评论分析，洋洋洒洒百万余字。为给社会各界提供准确的法学知识和指导，师还编著《中国大百科全书·国际法卷》《中华法学大辞书·国际法卷》等工具书，前者获优秀辞书奖；编著多种法律条文释义、英美诉讼文书范本及WTO协议释义等工具书，向社会普及最新法律知识；编著的英文《中国商法》（*Business Law in China*）在法国出版，促进了中国法律的对外交流。

师译著丰富。选择外国经典或者优秀法学作品，译介国内，使国外学术成果迅速为国内学界吸收。译著多为国际法名作，如格劳秀斯的《战争与和平法》、获古根海姆奖的《国际公法规则之冲突》等。有的译著为一般法学理论或教学法，如《法律教学新方法》《欧洲合同法》《合同法概论》等，后两者多为国内法学者著述所引用。

师不仅从大处着眼，亦且小处着手，不放过重要事件的研究。皮诺切特案惊动世界时，国内新闻很多，但研究者少，师即指导、组织博士生研究，编著《皮诺切特案析》一书，对其法律问题、意义及影响进行全面探讨。所谓谋万世者，亦谋一时；登泰山者而小天下者，亦知秋叶而睹鸟嚲。

鹤鸣九皋，声闻于天。

师研究学问，经世致用。国家外交政策、海洋战略、军事发展领域，师多有建言。有关部门机构，从立法到司法，从行政到军事，从海洋到太空，但有所需，师即撰写报告，提供建议，以专业知识服务国家，造福社会。各部门、机构的科研课题，多有急需且不宜外宣者，师严守时限、纪律，提供切用方案，故各方均乐意求教于师。应中央要求，师著《国际法及其在国际关系中的作用》，是为中央政治局讲座的讲稿，收入《中共中央法制讲座汇编》中。为提醒各级领导注意，师著"中国的和平崛起需要加强对国际法的研究"一文，为《中国学术年鉴》评为 2004 年优秀论文。

自正式调入法大以来，师教化学生不计其数。课程学习、学问研究，师严格要求，不留情面，乃至论文标点亦改，令人不敢不勉；课堂外，师宽容大度，谈笑风生，幽默风趣，令人如沐春风。所谓瞻之在前，忽焉在后，循循善诱，既竭吾才，如有所立卓尔，虽欲从之，未由也已。

师有教无类，凡来求学者，皆慷慨指导。仅就博士研究生而言，毕业获博士学位者近百人。除大陆地区学生外，我国台湾、香港地区学生也很多，也有来自非洲的留学生。学生的行业来源也甚为广泛，不仅有应届学生，国内外、境内外大学教授、政府官员、法官、检察官、律师、企业法律顾问等，慕名而来者，为数不少。有的在报考时，已经是著名学者，学术成就非凡，服膺师道学问，一心向学；有的因工作繁忙，不慎失误，但仍百折不挠，次年继续报考。获学位时，年龄大者近耳顺之年，年龄小者不及而立之年。而今，这近百博士，活跃在各行各业，行走于国内国外，或讲坛上口灿莲花，或法庭内侃侃而谈，或为公务员尽职筹划，或为企业家殚精竭虑，或联合国唇枪舌剑，或海陆空斗智斗勇，种种作为，孜孜不倦。

五、名满天下，行远海阔

师名满天下，兼职甚多。是中国国际法学会副会长、中国海洋法学会副会长、北京国际法学会副会长，多个仲裁机构仲裁员，国内外多所大学特聘教授，并任《中国国际法年刊》《政法论坛》等多个刊物的编委。如逐个列举，将长达数页。名者，实之宾也。所有这些，无不是对师道德学问的一次次确认。

师退休后，仍心系学术、情绕海洋，关注国家和社会发展中的重大问题。总结学术成果，出版《海涓集》《周忠海国际法论文集》，并于其中鼓励青年学者苗壮成长。关心学科发展，指导中国政法大学国际法中心的工作，期待国际法研究成果丰硕。应中央机构邀请，担任海洋问题咨询专家，提供建议和对策。

一年一度教师节，我登门拜访，求教。师曰：做学问要广博，要关注科技发展，更要注意当代一个重要趋势，就是要让青年学子知道各国都在利用国际法来维护国家利益。

师目光所注，已是越过当代，寄望后学。

出门，似觉国际法海波荡漾，从远至近，由近泛远，波光交错，浪潮涌动。

恩师七十年的生活和理想，没有离开过大海。

恩师数十年的学术和事业，没有离开过海洋法，没有离开过国际法，"为国家的核心利益和海洋权益，听涛搏浪，援笔抒怀"。

简　目

目 录

二、 海边拾贝——生活点滴

百川归海——学术文章

防空识别区：
剩余权利原则对天空自由的限制[1]

李居迁　1996 级　中国政法大学

防空识别区（Air Defense Densification Zone，简称 ADIZ）是国家在实践中出现的一个特殊区域。[2]众所周知，美国是世界上最早设置这一区域的国家，早在 20 世纪 50 年代便以国防安全为理由设置了数个不同的防空识别区。数十年来，公众鲜有知之者。即使素习法律的专家学者，对这样一个极为特殊的区域，也并非人尽皆知、耳熟能详；对其历史渊源、发展状况、法律性质等项，更是知之甚少。在全球广为流传的国际法著作，如《奥本海国际法》中，也未提及。[3]而关注国家实践的实务性著作，有时虽有数言援引，也往往语焉不详。[4]截至 2013 年 12

---

〔1〕　本文曾发表在 2014 年第 2 期《中国法学》上，并曾被《新华文摘》转载主要内容。本文立论，遵从恩师周忠海教授关于剩余权利的理论。本文发表时限于刊物篇幅，略有删减，此次全文发表。

〔2〕　根据联合国官网，该词的西班牙文为：zona de identificación de defensa aérea，俄文为：зона опознавания противовоздушной обороны，阿拉伯文为：منطقة تمييز الجوية للغارات الدفاع الجوي。

〔3〕　不仅如此，在我国极为流行的英国著名学者马尔科姆·肖（Malcom Shaw）的《国际法》中，同样没有提及。

·〔4〕　长期参与英国对外法律事务的安东尼·欧斯特（Anthony Aust）律师，在其主要用于实务参考的 *Handbook of International Law*（剑桥大学出版社 2005 年版）中，也仅有一处寥寥数言提到该词（见第 348 页）。可见此一问题在理论上和实践上并非受人关注的重点问题。

月之前，收录入中国知网的法学性质的期刊上涉及该制度的中文文章包括译文在内，仅有6篇。[1]因此，这一特殊区域不为众知，不足为怪。

然而，"忽如一夜春风来"，这一词语在最近一段时间广泛地出现在国内外的报纸、网站等公众媒体上，在有关国家的外交、国防等部门的记者会答问中，大有"千树万树梨花开"之势。中文搜索引擎"百度"对该词的检索结果，约为10 900 000次。[2]究其原因，是2013年末中国宣布了东海防空识别区，引起了美国、日本等国的关注和指责。[3]

究竟什么是防空识别区？其法律性质如何？国家行为的界限在哪里？中国设置的东海防空识别区是否合理、有何依据？本文拟分为四个部分对相关问题予以分析，溯其源、察其流、擘其理、综其要，并试图对今后发展提出若干思考。第一部分追根溯源，以美国为原型分析该制度的设置；第二部分析理别其义，探究防空识别区的法律性质；第三部分复归现实，研究中国防空识别区设置的法律依据和特殊之处；第四部分总括全文，得出结论。

---

[1] 这6篇文章分别是：何蓓："我国设立防空识别区的法理依据与建议"，载《法治研究》2013年第11期；王崇敏、邹立刚："我国在专属经济区建立防空识别区的探讨"，载《法学杂志》2013年第1期；赵鹏程："关于我国设立防空识别区法律制度的构想"，载《法制与社会》2009年第29期；薛桂芳、熊须远："设立空防识别区的法理分析"，载《中国海洋大学学报（社会科学版）》2007年第6期；张林、张瑞："建立海上防空识别区的法理依据及其对策"，载《西安政治学院学报》2007年第6期；[加]伊万·L.海德："防空识别区、国际法与邻接空间"，金朝武译，载《中国法学》2001年第6期。

[2] 最后访问时间：2014年3月10日。

[3] "国防部发言人答问"，载http://news.xinhuanet.com/world/2013-11-25/c_118270945.htm，最后访问时间：2014年3月10日。

一、防空识别区源流

防空识别区，通常是指一些国家基于防空安全原因所设置的、超出本国领海以外的空间区域，要求对进入该区域的航空器予以立即识别、定位和控制。其宽度不定，有的国家规定宽度超过本国领海以外 300 英里。由于国际法上对于该制度并没有明确的规则，因此，各国根据自己的不同情况，对于该区域的范围和进入该范围的航空器应履行何种手续，以及对违反其规定的航空器给予何种处理，规定并不一致。依照国际法，各国航空器在其他国家领空之外的飞行是自由的，国家不能把公海上空据为己有，天空是自由的（caelum liberum）。

1. 起源

防空识别区制度虽然是由美国最早设立的，但关于这一制度的思想起源却更早。在第二次世界大战前，英国对于德国战机可能前来袭击十分担忧，制造了飞机的"敌我识别器"、设置了雷达站网侦察 50 英里至 120 英里以内的飞机以便预警。[1]这一做法主要用于备战，与现在的防空识别区制度并不相同。冷战开始，核武器的巨大杀伤力使东西对峙中的美国忧心忡忡。为了及早发现前来轰炸的苏联飞机，美国于 1950 年设立了防空识别区。虽然后来由于射程远、速度快的导弹的出现，使防空识别区对于怀有敌意航空器的识别变得没有战略意义了，但美国这一制度却保留了下来，并不断改进。目前，美国关于防空识别区的规定，是 2003 年联邦法规中的《空中飞行和一般操作规则》（*AIR TRAFFIC AND GENERAL OPERATING RULES*）。[2]

---

〔1〕 [英]温斯顿·丘吉尔：《丘吉尔第二次世界大战回忆录：从战争到战争》，吴泽炎等译，译林出版社 2012 年版，第 142~143 页。

〔2〕 参见美国联邦法规 CFR-2003-title14-vol2-chapI-subchapF.

国际社会从法律层面对防空识别区的讨论也主要出现在 20 世纪 50 年代，并且有正式的联合国文件记录。联合国作为稳定战后国际秩序最为重要的国际机构，为了确立海洋法领域中的各项国际制度，曾召开过三次海洋法会议，并形成了一系列的公约。早在 1958 年第一次海洋法会议的讨论中便涉及该制度，讨论的主题事关公海上空的飞行，各方意见极不统一。

"39. 国家单方面规定某些规则对在公海上的飞行予以管理，对于这一做法，各方众说纷纭。因而，在大会上可能引起争执的问题涉及以下两个：①在公海上设置禁止、限制或者危险区域；②设置离岸识别区，将其扩展至公海，进入该区的任何一架航空器必须表明自己身份。"[1]

这一段只是表明某种类型的"识别区"可能会延伸到公海上空的问题，但并未明确此识别区就是"防空识别区"。然而，同一份文件在下文中就毫不含糊地以美国和加拿大为例，直接了当地提到"防空识别区"，并详细列举其纬度范围予以说明：

"47. 前文第 39 段提到的识别区同样也会限制公海上空的飞行自由，但几乎不能说这些识别区设置目的是为了保障空中交通的安全。这些区域通常被称为防空识别区，是由美国和加拿大在其两侧的大西洋和太平洋设置的（美国设置的区域现在简称 ADIZ，加拿大设置的区域简称 CADIZ）。加拿大设置的区域宽度为 100 英里，美国设置的区域宽度为 200 英里至 300 英里。这些区域的延伸范围为：在大西洋一侧，从北纬 66 度（巴芬兰）到 28 度（佛罗里达），在太平洋一侧，从北纬 53 度（温哥

---

〔1〕 参见第一次海洋法会议的英文正式记录，"United Nations Conference on the law of the Sea, A/CONF. 13/37", Official Records, Volume I, p. 69.

华北）到 28 度（墨西哥边境），及阿拉斯加州周边。"[1]

该文件中还记录了美国和加拿大防空识别区的法律依据和基本要求：

"48. 进入或者出现在这些区域的航空器所必须遵守的规则，规定在下列文件中：加拿大的依据是《空中交通安全控制规则》，并通过《航空业从业人员须知》（NOTAM）予以公布；美国的依据是民用航空管理局根据总统的一项行政命令而制定的规章，总统颁布该行政命令的根据是 1938 年《民用航空法》所规定的权限……在加拿大，如果未能遵守规定的要求，可能招致航空器遭到军用飞机的拦截；在美国，违反规定的处罚是10 000 美元以下罚金或一年以下监禁，或者两者并处。"[2]

此处的记录在探讨防空识别区的国际影响上具有特别意义。首先，值得注意的是，这是联合国外交会议谈判中涉及空中识别区的唯一记录，说明在 20 世纪 50 年代该问题已经引起了关注，至少是美国和加拿大希望相关的做法得到国际社会的关注乃至认可。[3]相比较而言，此后联合国两次海洋法会议，包括编纂现行海洋法基本规则的第三次海洋法会议，都没有在文件记录中提到此概念，甚至连"识别区"一词也没有提到。第三次海洋法会议长达 9 年之久，不可能是谈判当事方无意的忽略。因此，说明防空识别区在 20 世纪 60 年代以后已经逐渐淡出国际社会视野。其次，各国关于防空识别区的规定，主要是依据本

〔1〕 参见美国联邦法规 CFR-2003-title14-vol2-chapI-subchapF, p. 70.

〔2〕 参见美国联邦法规 CFR-2003-title14-vol2-chapI-subchapF, p. 70.

〔3〕 关于联合国三次海洋法会议的记录，可以参看联合国官方网站，载http://legal. un. org/diplomaticconferences/，最后访问时间：2014 年 3 月 10 日。

国国内法律法规制定的，国际社会并无统一规定。这同时也意味着，国际社会既无规则明确规定该行为违反国际法，也无规则明确规定如何规范防空识别区。从另一个方面反映出，该区域的设置主要取决于国家实践。

2. 典型国家实践：美国

自从美国 1950 年设置防空识别区后，至今已有约 20 个国家或者地区设置了该区域，甚至包括我国台湾地区。[1]在这些国家中，尤以美国为典型，共设立四个防空识别区，分别是毗邻美国防空识别区、阿拉斯加防空识别区、关岛防空识别区和夏威夷防空识别区。[2]

1950 年，美国国会修订了 1938 年的《民用航空法》（the Civil Aeronautics Act of 1938），授权美国总统制定与民用航空器相关的安全规定，无论何时，只要总统认为出于国家安全的需要，即可采取相关行动。一旦总统依照其权限作出此项决定，则执行权由商务部长享有。[3]只要商务部长认为属国家安全利益必要，就有权在空域中设置此类区域或地区，其位置在美国、

---

〔1〕 参见中国新闻网：http://www.chinanews.com/mil/2013/11-23/5538430. shtml，最后访问时间：2014 年 3 月 10 日。中国国防部发言人答记者问："20 世纪 50 年代以来，包括一些大国和中国周边部分国家在内的 20 多个国家先后设立了防空识别区。"据伊丽沙白·夸德拉（Elizebeth Cuadra）的统计，1978 年之前，只有约 12 个国家或地区设置了防空识别区。这些国家和地区包括：美国、加拿大、缅甸、冰岛、印度、日本、韩国、安曼、菲律宾、瑞典、越南和我国台湾地区。See Elizebeth Cuadra, *Air Defense Identification Zones：Creeping Jurisdiction in the Airspace*, in：18 Va. J. Int'l L. 1977~1978, pp. 485~512.

〔2〕 参见 http://www.academia.edu/5521271/Chinas_ Air_ Defense_ Identification_ Zone_ Concept_ Issues_ at_ Stake_ and_ Regional_ Impact. Alex Calvo, *CHINA'S AIR DEFENSE IDENTIFICATION ZONE：CONCEPT, ISSUES AT STAKE AND REGIONAL IM-PACT*，最后访问时间：2014 年 3 月 10 日。

〔3〕 Act of Sept. 9, 1950, Pub. L. 81-778, 64 Stat. 825 (1950). See Elizebeth Cud-ra, p. 492.

美国领土和美国控制地带（包括美国根据国际协定所管理的陆地区域和水域）之上。他可以通过适用于这些区域的规则、法规、或者命令，禁止或者限制不能有效确认身份、位置和无法有效地通过现有设施予以控制的航空器的航行。[1]

1950 年 12 月，美国时任总统杜鲁门签署了一项行政命令，指令商务部长行使该法所规定的权力。后者行动迅速，7 天以后就通过规章规定了某些空域属于"防空识别区"，并规定了适用于这些区域的规则。这些规章后来在 1963 年经过修改，但相关法定机构权限依然不变。[2]

美国 2003 年联邦法规的 F 分章是《空中飞行和一般操作规则》规定。其中，第 99 部分标题是"空中交通的安全控制"。下分两个次级部分：一为总则，二为指定防空识别区。"总则"部分，详细规定了适用、定义、紧急状况、特别安全指令、无线电要求及其失灵的处置、防空识别区飞行计划要求、通知、位置报告、对美国航空器和外国航空器的不同要求、偏离航线的处理等内容，十分详尽。"指定防空识别区"部分，明确规定了上述四个防空识别区的具体经纬度、起讫点，其中关岛和夏威夷防空识别区还指明了内边界和外边界；此外，还规定了"防御区"（Defense Area）的范围，即除了以上四个防空识别区之外的所有美国空域都属于"防御区"。

---

〔1〕 参见 http://www.academia.edu/5521271/Chinas_ Air_ Defense_ Identification_ Zone_ Concept_ Issues_ at_ Stake_ and_ Regional_ Impact. Alex Calvo, *CHINA'S AIR DEFENSE IDENTIFICATION ZONE：CONCEPT, ISSUES AT STAKE AND REGIONAL IMPACT*，最后访问时间：2014 年 3 月 10 日。

〔2〕 参见 http://www.academia.edu/5521271/Chinas_ Air_ Defense_ Identification_ Zone_ Concept_ Issues_ at_ Stake_ and_ Regional_ Impact. Alex Calvo, *CHINA'S AIR DEFENSE IDENTIFICATION ZONE：CONCEPT, ISSUES AT STAKE AND REGIONAL IMPACT*，最后访问时间：2014 年 3 月 10 日。

该规定明确定义了何为"防空识别区"："意指陆地和水域之上的一个空域，对进入其中的民用航空器，基于国家安全利益的要求，立即予以确定身份、定位和控制。"[1]

在这一规定中，主要涉及以下方面的要求：[2]

无线电方面，进入防空识别区的民用航空器，必须开通双向无线电通讯系统，飞行员必须持续关注相应的航空设施频率。

航行计划方面，除非得到航行控制授权，否则，在没有向相关的航空设施提交、激活、结束航行计划的情况下，任何人不得驾驶航空器飞入、处于防空识别区之内，或者其驶离点处于防空识别区之内。

雷达信号方面，任何人驾驶航空器进出美国时进入、处于或飞越规定的防空识别区，如果装有雷达信号收发器，应当保持该收发器处于启动状态。

到达通知方面，如果驾驶航空器的飞行员已经将其航行计划提交，除非在航行计划中另有说明，否则，在其到达时，应当向有关设施做出到达通知或者完成航行计划通知。

位置报告方面，飞行员在驾驶航空器处于或穿过防空识别区时，必须向有关设施报告其位置；美国航空器的驾驶员飞入防空识别区，必须依照规定做出报告，外国民用航空器的驾驶员，除非依照上述规定进行位置报告，或者除非在其与美国的平均直接巡航距离为1小时以上、2小时以内时对其位置予以报告，否则，不得驾驶航空器穿越防空识别区进入美国。

偏离航线方面，除非依照规定履行相关手续，否则，任何飞行员不得偏离其预定的航线。

由以上规定可见，美国防空识别区的管理规则严格、细致、

---

[1] 美国联邦法规第99.3条。
[2] 美国联邦法规第99.1~99.31条的规定。

全面。从规范语言的角度也可以看到，其法规用语频频使用强制性色彩十分浓厚的词语，"必须（must）""任何飞行员不得（no pilot may）""应该（shall）"。这种情形在任意性规范中几乎见不到，从一个侧面再次印证了美国对于防空识别区管理的重视程度。

与此相适应的是，在指导武装力量的具体行动方面，美国也毫不含糊。美国海军、海军陆战队和海岸自卫队联合发布了《司令官海战法律手册》。[1]该手册不仅说明了美国防空识别区做法的法律依据，还以美国做法为参照标准，要求这些武装力量对于外国的防空识别区对等对待，不遵守与美国不同的规定。"美国防空识别区的规定要求飞往美国领土的航空器应报告其航行计划和不同节点位置。对于沿海国规定的防空识别区程序适用于无意飞入该国领空的航空器的，美国不承认沿海国具有此项权利，美国不对无意飞入美国领空的外国航空器适用防空识别区程序。因此，美国军用航空器无意进入一国领空的，不得表明其身份以供识别，也不得遵守其他国家的防空识别区程序，除非已经得到美国特别同意允许军用航空器这样做。"[2]

作为最早采用防空识别区制度的国家，美国六十多年的规定和行为清楚地表明了：

首先，只要存在国家利益方面的需要和诉求，美国就会毫不犹豫地通过国内立法或措施来采取行动，确立有利于自身的规则或制度。其国家实践既表现出了利益当先的行为模式，同时，也表现出了立法先行、依法行为的强烈特色。

其次，只要相关机构与某一制度相关，美国就会通过不同

---

[1] *THE COMMANDER'S HANDBOOK ON THE LAW OF NAVAL OPERATIONS*，美国海军对其编号为 NWP 1–14M.

[2] Ibid, "2. 7. 2. 3 Air Defense Identification Zones in International Airspace".

层面的规范,将相关机构的行为纳入其中。从总统权限、商务部长权限,到美国海军等武装力量的具体行为依据和范围,表明了美国在职能上各自分权、行为上相互配合的特点,而非仅靠一个部门单打独斗。这种做法能够将其国内更多的利益群体纳入,具有广泛动员的优势。

最后,只要美国采取了一项制度,就会尽力将其推行为固定标准,用以影响其他国家。防空识别区既然在国际法上没有统一的规定,那么,任何国家都可以在自己权限范围内自行其是。然而,美国根据自己在防空识别区问题上的做法,用以对抗其他国家与其不同的做法。这种方式,表面上看起来似乎符合对等原则,但实际上,对等原则是以对方给自己的限制条件为依据,给对方加以同样的限制。美国在防空识别区上的做法,恰恰相反,是以自己的做法为依据,排除对方对自己的限制。这与对等原则的要求并不符合。

二、防空识别区的性质辨析

防空识别区不同于领空。领空是一个国家领土的组成部分,置于该国主权支配之下。因此,未经允许进入一国领空,该国完全具有充分的权利对该行为予以制裁。这在双方相互对峙的情况下常常会引起法律制裁,甚至武力处置。

防空识别区往往不是一国的领空区域内,相反,通常是在处于公海上方的国际空域,不属于一个国家主权范围。那么,防空识别区究竟具有什么性质?下文将通过权源、属性、作用、标准、后果、关系等方面,对其法律性质进行辨析。

1. 权源:防空识别区有国际法依据吗?

对这一问题的回答,首先取决于什么是国际法,即哪些属于国际法的法律渊源。通常认为,联合国《国际法院规约》第

38 条是对国际法法律渊源的权威阐释。根据该条规定，公认的国际法法律渊源有三个：国际条约、国际习惯和一般法律原则。此外，法庭判例和公法学家的学说也可以作为查明法律渊源的辅助方法。

（1）从国际条约角度来看，目前并没有关于防空识别区的专门国际条约，也没有国际条约用专章、专条来规定防空识别区。没有明确条约规定，是否意味着防空识别区没有国际法律依据？实际上，某些国际条约中的规定，例如《联合国海洋法公约》，在一定程度上暗含着对防空识别区做法的支持。

根据现有的国家实践，国家在防空识别区对进入该区域的航空器享有一定的管辖权力，尽管这些管辖权力不同国家的规定有所差异。另一方面，国际法并不禁止国家在领土之外行使管辖权，一国在本国领土之外的毗连区、专属经济区乃至公海上行使管辖权，并非鲜见。甚至，《联合国海洋法公约》第 58 条等有关条款也能够为管辖权的行使提供一定的依据。

《联合国海洋法公约》第 58 条第 1 款规定了各国享有在专属经济区航行和飞越的自由，同时，第 3 款规定："各国在专属经济区内根据本公约行使其权利和履行其义务时，应适当顾及沿海国的权利和义务，并应遵守沿海国按照本公约的规定和其他国际法规则所制定的与本部分不相抵触的法律和规章。"依据该条，沿海国在其他国家航空器飞越该区域时，其权利和义务应被"适当顾及"（due regard）。这就意味着，沿海国以某种形式约束其他国家飞越专属经济区的航空器，并非毫无道理，也意味着，其他国家飞越专属经济区的自由，并非毫无限制。至于这种限制是否包括设置防空识别区，《联合国海洋法公约》本身并无明确规定，即既未肯定，亦未否定。有学者则进一步认为，"这就是说任何国家的航空器在沿海国领空以外的专属经济区所享有的飞越自由是一种有条件的自由",防空识别区"本身并没有限制其合法正常的飞越自由,是在国际法所允许的范围内所进行的空中管制"。[1]

《联合国海洋法公约》第59条的规定,暗示了专属经济区的权利或管辖权冲突,应该由涉事各方予以平衡:"在本公约未将在专属经济区内的权利或管辖权归属于沿海国或其他国家而沿海国和任何其他一国或数国之间的利益发生冲突的情形下,这种冲突应在公平的基础上参照一切有关情况,考虑所涉利益分别对有关各方和整个国际社会的重要性,加以解决。"当然,由于军舰和军用飞机本身享有国家豁免权,因此,在它们通过专属经济区的时候,沿海国行使管辖权的基础是不牢固的。换言之,它们的航行产生争端,并非第59条可予以平衡的。[2]

公约缔结之后不久,有的国家就试图宣称专属经济区是一个在其中进行军事活动需要得到准许的区域,其中就包括军用航空器的飞越行为。巴西就曾经试图从国际民航组织法律委员会处得到对此的认可,但该委员会明确地拒绝把《芝加哥公约》当作工具来解释《联合国海洋法公约》,并指出在专属经济区的飞越与公海的飞越自由是相同的。[3]该委员会并未解决的问题是,虽然专属经济区的飞越自由比照适用公海的规定,但是,如前所述,公约对专属经济区部分的规定,并不与公海的完全相同。

实际上,这一做法并不奇怪。在《联合国海洋法公约》中所确立起来的不少新制度,起初也都是通过国家实践的方式先

〔1〕 张林、张瑞:"建立海上防空识别区的法理依据及其对策",载《西安政治学院学报》2007年第6期。

〔2〕 Peter Dutton, "CAELUM LIBERUM: AIR DEFENSE IDENTIFICATION ZONES OUTSIDE SOVEREIGN AIRSPACE", 103 Am. J. Int'l L., p. 693.

〔3〕 Peter Dutton, "CAELUM LIBERUM: AIR DEFENSE IDENTIFICATION ZONES OUTSIDE SOVEREIGN AIRSPACE", 103 Am. J. Int'l L., p. 694.

行一步。例如，《联合国海洋法公约》中的专属经济区制度，就是由于捕捞能力较弱的发展中国家不满近海渔业资源被发达国家大肆捕捞，而领海宽度往往有限，最少的只有 3 海里，不敷使用。于是，非洲、南美洲的发展中国家纷纷提出不同的主张，"经济区""陆缘海""承袭海"等说法层出不穷。最终，形成了从领海基线量起、200 海里宽度的范围内禁止非沿海国进行捕鱼等经济活动的新制度。防空识别区的国家实践，同样也有助于未来在必要和可能的条件下制定相关国际条约。

因此，现有的国际条约对于国家设置防空识别区的问题，一定程度上提供了支持性依据。关于国际习惯的问题，下文专门予以分析。

（2）一般法律原则。国际法学者之间对于一般法律原则的含义，解释不一致。大多数意见认为，它指的是各国法律体系所共有的原则。[1] 在防空识别区问题上，能够作为依据的法律原则是剩余权利原则。周忠海教授认为："剩余权利就是法律未加明文规定或禁止的权利。"[2] "'剩余权利原则'在美国 1791 年《权利法案》中得到了明确的表述，《权利法案》第 10 条规定：'凡宪法未授予合众国政府行使，而又不禁止各州行使的各种权力，均保留给各州政府或人民行使之。'这是针对宪法规定之外的公共权力归属的明确规定。"[3] "海洋法中的剩余权利应是现代海洋法，即《联合国海洋法公约》中没有明确规定或没有明令禁止的那部分权利。"[4] 按照这一原则含义，在专属经济区或者公海设置防空识别区，并没有为《联合国海洋法公约》

---

〔1〕 ［英］詹宁斯、瓦茨修订：《奥本海国际法》，王铁崖等译，中国大百科全书出版社 1995 年版，第 23 页。

〔2〕 周忠海："论海洋法中的剩余权利"，载《政法论坛》2004 年第 5 期。

〔3〕 周忠海："论海洋法中的剩余权利"，载《政法论坛》2004 年第 5 期。

〔4〕 周忠海："论海洋法中的剩余权利"，载《政法论坛》2004 年第 5 期。

所明确禁止，因此，是符合该原则的。基于这样的逻辑，有研究者进一步肯定："建立海上防空识别区是我国对专属经济区内剩余权利的合理有效运用，这是《联合国海洋法公约》所赋予我国作为沿海国的合法权利。"〔1〕

(3) 自卫原则、保护性管辖权等，并不能够为防空识别区的设置提供充分依据。自卫权是国家拥有的一项基本权利，可以使国家在受到侵略的情况下单独或者集体自卫。该权利行使的前提条件是受到侵略，这就造成在防空识别区而非一国领空进行单纯的飞越，不符合 1974 年联合国关于"侵略的定义"的规定，构不成当代国际法所要求的侵略，也就无法以此为据设置防空识别区。但是，防空识别区的设置是否属于"国防建设"？即使宽泛地解释，也无法将在本国领土之外的一个区域纳入国防建设的范围。保护性管辖权是国家在本国领土之外可以行使的一项权利。然而，该项权利以外国人对本国或者本国人非法侵害构成犯罪为前提。除非违反防空识别区规定的飞越行为构成犯罪，否则，以此为据仍然是缺乏说服力的。

实际上，《联合国海洋法公约》的规定和剩余权利原则已经为防空识别区的设置提供了国际法理论依据，国内立法的规定又为防空识别区的设置提供了法律保障，因此，从国际法以及国际法与国内法关系上看，该制度的权源是可靠的。

2. 属性：防空识别区属于国际习惯吗？

鉴于有关国家在防空识别区方面的实践已经长达半个多世纪，这就带来了防空识别区是否属于国际习惯的问题。笔者认为，答案是否定的，它目前至多可被视作惯例，而非国际法意义上的习惯。

---

〔1〕 张林、张瑞："建立海上防空识别区的法理依据及其对策"，载《西安政治学院学报》2007 年第 6 期。

《国际法院规约》第 38 条关于国际习惯（International Custom）的表述为："作为通例之证明而经接受为法律者。"[1]构成国际习惯要具备两个条件，其一为通例（general practice），通常称为物质要素；其二为法律确信（opinio juris），通常称为心理要素。这两者缺一不可。仅有物质要素一方面存在，即使长期实行，也不能构成具有法律意义的国际习惯，而会被视为是国际礼让或者国家实践。物质要素会随着时间变化而变化，不存在法律约束力。心理要素的重要作用，恰恰是使得所有存在着的国家实践改变了原有的随意性，并成为了必须遵守的法律义务。因此，从这个意义上讲，心理因素至关重要。

因此，仅仅以长期存在的国际实践为据，无法证明国际习惯的存在。从另一方面看，随着人类社会技术进步和国际法的发展，有的国际习惯的形成甚至不需要长期的国家实践。[2]利益受到影响的国家只要不予以反对，一项原则被广泛接受，有可能形成"即时国际习惯"（instant international custom）。[3]前苏联第一个人造卫星绕地球轨道运转，各国对此并无异议，没有指责其侵犯本国的领空主权。因此，此事足以证明各国形成了外层空间不同于领空的法律确信。

从防空识别区来看，目前的国际实践仅仅有 20 多个国家，时间虽久，国际实践却不充分。正如国际法院在"北海大陆架案"中所示，仅有 15 个国家在国内立法中规定划界中采取等距离线，而其中半数是公约的缔约国，国家实践很不充分，不能

---

〔1〕《国际法院规约》第 38 条规定法院的正式文字为英文和法文，该款英文为："international custom, as evidence of a general practice accepted as law."

〔2〕[英] 詹宁斯、瓦茨修订：《奥本海国际法》，王铁崖等译，中国大百科全书出版社 1995 年版，第 18 页。

〔3〕North Sea Continental Shelf Case, 1969 Judgement（merits）para. 73.

证明形成了国际习惯。[1]联合国共有 193 个成员国，相比之下，采取防空识别区制度的国家数目太少，以不充分的国家实践为一般通例，这一证据本身是没有说服力的。

更加值得注意的是，设置了防空识别区的国家，是以其本国的国内法为据，其权限完全取决于国内法的规定，其约束力的直接依据是国内法。从 20 世纪 50 年代到 20 世纪 80 年代的三次海洋法会议中，仅仅第一次提到了防空识别区，此后该概念便在国际文件和国际会议上销声匿迹了。这样的情形，说明此制度在国际层面影响有限，无法证明形成了广泛的国际实践。至于法律确信方面则更加脆弱。实行防空识别区的国家，都是依照国内法而设置的。国际层面既没有一贯的做法，甚至像巴西这样的国家在国际机构中企图确认该制度的努力也未得到承认。反言之，如果构成国际习惯，那么，违反国际习惯的行为属于国际不法行为，应承担国际责任。实际上，未服从防空识别区规定的飞行员，各国只是给予国内法方面的处理，不存在其本国承担国际责任的问题。

因此，防空识别区从性质上而言，不属于国际习惯。

3. 作用：防空识别区能够推动国际习惯形成吗？

虽然，从严格的规范意义上讲，防空识别区的做法不属于国际习惯，但是，这并不意味着它对于国际习惯毫无意义。防空识别区的做法，对于推动国际习惯的形成，具有积累国家实践（usus）、形成一般通例的作用。

国际习惯形成的过程中，由于是基于国际实践发展起来的，不同时期、不同地区的国家实践也有所不同。这就必然存在着国家实践的模糊性，同时也具备一定的弹性，以便容忍或者容

---

[1] North Sea Continental Shelf Case, 1969 Judgement (merits), para. 73~77, 81.

纳不同但相似的行为内容和类型，国家行为不一定要严格地符合该规则。[1]实质差别太大的国家实践，很难形成通例，也就无法构成国际习惯。例如，同样是管理航空器的飞行，在防空识别区的管理行为和在领土上的管理行为就有差别，有的国家甚至设立有禁飞区。各个不同的区域，对航空器进入其中所要求的条件有所不同。这样长期发展下去，会造成不同的区域适用不同的规范，形成不同的通例。而在防空识别区这一特殊区域，设置各国一方面受制于其本国的规范要求，另一方面不能违反国际法已经明确规定的规则，因此，长期发展的结果，就是形成基本类似行为规范。这样所构成的通例，有助于进一步发展成为国际社会所接受的国际习惯。

法律确信因素的构成，来自于相关国家的实际利益需要。如果各国没有相关的利益，没有利益平衡方面的冲突，即使有长期的国际实践，法律确信也未必能够形成。双边、区域性协定中的规定，乃至国际组织的推动，对于形成法律确信都是有益的。其中，国际司法机构通过实际处理案件过程中的确认，常常有助于国际习惯规则被广泛接受。正如前述国际法院处理"北海大陆架案"一样，当时的等距离—特殊情况规则未被确认为国际习惯，而现在充分、长期的国家实践，已经改变了这种局面。国际法院在 2001 年判决"卡塔尔诉巴林的划界案"中指出，在双方缺乏协议划界的情况下，任何一方都不得超过中间线，这已经成了国际习惯。[2]从 1969 年到 2001 年之间 32 年的国家实践，特别是《联合国海洋法公约》中的明确规定，已经

---

〔1〕［英］詹宁斯、瓦茨修订：《奥本海国际法》，王铁崖等译，中国大百科全书出版社 1995 年版，第 17 页。

〔2〕"Maritime Delimitation and Territorial Questions between Qatar and Bahrain", 2001 *Judgement*（merits），para. 167，231.

给这样规则提供足够的物质要素和心理要素基础。

4. 标准：防空识别区有统一标准吗？

如前所述，美国作为设立防空识别区的最早、最为典型国家，制定了较为详细的关于防空识别区的规则。相比而言，我国2013年11月23日公布的防空识别区识别规则，仅短短6条，较为简单。那么，是否美国的规定就是国际标准？实际上，不仅美国的规定不是国际标准，而且，本来就没有国际标准。这是因为：

（1）美国于1950年设立防空识别区，并非依据任何国际条约或者国际习惯，而是完全依照其国内法的规定进行的。当时，国际海洋法领域尚没有统一的条约规定，制定了四项重要公约的第一次海洋法会议也是在8年以后的1958年才召开的。航空领域通行的规则是确认各国领空主权的1944年《芝加哥公约》。因此，国际法领域没有禁止设立防空识别区的规定，也没有防空识别区标准的规定。

相反，各国都十分看重自己的领空主权和对航空器的管辖权。中华人民共和国政府1958年9月4日颁布了一项《关于领海的声明》："一切外国飞机和军用船舶，未经中华人民共和国政府的许可，不得进入中国的领海和领海上空。"[1]中国警告对于未经允许进入中国领空的航空器可以不经警告直接击落。前苏联也有过击落未经允许进入其领空的美国侦察机的实践。甚至前苏联曾于1983年用战斗机和导弹将偏离航线飞入其战略禁飞区的韩国客机击毁，全体乘客和机组人员无一生还。[2]

（2）《联合国海洋法公约》关于专属经济区的规定，是一

---

〔1〕 参见中国政府网站，http://www.gov.cn/test/2006-02/28/content_ 213287. htm，最后访问时间：2014年3月10日。

〔2〕 此举招致国际民航组织和韩国谴责前苏联，并因此提出了对《芝加哥公约》的一项附加修订条款。

种概括授权，并没有明确规定防空识别区。前文所引规定，只是表明了沿海国可以从事相关活动的空间，而没有规定明确的标准，更不可能规定防空识别区的范围。

对于美国而言，存在两方面的问题：其一，美国迄今也没有参加《联合国海洋法公约》，不是公约的缔约国，当然也就不可能以公约为依据获得权利。其强调公约规定权利的唯一的途径，就是证明该公约的规定属于国际习惯，而其自身又一直支持这种国际习惯。其二，美国在《司令官海战法律手册》中的关于不遵守其他国家与美国防空识别区不一致规定的指示，毫不含糊地表明，美国当局清楚地知道，在防空识别区的问题上，各国的具体规定千差万别，而非以美国为标准。美国的指示，意味着美国不愿意遵守其他国家的标准。[1]

因此，在没有统一标准的情况下，各国均可以在不违反国际法的前提下采取自己认为正确的行动。在国际法上，不存在以美国规定为标准指责其他国家的基本条件。

5. 后果：违反一国防空识别区规定的法律后果是什么？

既然国际法上不存在关于防空识别区的统一标准，那么，违反了一国关于防空识别区规定可能招致什么法律后果？

根据 1944 年《芝加哥公约》的规定，航空器可以分为国家航空器和民用航空器两类。[2]不同国家对于这两类航空器进入防空识别区规定有差别。依照美国的规定，仅仅民用航空器需要进行身份确认、报告，包括政府公务机、战斗机之类的国家航空器无需履行此手续。我国 2013 年防空识别区的规定，同样不分类别，要求位于东海防空识别区飞行的航空器，"必须遵守

---

〔1〕 *THE COMMANDER'S HANDBOOK ON THE LAW OF NAVAL OPERATIONS*，美国海军对其编号为 NWP 1-14M.

〔2〕 《芝加哥公约》第 3 条。

本规则"。

从国际法角度看，同样位于防空识别区飞行的国家航空器和民用航空器违反规定，其法律后果有很大差别：

（1）国家航空器。国家航空器属于国家财产，甚至在某些情况下代表着国家。国家航空器享有豁免权，在其进入另一个国家的领土的时候，这些豁免权直接体现为司法管辖豁免和行政管辖豁免，该国不能够像对待民用航空器那样对其行使司法管辖权或者执行强制措施。如果国家航空器违反另一国法律，后者或者通过外交途径处理，或者通过主权者的行为予以报复或者反击。即使根据相对豁免理论，国家航空器也只有从事了商业性的行为时，才会受到管辖。

在防空识别区，作为履行一定公共管理职权的国家航空器，如果遇到了另外一国的国家航空器，基于国内法而导致的两者之间发生的冲突，是两个平等主权者之间在管辖权方面产生的，不存在一个管辖权超越于另一个管辖权的情形。但如果构成国际不法行为，则会招致国际责任。

（2）民用航空器。民用航空器只要进入另外一国管辖范围内，无论如何，不管后者是以何种法律规定而创制的管辖权，只要该管辖权不违反国际法规定，民用航空器只能服从管辖，否则，根据情况不同，将招致强制措施乃至刑事处罚。

因此，为避免发生冲突，针对国家航空器违反沿海国防空识别区规定的，沿海国可以保存证据，以便进一步交涉。而民用航空器的最佳选择，则是履行防空识别区设立国家法律所规定的义务。

6. 关系：防空识别区与其他区域的关系？

防空识别区作为一个特殊的区域，其地位与领空、禁飞区、专属经济区、公海是不同的。

防空识别区与领空不同。领空是一个国家的领土，处于国家主权的绝对支配之下，也是国家管辖权行使的最重要区域。"缔约各国承认每一国家对其领土之上的空气空间享有完全的和排他的主权。"[1]《芝加哥公约》确认国家对航空飞行的管辖权，但范围以领土为限。防空识别区处于国家的领土之外，并非该公约所规范的内容。

防空识别区与禁飞区不同。禁飞区，通常是国家在本国领空中所设置的，《芝加哥公约》对国家此项权力并无异议，但要求各国对所有的航空器应该一视同仁。"各缔约国由于军事需要或公共安全的理由，可以一律限制或禁止其他国家的航空器在其领土内的某些地区上空飞行，但对该领土所属国从事定期国际航班飞行的航空器和其他缔约国从事同样飞行的航空器，在这一点上不得有所区别。"[2]《芝加哥公约》主要规范民用航空，厘定国家在本国领空内的权利，对于国家在本国领土以外的权限，并不涉及。

防空识别区与专属经济区不同。专属经济区是 1982 年《联合国海洋法公约》确立的一项制度。依公约，宣布了专属经济区的国家，对于从领海基线量起 200 海里以内的区域，就其自然资源的开发利用享有规定主权权利，就某些事项享有专属性管辖权。至于专属经济区上空，各国航空器仍享有飞越的自由。如前所述，防空识别区的设置，可以在专属经济区的规定上找到相关依据。然而，如果仅从范围上看，一国规定的防空识别区可能涵盖或者超过其专属经济区的范围。美国宣布的防空识别区，特别是南加州向太平洋一侧，宽度是 400 海里，远远大于专属经济区的范围。

---

[1] 《芝加哥公约》第 1 条。
[2] 《芝加哥公约》第 9 条第 1 款。

防空识别区与公海不同。根据《联合国海洋法公约》规定，各国在公海上空享有飞越自由，"不得有效地声称将公海的任何部分置于其主权之下"。[1]国家在公海上管辖的权利主要及于本国航空器。但是，如果公海上发生海盗行为，无论是在飞机上还是在船舶上实施的，"所有国家应尽最大可能进行合作，以制止在公海上或在任何国家管辖范围以外的任何其他地方的海盗行为"。[2]至于防空识别区的设置，公约在公海部分的规定并未涉及。如果一个国家设置防空识别区较宽，超过了专属经济区的范围，那么，它就会延伸到公海上空；如果一个国家未宣布专属经济区但宣布了防空识别区，同样，后者就会直接延伸到公海上空。

三、中国防空识别区的理据

中国设置东海防空识别区后所引起的一些议论，主要是一些国家从自身利益出发进行的表态，并不构成对防空识别区设置的法律挑战。

第一，防空识别区的设置并非中国独创，不违反国际法，而且，具有充分的国内法依据。中国的法律规则体系，根据2000年《立法法》的规定，包括居于首位的《宪法》和效力低于《宪法》的法律、法规、地方法规、部门规章等。从立法权限看，国务院所属各部有权制定部门规章。[3]当然，部门规章要符合宪法、法律和行政法规的规定。[4]设置东海防空识别区的声明和公告是由国防部颁布的，属于部门规章，其中明确指出

---

[1] 《联合国海洋法公约》第89条。
[2] 《联合国海洋法公约》第100条。
[3] 参见《立法法》第71条。
[4] 参见《立法法》第78条、第79条。

了其国内法律依据是《国防法》《民用航空法》和《飞行基本规则》。前两者属于法律，《飞行基本规则》属于国务院命令。

第二，东海防空识别区与其他国家防空识别区重叠，并不违反国际法，也不影响彼此权利。[1]如前所述，防空识别区不同于领空，与专属经济区、公海等也有差别。因此，一国设立的防空识别区并非排他性管辖范围，也不存在先宣布者排除后宣布者权利的情形。各国在自身权限范围内予以规定，航空器在重叠区域需要对双方履行相关程序要求。东海防空识别区的设置仅仅是第一步，中国有权进一步设置其他防空识别区。

第三，中国设置东海防空识别区，根据自身情况规定相应规则，有助于推动防空识别区制度方面的发展。由于防空识别区并无统一的国际法规则，因此，各国在范围、程序、要求等方面，可以根据本国的需要予以规定，只要达到识别的目的即可。按照规定，在东海防空识别区飞行的航空器的识别方式有四：飞行计划识别、无线电识别、应答机识别和标志识别。对航空器的识别并无分类，没有明确限定为民用航空器。[2]不同国家在相同领域的类似或有差别的做法，丰富了在该问题上的国家实践，对于形成国际惯例、国际习惯、达成统一规则具有推动作用。这方面先例甚多，例如，中国早在1958年就宣布领海宽度为12海里，不少国家也采用此宽度，直到1982年《联合国海洋法公约》中国际社会对领海宽度为12海里的规则才达成一致。

四、结论

防空识别区的发展已经超过半个多世纪了，关于其法律依

---

〔1〕 中国国防科技信息中心："各国对中国设立海上防空识别区的反应"，载《每日防务快讯》2013年11月27日。

〔2〕《中华人民共和国东海防空识别区航空器识别规则公告》第2条。

据、法律特性的争论数十年陆续不断。《联合国海洋法公约》出现以前，对设立该区域的国际法律依据的主张，其可靠性是值得怀疑的。

自卫权的理论建立在国家受到侵略有权予以自卫的前提下，它不能够解释为什么防空识别区这种并非针对侵略、又非直接使用武力反击的预防性质制度设置属于自卫；而其有效性本来就不为国际社会广泛接受的预先性自卫理论，不能够解释为什么民用航空器的航行会构成迫在眉睫的攻击，因而需要予以识别。规范航空领域国际规则的1919年《巴黎航空公约》及1944年代之而通行的《芝加哥公约》，确认了国家的领空主权和管辖权，强调的是以领土为基础对于航空器进行的管辖，既没有明确的条约用语规定防空识别区问题，也没有为国家对领土以外的航空器进行管辖提供依据，它不能解释为什么设置在一国领土之外的防空识别区属于航空主权。至于主要是以打击劫持航空器、危害国际民航安全的行为的《东京公约》《海牙公约》和《蒙特利尔公约》，主要规定的是哪些行为属于违法犯罪以及如何对这些行为行使管辖权，与防空识别区没有直接关系。

《联合国海洋法公约》关于专属经济区的规定，为国家在专属经济区的上空设置防空识别区提供了一定的依据，使国家能够对可能对自己在专属经济区的权利没有"适当注意"的国家，通过设置防空识别区的方式维护自己权益。然而，它不能够解释为什么在专属经济区之外设置防空识别区同样是有道理的。公海上空实行飞越自由，国家主要是以属人管辖权对公海上空的航空器实施管辖，因而它不能够解释为什么国家有权对可能涵盖公海上空的防空识别区内的他国航空器进行管辖。

因此，较为合理的国际法律理论依据是剩余权利原则。在国际法领域中未明确禁止的行为——不管是通过国际条约还是国际习惯，国家有权实施；未明确规定的问题，国家有权通过自身实践予以明确。作为主权者，国家既是国际法的适用对象，也是国际法的立法者，这样的特殊身份和地位，使国家有权对涉及自身利益的行为，以不违反现行国际法规则的方式对其进行管辖，从而形成清晰的国际规则。它能够解释，为什么国际公约没有规定，但国家可以采取行动、制定规则；也能够解释，为什么没有国际标准，但国家可以国内法为据，规范行为。

防空识别区的制度，不是国际习惯。把它误认为国际习惯的观点，不能解释为什么违反了防空识别区的规定，相关国家不需要承担国际责任。这是因为，它仅仅是国际惯例，具体规则的规定上体现为国内法，而没有国际法律责任。当然，它更不是强行法（jus cogens），也没有不得越过的"卢比孔河（Lubikone）式"的国际标准。

基于剩余权利原则理论，国家可以在国内立法中规定防空识别区的规则。以国内法律为据，对违反规则者采取行动，甚至有的国家还规定了刑事法律责任。国家在此领域的不同做法，为推动今后形成国际习惯、国际规则，奠定了深厚的国家实践基础。虽然从权利来源上看，防空识别区植根于国际法，但其具体规范属性，则是国内法，其权利的形式，是以国家管辖权的方式存在的。

中国设置东海防空识别区，不仅具有国际法依据，也具有充分的国内法依据。它既是对长期存在的国际实践的一种认可，也是对国际实践的丰富。特别是，它与其他国家防空识别区的重叠，不违反现行的任何国际法规范。它的存在，也为将来以国家行为的方式设置更多的防空识别区提供了基础经验。

从历史和法理看菲律宾提起南海
争端强制仲裁的非法性与非理性

孙炳辉　1997 级　中共中央对外联络部

中国对包括南沙、西沙、东沙和中沙在内的南海诸岛及其附近海域拥有无可争辩的主权，并对相关海域及其海床和底土享有主权权利和管辖权。中国坚持按照国际法的有关规定和《南海各方行为宣言》的精神，通过双边谈判解决领土主权和海洋划界争议，坚决反对菲律宾一意孤行推进涉南海国际仲裁。造成中菲之间南海争议的直接原因是菲律宾非法侵占中国南沙群岛的部分岛礁，从历史和法理上看，菲律宾单方提起南海争端强制仲裁程序既非合法也非正当合理。

一、中国对南海诸岛及附近海域拥有主权具有历史和法理双重依据，两者互为因果、相辅相成

中国对南海诸岛拥有主权的法理依据主要是发现、先占、有效管辖和禁止反言规则及其他有关领土取得的国际法原则，并对根据这些原则取得南海诸岛主权拥有丰富的历史依据。

（1）中国人最早发现和开发南海诸岛，完全符合国际法关于通过发现和先占取得领土主权的原则。国际法上发现与先占是古代取得领土主权的最重要法律依据。先占取得领土主权必须具备两个条件：占领和行政管理，如设立居民点、悬挂国旗、

建立行政管辖等。大量翔实的中外史料对中国最早发现、命名南海诸岛提供了丰富的历史证据。中国对南海诸岛的发现最早可以上溯到汉朝。唐宋年间，许多历史地理著作将西沙命名为"九乳螺洲"，将南沙命名为"石塘"。元代汪大渊《岛夷志略》明确地记载了包括东沙、西沙、中沙和南沙四个群岛。明初《郑和航海图》把南海诸岛分别命名并在图中标绘位置。清雍正八年（1730 年）出版的《海国闻见录》明确绘出南海诸岛的四组群岛，并标有名称，以后的地图基本沿用此绘法。[1]

中国人民对南海诸岛及其附近海域的开发经营以及中国政府的实际管辖，进一步强化了对南海的主权。中国设置管辖南沙群岛始于唐代。唐贞元五年（公元 789 年）设琼州府，将南海诸岛的千里长沙（南沙）列入了中国版图，划归琼州府管辖。宋朝时，南海诸岛属广南西路琼管（即琼管安抚都监）管辖，列入琼管四州之一的吉阳昌化军的巡视范围。元朝时西亚和波斯湾大部分地区多已成为其藩属国，相互交往多取水路。忽必烈曾下诏把南海作为元帝国的内海，派出著名天文学家、同知太史院事郭守敬到南海进行测量并建立天文据点。明朝《郑和航海图》明确绘出明海军巡辖西沙和南沙群岛的航线。明代把西沙、南沙群岛及其附近海域皆列入万州所辖海疆之内，对南海的管辖和控制超过了以前历代。清朝政府一直对南海诸岛行使主权管辖，康熙、雍正、乾隆等都明确把南海诸岛列入清朝行政区域。[2]

从国际法发展的过程来看，古代中国对南海诸岛的发现、

---

〔1〕 韩振华主编：《我国南海诸岛史料汇编》，东方出版社 1988 年版，第 561~669 页。

〔2〕 陈天锡：《西沙岛东沙岛成案汇编·东沙岛成案汇编》，商务印书馆 1928 年版，第 22 页。

先占并实行有效的行政管辖，足已证明中国对南海诸岛享有无可争辩的领土主权。南海诸岛从来就不是"无主地"，而是中国领土神圣不可分割的组成部分，任何其他国家都无权以任何名义改变南海诸岛早就属于中国的这一法律地位。

（2）近代以来，中国历届政府都对南海诸岛行使主权管辖，反对外国侵略，充分证明南海诸岛一直是中国领土神圣不可分割的一部分。1883 年（光绪九年）德国曾对西沙、南沙群岛进行调查测量，后经清政府抗议，德国不得不停止调查。1911 年广东国民政府把南海诸岛划归海南崖县管辖。1918 年~1933 年，日本东京"拉沙磷矿株式会社"把南沙群岛擅自改名为"新南群岛"，招致中国人民的强烈抗议。20 世纪 30 年代，法国曾侵占南沙群岛的九个小岛，中国政府及时进行了外交交涉，中国渔民进行了有组织的抵抗，法国人被迫退出。二战期间，日本侵占中国西沙和南沙群岛，中国为收复被日本占领的岛屿主权进行了不懈努力。根据《开罗宣言》和《波茨坦公告》的精神，当时的中国政府于 1946 年收复西沙和南沙群岛，同时通过包括举行接收仪式、派兵驻守及绘制地图等一系列法律程序向全世界宣告了中国恢复对其行使主权。中华人民共和国建立后，南海诸岛先后被划归广东省和海南省管辖。可见，历朝历代中国政府一直坚持并采取实际行动积极维护对南沙群岛的主权。

（3）中国对南海诸岛的主权主张得到广泛的国际承认，为国际法上有关领土取得的默认、承认与禁止反言等原则提供了有力法理证据。国际法上承认（无论是明示的还是默示的）对于领土取得的意义在于：在两国争端中，为了查找更加相对有利的证据，国际法庭对案件的判决会将"一方当事国实际上是否已经承认过另一方当事国的权利或权利主张"作为一个重要考量因素。在涉及国际法的领土取得问题时，禁止反言则意味着：曾承认另一国对特定领土的权利的国家，将不得再否认另一国的权利。

20世纪70年代以前，菲律宾的任何法律文件在关于其领土范围的规定中都没有提到南沙群岛属其所有，这是对中国拥有南沙主权的默认。1990年2月5日，菲律宾驻德国大使比安弗吉尼曾明确表示："据菲国家地图和资源信息部的数据，黄岩岛不在菲领土主权范围以内。"1994年10月18日，菲律宾国家地图和资源信息部再次确认："菲领土边界和主权是由1898年12月10日《美西巴黎条约》第3条规定，黄岩岛位于菲领土边界之外。"中国对南海诸岛的主权主张也得到了广泛的国际承认。如1943年中、美、英三国在《开罗宣言》中宣布，日本应当归还的中国领土包括西沙、南沙群岛。战后，苏联外长葛罗米柯曾指出西沙群岛和南沙群岛是中国的"不可分割的领土"。1987年，联合国教科文组织亦曾委托中国在南海建立南沙海洋观测站。由此可见，菲律宾等国对中国拥有南海诸岛领土主权的默示和明确承认是无可争辩的历史事实。

二、菲律宾等国对南海诸岛的领土主权主张毫无历史和法理依据，是非法和无效的

（1）通过所谓对"无主地"的"占领"而取得领土主权的主张没有事实和法理依据。没有任何国家能提出比中国更早的发现、命名和占有南沙群岛的"证据和史实"。从中国具有的各种证据来看，南海诸岛都是中国最早发现、最早命名、最早开发经营管理的；从管辖时间上看，中国对其管辖已达千年。20世纪70年代以前，没有任何国家对中国拥有南海诸岛主权提出异议。1933年法国占领南沙群岛时，南沙并非"无主之地"而是中国领土。菲律宾为了制造南沙群岛部分岛礁是"无主地"

的谎言，杜撰了一个"卡拉延"神话。从菲律宾第 1596 号总统法令公布的"卡拉延"区域的地理坐标可以看出，所谓"卡拉延群岛"实际是中国南沙群岛的大部分岛礁。从历史上看，菲律宾从来就未对南沙群岛行使过主权管辖，当然无任何历史和法理依据可言。

菲律宾主张将黄岩岛纳入其领土更是无稽之谈。菲律宾的领土范围主要由四个国际条约确定，这些条约没有一项将黄岩岛纳入菲律宾领土。1898 年《美西巴黎条约》、1900 年《美西华盛顿条约》、1930 年《英美条约》和 1952 年《菲美军事同盟条约》等都明确规定了菲领土位于东经 118°以东，而黄岩岛位于该界限以西。1935 年的菲律宾《宪法》、1946 年《美菲一般关系条约》、1961 年 6 月 17 日菲律宾关于领海基线第 3046 号法令和 1968 年菲律宾关于领海基线的修正令等，都先后重申了相关国际条约具有法律效力。在这些法律条约的约束下，菲律宾一直未因中国政府对黄岩岛行使主权管辖和开发提出异议。1967 年、1981 年和 1984 年，菲律宾出版的地图都将黄岩岛标绘在了菲领土之外。

（2）以"邻近"等因素作为对南海诸岛领土主权要求的理由不能成立。菲律宾以"邻近"、军事、安全和经济价值等理由对南沙群岛提出全部或部分主权要求，但从国际法理论和实践看，"邻近"等因素并不成为其占领南沙群岛全部或部分岛礁的合法理由。根据国际法，"邻近"从来就不是国际法上领土的取得方式。无论是传统还是现代国际法，也不论国际条约或是国际习惯法、或是国际司法判例、或是著名国际法学家的著述等，均不存在依据距离远近、军事、经济和安全等因素决定领土主权归属的国际法规则。国际理论和实践对于借口"邻近"等因素提出领土主权要求的主张也总是持否定态度的。国际著名法学家奥本海就认为，那种所谓"对一块土地的有效占领，就使占有国的主权扩展到为维持它所实际占领土地的完整、安全和防卫所必需的邻近土地的主张，是没有真正法律依据的"。[1]国际实践也完全排斥所谓依据远近来决定领土归属的主张。许多国家的岛屿，往往距离本国大陆或主岛远而距他国近。如英吉利海峡中的海峡群岛距离法国更近，但它一直归属英国所有。这样的案例不胜枚举。以"邻近"等因素对南海诸岛提出主权要求，理由无法成立，也不符合国际法。

（3）通过长期非法占领，即通过"时效"方式最终取得南海诸岛全部或部分岛礁领土主权的企图不能得逞。国际法上的"时效"是指一国对他国领土进行长期占有之后，占有国能够长时间不受干扰地对占有地行使主权，逐渐符合国际秩序的一种领土取得的行为，而不论最初的占有是否合法与善意。[2]但是多数国际法学家认为时效不能作为取得领土的方式。因为时效所包含的非法占有和时间长短的不确定，给国际法和国际社会造成许多混乱。特别是在现代国际社会中，互相尊重主权和领土完整已成为国际法的一项基本原则，以时效取得领土显然违反这一原则。1959年国际法院在"荷兰与比利时边境领土案"的判决中明显排斥了适用时效规则，并对"不受干扰地和持续不断地占有"举证责任从严。据此判决认为荷兰对应属于比利时所有的边境领土，虽然不受干扰地进行了50年以上有效占领，但仍不能以时效为根据取得对该土地的主权。菲律宾对南沙群岛部分岛屿非法占有，从一开始就遭到中国方面强烈的、持续不断的反对和外交抗议，这种非法侵占行为在国际法上不

---

〔1〕　[英] 詹宁斯、瓦茨修订：《奥本海国际法》（第一卷·第一分册），王铁崖等译，中国大百科全书出版社1995年版，第23页。

〔2〕　王铁崖主编：《国际法》，法律出版社1995年版，第237页。

具有任何法律效力。菲律宾企图通过长期非法占领、以"时效"方式最终取得南海诸岛全部或部分岛礁领土主权，也是注定不能得逞的。

（4）任何背信弃义、改变主张和立场的行为都违反国际法"禁止反言"原则，都是非法和无效的，是对国际法的粗暴践踏。20 世纪 70 年代以前，菲律宾任何法律文件在关于其领土范围的规定中都没有提到南沙群岛属菲所有，这是对中国拥有南沙主权的默认。1990 年 2 月 5 日，菲律宾驻德国大使比安弗吉尼曾明确表示："据菲国家地图和资源信息部的数据，黄岩岛不在菲领土主权范围以内。"1994 年 10 月 18 日，菲律宾国家地图和资源信息部再次确认："菲领土边界和主权是由 1898 年 12 月 10 日《美西巴黎条约》第 3 条规定，黄岩岛位于菲领土边界之外。"由此可见，菲律宾等国对中国拥有南海诸岛领土主权的默示和明确承认是无可争辩的历史事实。根据国际法禁止反言原则，其必须受到有关承认的法律约束，无权再对南海诸岛提出领土主权要求和非法占领。

三、菲律宾单方提起南海争端强制仲裁程序的非法性和非正当性

2013 年 1 月 22 日，菲律宾单方将与中国之间的南海领土争议提交给了国际仲裁法庭，要求进行强制仲裁。菲律宾提交的仲裁诉讼，涉及的是领土归属、海洋划界、历史性所有权、军事利益等海洋争端问题，而中国享有免受涉及该类问题国际仲裁的权利。从国际法上看，菲单方提起南海争端强制仲裁程序既非合法也非正当合理。

（1）《联合国海洋法公约》（以下简称《公约》）不适用于裁判国家间领土主权争端。《公约》开宗明义地宣布，要在"妥

为顾及所有国家主权的情形下，为海洋建立一种法律秩序"。这表明《公约》并没有赋予自身变更国家领土主权的职能，也不可能成为裁判国家间领土主权争议的依据。当事国企图利用《公约》关于沿海国建立专属经济区或大陆架的规定，对南沙群岛及附近海域提出主权要求，本身就与国际法"以陆定海"的原则及《公约》规定背道而驰。首先，根据国际法"陆地统治海洋"原则，一个国家只有拥有了大陆或岛屿陆地的主权，才能享有该陆地附近的海域主权，而不是相反。沿海国专属经济区和大陆架的建立必须以陆地或岛屿的领土主权为基础，是从领土主权派生或自然延伸出来的权利，任何国家不能据此对抗别国早已存在的领土主权。其次，《公约》中也没有任何规定，赋予沿海国可以通过建立专属经济区或大陆架，从而改变别国在该区域内早已存在的岛礁主权归属的权利。《公约》对争议中的岛屿主权归属也没有提出任何判定标准，而且在解决海洋划界争端方式的规定中明确指出，如果划界争端同时涉及陆地或岛屿领土主权争端，将"导致有拘束力的裁判程序"不适用。可见，《公约》仅适用于海域划界争端，而不适用于解决岛屿主权争端。最后，国际司法判例和权威国际法学家的学说也做出充分证明。早在 1969 年，国际法院在"北海大陆架案"的判决中就明确规定："陆地支配海洋"是基本的法律原则，陆地是一个国家对其领土向海延伸部分行使权力的法律渊源。[1]美国海洋法专家杰拉尔德·曼贡在谈到南沙群岛问题时也明确指出：主权问题并不完全能够用《公约》来解决，而取决于广义的国际法。因此，菲律宾等南海周边国家以建立专属经济区或大陆架名义侵占南海诸岛及其附近海域的行为，是非法的和无效的。

---

〔1〕 国家海洋局政策研究室编：《国际海域划界条约集》，海洋出版社 1989 年版，第 461 页。

（2）《公约》对当事方之间涉及大陆或岛屿主权的争端，则排除适用强制仲裁，中国享有免受涉及该类问题国际仲裁的权利。据《公约》第298条特别规定，缔约国可以通过向联合国秘书长提交声明的方式排除强制仲裁程序，适用于领土归属、海洋划界、历史性所有权、军事利益等海洋争端。我国2006年根据《公约》第298条规定作出书面排除性声明，即对《公约》中涉及海洋划界、领土主权、军事活动等争端，中国政府不接受《公约》第15部分第2节规定的任何国际司法或仲裁管辖，中国据此享有免受涉及该类海洋争端国际仲裁的权利。《公约》中也没有任何规定，赋予沿海国可以通过建立专属经济区或大陆架，从而改变别国在该区域内早已存在的岛礁主权归属的权利。《公约》对争议中的岛屿主权归属也没有提出任何判定标准，而且在解决海洋划界争端方式的规定中明确指出，如果划界争端同时涉及陆地或岛屿领土主权争端，将"导致有拘束力的裁判程序"不适用。需强调的是，虽然国际海洋法法庭依据《公约》规定的程序已组成仲裁庭，但并不意味着该庭对本案有管辖权，依据《公约》，仲裁庭组成后，也仅能对其自身的管辖权问题进行审议。

（3）菲在提交强制仲裁前，未尽《公约》规定的"交换意见的义务"以及"用尽当地补救办法"等强制性国际义务。《公约》第283条"交换意见的义务"中规定："如果缔约国之间对本公约的解释或适用发生争端，争端各方应迅速就以谈判或其他和平方法解决争端一事交换意见"；"如果解决这种争端的程序已经终止，而争端仍未得到解决，或如已达成解决办法，而情况要求就解决办法的实施方式进行协商时，争端各方也应迅速着手交换意见"。《公约》第295条"用尽当地补救办法"中规定："缔约国间有关本公约的解释或适用的任何争端，仅在依照国际法的要求用尽当地补救办法后，才可提交本节规定的程序。"可见，当事国将争端提交国际仲裁之前，必须先尽"交换意见的义务"以及"用尽当地补救办法"等国际义务，该规定是强制性义务，不得违反。中国与东盟国家在《南海各方行为宣言》（以下简称《宣言》）中已经达成共识。在《宣言》中，各方承诺"根据公认的国际法原则，包括 1982 年《公约》，由直接有关的主权国家通过友好磋商和谈判，以和平方式解决领土和管辖权争议"；各方承诺"保持自我克制，不采取使争议复杂化、扩大化和影响和平与稳定的行动"。菲律宾违背在《宣言》中所做的承诺，抛开得到大多数国家支持的对话框架，拒绝合作，扩大事态，甚至动用军舰袭扰平民，引发黄岩岛事件，给中菲关系和南海和平稳定带来危害。在不久前举行的东盟外长系列会议上，菲方不顾东盟国家共识，发表指责中国的声明。菲方继续炒作南海问题，歪曲事实，抹黑中国。这一系列挑衅行为都违背《公约》第 283 条规定的"交换意见的义务"以及第 295 条规定的"用尽当地补救办法"等国际义务，菲单方提起南海争端强制仲裁程序既非法也非正当合理。

国际法上的海盗罪和中国的刑事管辖权

马呈元　1998 级　中国政法大学

2008 年以来，由于索马里海域和亚丁湾日益猖獗的海盗活动对正常的国际海上运输构成了严重的威胁，因此，联合国安理会多次通过决议，确认索马里领海及沿岸公海发生的海盗和武装劫船行为构成对国际和平与安全的威胁，要求各国和区域性国际组织与索马里过渡政府合作，采取一切适当措施在公海、索马里领海，甚至在索马里境内打击海盗活动，并根据有关国际公约的规定，对策划、协助或实施犯罪行为的个人行使刑事管辖权，使他们受到应有的惩罚。作为联合国安理会常任理事国之一，中国首次于 2008 年 12 月派遣海军编队远赴索马里海域，执行打击索马里海盗、保护航经索马里海域的中国船舶与人员的安全和保护世界粮食计划署等国际组织运送人道主义物资的船舶与人员的安全的任务。本文拟对国际法上的海盗罪和中国对海盗罪的刑事管辖权问题进行初步的探讨。

一、国际条约关于海盗罪的定义及其管辖权的规定

海盗是国际法上最古老的犯罪之一。由于海盗行为严重威胁海上贸易以及船舶和人员的安全，破坏海上正常的航行秩序，因此，海盗行为在很早以前就被认为是一种应当受到惩罚的犯罪，

许多国家也制定了国内法以惩治这种行为。[1]英国著名国际法学家奥本海指出:"海盗和海盗船只,由于实施海盗行为的事实,丧失了船旗国的保护及其属于任何国家的性质。根据习惯国际法规则,每个国家都有权惩罚海盗。国家的所有船舶,无论是军舰,还是其他公用船舶或商船,都可以在公海上追逐、攻击和逮捕海盗,并把他们带回本国,由本国的法院审判和处罚。"[2]

第二次世界大战以后,随着国际法编纂的发展,作为习惯国际法上的罪行之一的海盗罪被规定在一系列国际条约之中。下面笔者将对这些条约的规定做简单的说明。

1. 《公海公约》和《联合国海洋法公约》

1958年,第一次联合国海洋法会议通过的《公海公约》首次明确规定了海盗罪的定义;1982年第三次联合国海洋法会议通过的《联合国海洋法公约》对此作了与《公海公约》基本相同的规定。

《联合国海洋法公约》第101条规定:

下列行为中的任何行为构成海盗行为:

（a）私人船舶或私人飞机的船员、机组人员或乘客为私人目的,对下列对象所从事的任何非法的暴力或扣留行为,或任何掠夺行为:（1）在公海上对另一船舶或飞机,或对另一船舶或飞机上的人或财物;（2）在任何国家管辖范围以外的地方对船舶、飞机、人或财物;

（b）明知船舶或飞机成为海盗船舶或飞机的事实,而自愿参加其活动的任何行为;

---

〔1〕 林欣主编:《国际刑法问题研究》,中国人民大学出版社2000年版,第90页。

〔2〕 L. Oppenheim, *International Law*, A Treatise, Vol. I, Longmans, Green, and Col, p. 330,（1905）.

(c) 教唆或故意便利 (a) 或 (b) 项所述行为的任何行为。"

《联合国海洋法公约》第 100 条要求所有国家应尽最大可能进行合作，以制止在公海上或在任何国家管辖范围以外的地方发生的海盗行为。同时，按照《联合国海洋公约》第 105 条的规定，在公海上或在任何国家管辖范围以外的地方，每个国家均可扣押海盗船舶或飞机，逮捕船上或机上的人员并扣押船上或机上的财物。扣押国法院可以判定应处的刑罚，并可以决定对船舶、飞机或财产所应采取的行动，但受善意第三人权利的限制。"按照这一规定，对海盗罪有管辖权的是'每个国家'，而不仅仅是《联合国海洋法公约》的缔约国，这充分说明海盗罪是一种处于各国普遍管辖之下的严重的国际罪行。"[1]

2. 《制止危及海上航行安全非法行为公约》

虽然《公海公约》和《联合国海洋法公约》对海盗罪规定了明确的定义，但是，由于该定义把海盗罪定义为私人船舶或飞机上的船员、机组人员或乘客为私人目的，在公海上或在不属于任何国家管辖的地方实施的非法暴力、扣留或掠夺行为。因此，排除了非私人船舶或飞机上的人员为政治目的，在国家管辖范围以内实施的类似行为构成海盗罪的可能性。这无疑大大缩小了海盗罪的范围，不利于打击危害海上航行安全的犯罪活动。特别是1982年《联合国海洋法公约》把领海宽度从传统的 3 海里扩大到 12 海里并建立了沿海国 200 海里专属经济区制度之后，公海的范围大为缩小，许多原先可以被认定为海盗罪的行为由于同一海域性质的变化而不再构成海盗罪。事实上，

---

[1] 马呈元:《国际刑法论》(增订版)，中国政法大学出版社 2013 年版，第 429 页。

在索马里海域和亚丁湾发生的海盗和武装抢劫行为许多并非发生在公海上。

为了弥补上述两公约有关海盗罪定义的不足之处，有效地打击在国家管辖范围之内发生的或者为政治目的而实施的海上犯罪活动，国际海事组织于 1988 年 3 月在意大利罗马召开外交会议，审议并通过了《制止危害海上航行安全非法行为的公约》。该公约于 1992 年 3 月 1 日正式生效。

《制止危及海上航行安全非法行为公约》（以下简称《公约》）第 3 条规定：

1. 任何人如非法并故意从事下列活动，则构成犯罪：

（a）以武力或武力威胁或任何其他恐吓形式夺取或控制船舶；或

（b）对船上人员施用暴力，而该行为有可能危及船舶的航行安全；或

（c）毁坏船舶或对船舶或其货物造成有可能危及船舶航行安全的损坏；或

（d）以任何手段把某种装置或物质放置或使之放置于船上，而该装置或物质有可能毁坏船舶或对船舶或其货物造成损坏而危及或有可能危及船舶航行安全；或

（e）毁坏或严重损坏海上导航设施或严重干扰其运行，而此种行为有可能危及船舶的航行安全；或

（f）传递其明知是虚假的情报，从而危及船舶的航行安全；或

（g）因从事（a）至（f）项所述的任何罪行或从事该类罪行未遂而伤害或杀害任何人。

2. 任何人如从事下列活动，亦构成犯罪：

（a）从事第 1 款所述的任何犯罪未遂；

(b) 唆使任何人从事第 1 款所述的任何罪行或是从事该罪行者的同谋；或

(c) 无论国内法对威胁是否规定了条件，以从事第 1 款第 (b) 项、(c) 项和 (e) 项所述的任何罪行相威胁，旨在迫使某自然人或法人从事或不从事任何行为，而该威胁有可能危及船舶的航行安全。

《公约》第 5 条要求缔约国在考虑罪行严重性的基础上，使第 3 条规定的罪行受到适当的惩罚。根据《公约》第 6 条的规定，船旗国、犯罪发生地国、犯罪人国籍国、无国籍犯罪人惯常居所地国、受害人国籍国和受犯罪行为胁迫的国家都可以对上述罪行行使刑事管辖权。此外，《公约》第 4 条规定，《公约》适用于驶入、通过或来自一国领海外部界限以外水域的船舶或者驶入、通过或来自相邻国家领海的船舶。但按照第 2 条的规定，《公约》不适用于军舰或国家拥有或经营用作海军辅助船舶或用于海关或警察目的的船舶。

与《公海公约》和《联合国海洋法公约》有关海盗罪的定义相比，《公约》取消了犯罪系出于私人目的和犯罪行为发生在公海上或在任何国家管辖范围以外的地方的限制，扩大了海上犯罪的种类和范围。事实上，《公约》所述的危害海上航行安全罪可以说是广义的海盗罪，而《公海公约》和《联合国海洋法公约》规定的则是狭义的海盗罪。

二、中国对海盗罪的刑事管辖权

刑事管辖权是国家主权的重要体现。现代世界大多数国家的刑事管辖权都是以属地原则为基础，同时兼采其他原则。也就是说，凡在本国领域内犯罪的，不论本国人或外国人，都适用本国刑法；本国人或外国人在本国领域外犯罪的，在一定条件下也适用本国刑法。中国采取的也是这样的刑事管辖权体制。[1]至于中国对海盗罪行使刑事管辖权，这实质上是将中国刑法适用于外国人在中国领域外的犯罪，其法律依据是中国刑法中规定的保护性管辖权和普遍性管辖权。

1. 中国刑法中的保护性管辖权

保护性管辖权是指国家为了保护本国的安全、独立和重要利益，包括本国国民的生命、财产和利益，对外国人在该国领域外对该国国家或国民的犯罪行为行使的管辖权。[2]保护性管辖权是受害国针对外国人的严重犯罪，如伪造货币罪、谋杀罪、纵火罪、诽谤罪等而实施的。因为这样的犯罪直接危害国家的独立、安全及经济利益，或者危害其国民的生命或财产，所以，许多国家的刑法中都规定了这样的管辖权。[3]

我国《刑法》第8条也体现了保护性管辖原则。按照该条的规定："外国人在中华人民共和国领域外对中华人民共和国国家或者公民犯罪，而按本法规定的最低刑为3年以上有期徒刑的，可以适用本法，但是按照犯罪地的法律不受处罚的除外。"根据这一规定，外国人在中国领域外对中国国家或者公民犯罪，中国可以行使刑事管辖权。不过，这种管辖权的行使要受到一定的限制：一是有关犯罪按照中国刑法规定的最低刑必须是3年以上有期徒刑；二是这种行为按照犯罪地的法律也应受到刑法处罚。[4]

---

〔1〕 高铭暄主编：《新编中国刑法学》（上册），中国人民大学出版社1998年版，第48页。

〔2〕 邵津主编：《国际法》，北京大学出版社、高等教育出版社2000年版，第44页。

〔3〕 邵津主编：《国际法》，北京大学出版社、高等教育出版社2000年版，第44页。

〔4〕 高铭暄主编：《新编中国刑法学》（上册），中国人民大学出版社1998年版，第53页。

中国刑法中关于保护性管辖权的规定对于保护中国国家和在外国的中国公民的利益具有重要的意义。

中国外交部发言人刘建超曾经指出，中国已经是世界上运力第四的海运大国，从 2008 年 1 月到 11 月，中国共有 1265 艘次商船通过索马里海域，其中，约 20%受到过海盗的袭击。[1]就在 2008 年 12 月 16 日中国宣布将首次派遣军舰前往索马里护航的第二天，中国交通建设集团总公司的"振华 4 号"轮船又在索马里海域遭到海盗的袭击。由此可见，索马里海域猖獗的海盗活动已经构成对中国的国家利益、中国船舶以及船上人员和财产安全的严重威胁。根据联合国安理会的决议和上述国际公约的规定，中国海军护航舰队有权在索马里海域打击侵害中国国家和公民利益的海盗行为；对于抓获的犯罪嫌疑人，中国司法机关可以根据《刑法》第 8 条的规定行使刑事管辖权。

2. 中国刑法中的普遍性管辖权

普遍性管辖权是国际法规定的专门适用于国际犯罪的管辖权。它是指根据国际法的规定，对于某些特定的国际罪行，由于其普遍地危害国际和平与安全以及全人类的利益，所以，不论犯罪行为发生何地或罪犯具有何国国籍，各国均有权对其行使管辖权。[2]中国著名刑法学家高铭暄教授指出，普遍性管辖权以保护国际社会的共同利益为标准，不论犯罪人是本国人还是外国人，也不论犯罪地是在本国领域内还是本国领域外，都适用本国刑法。[3]也就是说，国家行使普遍性管辖权是以保护国际社会的整体利益或普遍利益为标准，而不论犯罪人具有何种

〔1〕 姚忆江："中国海军远征索马里揭秘"，载 http://mil. news. sina. com. cn/，访问日期：2008 年 12 月 25 日。

〔2〕 王铁崖主编：《国际法》，法律出版社 1981 年版，第 94 页。

〔3〕 高铭暄主编：《新编中国刑法学》（上册），中国人民大学出版社 1998 年版，第 48 页。

国籍，犯罪发生在何处。[1]

在国家的司法实践中，国家一般只对与本国存在一定联系的犯罪行使刑事管辖权。这种联系可能体现为犯罪行为发生在本国、犯罪人或受害人具有本国国籍，或者犯罪行为损害了本国利益等情形。对于与国家不存在上述联系的犯罪，国家既没有对其实施管辖的权力，也不负有这一方面的义务。为了有效打击国际犯罪，特别是像海盗这样发生在公海上或任何国家管辖范围以外的地方的犯罪，国际法授权国家根据普遍性管辖权对出现在本国领土上的国际犯罪嫌疑人进行起诉、审判和处罚；如果国家决定不对他行使刑事管辖权，则有义务将他引渡给有管辖权的任何其他国家，而不能使其逍遥法外。普遍性管辖权把国际犯罪嫌疑人置于各国刑法的管辖之下，其目的是保护国际社会的共同利益。

不过，虽然国际法授权国家根据普遍性管辖权对诸如海盗罪等国际犯罪行使刑事管辖权，但是，这样的原则只有在转化为国内法的规定之后，才能真正得到实施。从目前的情况来看，许多国家的刑法中都规定了普遍性管辖权，中国也不例外。我国《刑法》第9条规定："对于中华人民共和国缔结或者参加的国际条约所规定的罪行，中华人民共和国在所承担条约义务的范围内行使管辖权的，适用本法。"由于中国已经于1996年5月15日和1991年6月29日分别批准了《联合国海洋法公约》和《公约》，因此，中国刑法完全可以适用于这两项公约规定的海盗罪行。

高铭暄教授指出："只要我国缔结或者加入了某一规定有国际犯罪及其惩处的公约，我国便承担了对犯有条约规定罪行的罪犯行使管辖权的义务。当然，普遍管辖权的行使在实践中会

---

〔1〕 倪征燠：《国际法中的司法管辖问题》，世界知识出版社1985年版，第17页。

受到一定的限制。只有当犯有国际条约规定的罪行的罪犯在我国境内，我国才能对罪犯实施管辖，除非引渡给有关国家，否则就应当依照我国刑法的规定予以惩处。"〔1〕对于索马里海盗，只要中国海军将其抓获并带到中国境内，中国司法机关就能够确立对他们的刑事管辖权。

三、罪刑法定原则与对索马里海盗的定罪处刑

"罪刑法定原则的含义是：什么是犯罪，有哪些犯罪，各种犯罪构成条件是什么，有哪些刑种，各个刑种如何适用，以及各种具体罪的具体量刑幅度如何等，均由刑法加以规定。对于刑法分则没有明文规定的犯罪，不得定罪处罚。概括起来说，就是'法无明文规定不为罪，法无明文规定不处罚'。"〔2〕由于罪刑法定原则符合现代法治精神，有利于防止司法专断和有利于保护人权，因此，今天，它已经成为世界各国刑法中最普遍、最重要的一项原则。

中国1979年制定的刑法中没有明确规定罪刑法定原则，相反却在第79条中规定了有罪类推制度。1997年修订的中国《刑法》从完善中国的刑法制度、保障人权的需要出发，明文规定了罪刑法定原则，并废止类推，成为刑法修订和中国刑法发展的一个重要标志。〔3〕修订后的中国《刑法》第3条规定："法律明文规定为犯罪行为的，依照法律定罪处刑；法律没有明文规定为犯罪行为的，不得定罪处刑。"这一规定体现了犯罪的法定化和

---

〔1〕 高铭暄主编：《新编中国刑法学》（上册），中国人民大学出版社1998年版，第54页。

〔2〕 高铭暄主编：《新编中国刑法学》（上册），中国人民大学出版社1998年版，第20页。

〔3〕 高铭暄主编：《新编中国刑法学》（上册），中国人民大学出版社1998年版，第21页。

刑罚的法定化，有利于司法机关严格执法，区别罪与非罪、此罪与彼罪的界限，在打击犯罪的同时，更好地保护了人权。

对于以打击国际犯罪为目的的刑法公约，缔约国有义务把公约规定的国际犯罪作为本国国内刑法中的犯罪，并通过司法机关的活动追究此类犯罪的刑事责任。同时，由于除《国际刑事法院规约》等国际刑事司法机关的章程之外，大多数国际刑法公约关于国际犯罪的规定只涉及犯罪构成和行为特征，要求缔约国将其作为国内法上的犯罪予以惩处，而没有规定具体的刑罚尺度。因此，缔约国不但要把公约规定的犯罪作为本国刑法中的犯罪，而且要具体规定应处的刑罚。否则，国际刑法公约的规定就无法得到实施。

但是，虽然中国根据《联合国海洋法公约》和《公约》承担了打击海盗犯罪的国际义务，中国《刑法》第8条和第9条的规定也为中国对索马里海盗行使刑事管辖权提供了法律依据。但是，因为中国《刑法》中没有"海盗罪"和"危害海上航行安全罪"的罪名，所以，以这两项罪名对海盗进行起诉、审判和处罚并不符合《刑法》第3条的规定，即"法律没有明文规定为犯罪行为的，不得定罪处刑。"这有悖于罪刑法定原则。

对于这个问题，应当通过以下两种途径解决：

第一，虽然中国宪法中没有关于国际条约与国内法关系的规定，但是，中国的许多单行法中包含有这样一项程式化的条款，即"中国缔结或参加的国际条约同本法有不同规定的，适用国际条约的规定，但中国声明保留的条款除外"。这样的条款一方面说明了国际条约对国内法的补充作用；另一方面说明了国际条约相对国内法的优先地位。事实上，中国《刑法》第9条也具有同样的意义。该条规定可以被理解为一方面确立了中国司法机关对条约规定罪行的刑事管辖权；另一方面授权中国司法机关在中国刑法分则所定罪名与条约规定罪名不同时，可以根据条约规定的罪名定罪，并视犯罪的严重程度参照中国刑法类似的犯罪处刑。

第二，假如严格遵循罪刑法定原则，中国司法机关不能直接援引国际条约规定的罪名定罪，那么，可以采取另外一种解决方法。赵秉志教授主编的《新编国际刑法学》中指出："我国加入了一系列国际条约，涉及打击贩毒、劫持航空器、绑架等，就应该在我国的刑法典里看到与上述国际条约内容相近的相关规定。"〔1〕事实上，对于中国缔结或者参加的国际刑法公约中规定的犯罪，中国刑法中确实都有内容相近的有关规定。在这种情况下，诚如张智辉研究员所言："国际刑法所禁止和惩罚的国际犯罪，只要符合中国刑法分则中规定的某个犯罪的构成要件，在上述范围内就可以适用中国刑法。从这个意义上讲，中国刑法中与国际刑法实体规范相吻合的条款，在一定程度上体现了国际刑法的实体性规范；其中所禁止和惩罚的犯罪，就是中国国内法上的犯罪，也可以视为相应的国际犯罪构成在中国刑法中的具体化。"〔2〕也就是说，中国司法机关可以根据特定国际犯罪的构成要件和事实特征，选择中国刑法分则中规定的相近的罪名予以定罪和处刑。至于索马里海盗，中国法院可以依据具体犯罪的事实特征，选择按照中国《刑法》第116条破坏交通工具罪、第122条劫持船只罪、第232条故意杀人罪、第234条故意伤害罪、第239条绑架罪或第263条抢劫公私财物罪进行定罪和处刑。当然，这种做法可能存在其他方面的问题，但此处不再对其做进一步的分析和探讨。

---

〔1〕 赵秉志主编：《新编国际刑法学》，中国人民大学出版社2004年版，第112页。

〔2〕 张智辉：《国际刑法通论》（第3版），中国政法大学出版社2009年版，第454页。

四、结论

海盗罪是习惯国际法中确立最早的国际犯罪之一。第二次世界大战以后，1958 年《公海公约》和 1982 年《联合国海洋法公约》对海盗罪的定义作了明确的界定。1988 年《制止危及海上航行安全非法行为公约》进一步扩大了海盗罪的种类和适用范围。

鉴于索马里海域日益猖獗的海盗活动严重威胁国际海上航行安全，根据联合国安全理事会的决议，中国政府于 2008 年 12 月首次派遣中国军舰前往该海域执行护航任务，而且这种护航活动一直持续到今天。根据保护性管辖权，中国对侵害中国船舶和人员安全的索马里海盗有权行使管辖权。根据普遍性管辖权，中国对侵害任何国家船舶和人员安全，包括侵害世界粮食计划署等国际组织运送人道主义救援物资的船舶和人员安全的索马里海盗都有权行使管辖权。由于中国《刑法》分则中没有"海盗罪"的罪名，因此，中国司法机关可以按照《刑法》第 9 条的规定，援引有关公约规定的罪名对索马里海盗进行定罪和处罚，或者根据特定犯罪的事实特征和构成要件，选择刑法分则中相近的罪名定罪处刑。

关于解决涉台民商事案件管辖权
冲突的几点思考

王天红　1998 级　江苏省高级人民法院

台湾地区与大陆虽同属一个中国，但却是两个不同的法域，实行各自独立的法律制度，并拥有独立的司法管辖权。由于两岸在涉及彼此的民商事案件（自大陆的视角称为涉台民商事案件）管辖权方面尚未建立协调机制，管辖权冲突（本文中未作特别说明时，管辖权冲突均指涉台民商事案件管辖权冲突）的存在是不争的事实。管辖权问题不仅关系着程序法与实体法的适用、关系着生效判决在对方法域的认可与执行，而且在很大程度上制约着两岸民商事交往的发展。在两岸已实现"大三通"的背景之下，探讨涉台民商事案件管辖权冲突的解决，无疑具有重要现实意义。

一、两岸管辖权冲突的表现形式及其危害

通常所说的管辖权冲突主要是指直接管辖权的冲突。直接管辖权是指一法域的法院依据本法域法律规定确定其对某一跨法域案件是否有管辖权。直接管辖权冲突有积极冲突和消极冲突两种形式。就涉台民商事案件来说，积极冲突是指对同一起涉台民商事案件，两岸法院均有管辖权，并积极行使各自管辖权而发生的管辖权冲突。消极冲突是指对同一起涉台民商事案

件，两岸法院均不行使管辖权。在当前各法域均极力扩大本法域法院管辖权的趋势下，司法实践中常见的管辖权冲突是积极冲突，而消极冲突则鲜有所见。因此，本文以下所称管辖权冲突若无特别说明仅指管辖权的积极冲突。

从原告起诉的角度来看，管辖权的积极冲突又可以称为一事两诉，有重复诉讼和对抗诉讼两种表现形式。重复诉讼，即相同当事人的一事两诉，是指同一原告对同一被告就同一诉讼标的在两岸法院同时或者先后提起诉讼。如"林某正、林某美诉郑某菩侵权赔偿案"〔1〕就是一个典型的案例。在该案中，原告林某正、林某美对被告郑某菩就设立在福建省永定县的永定巨和公司股权纠纷向台北地方法院提起民事诉讼，要求判令被告郑某菩赔偿投资款；林某正在台湾地区法院提起诉讼的同时，又向福建省龙岩市中级人民法院提起诉讼，要求判令郑某菩赔偿投资款。

就涉台商事案件来说，对抗诉讼，即相反当事人的一事两诉，是指双方当事人就同一诉讼标的分别在两岸法院提起诉讼，也即第一个诉讼的被告依据同一纠纷事实以第一个诉讼的原告为被告，向对方法域有管辖权的法院提起诉讼。典型的案例有"林某玉与蔡某义离婚案"〔2〕。在该案中，林某玉是大陆居民，蔡某义是台湾地区居民。原告林某玉向福建省东山县人民法院提起离婚诉讼后，被告蔡某义也向台湾地区法院起诉。东山县人民法院以台湾地区法院受理案件时间迟于该院为由，参照《最高人民法院关于适用〈中华人民共和国民事诉讼法〉

---

〔1〕 参见福建省龙岩市中级人民法院［1996］岩经初字第 48 号民事判决书。

〔2〕 参见福建省东山县人民法院［2000］东民初字第 19 号民事判决书。

的解释》第 15 条[1]的规定，对该案行使管辖权。

在直接管辖权冲突之外，还有间接管辖权冲突。间接管辖权是指一法域的法院在审查外法域法院作出的判决能否在本法域得到承认和执行时，依照本法域的法律判断该外法域法院对案件是否有管辖权。两岸相互认可与执行对方法院判决的规定，实质上是关于区际民事案件间接管辖权的规定。在认可对方法院判决之前，受理认可申请的法院必须判断作出判决的法院是否具有管辖权，而有无管辖权的审查标准，是以受理认可申请的法院地法律为判断标准的。按照现行规定，拥有合格的管辖权是我国台湾地区民事判决在大陆得到认可与执行的前提条件之一。[2]如果我国台湾地区法院依照其法律规定对案件有管辖权，其作出的判决需要在大陆认可和执行，而大陆法院依照大陆法律认为我国台湾地区法院对案件无管辖权，则该判决无法得到认可和执行。台湾地区在认可与执行大陆法院判决方面亦然。[3]

---

〔1〕《最高人民法院关于适用〈中华人民共和国民事诉讼法〉的解释》第 15 条：“中国公民一方居住在国外，一方居住在国内，不论哪一方向人民法院提起离婚诉讼，国内一方住所地的人民法院都有权管辖。如国外一方在居住国法院起诉，国内一方向人民法院起诉的，受诉人民法院有权管辖。”

〔2〕1998 年 5 月 22 日《最高人民法院关于人民法院认可台湾地区有关法院民事判决的规定》第 9 条规定：“台湾地区有关法院的民事判决具有下列情形之一的，裁定不予认可：（一）申请认可的民事判决的效力未确定的；（二）申请认可的民事判决，是在被告缺席又未经合法传唤或者在被告无诉讼行为能力又未得到适当代理的情况下作出的；（三）案件系人民法院专属管辖的；（四）案件的双方当事人订有仲裁协议的；（五）案件系人民法院已作出判决，或者外国、境外地区法院作出判决或境外仲裁机构作出仲裁裁决已为人民法院所承认的；（六）申请认可的民事判决具有违反国家法律的基本原则，或者损害社会公共利益情形的。”从规定来看，对认可台湾地区的判决，设定了较为严格的标准。

〔3〕我国台湾地区“两岸人民关系条例”第 74 条规定：“大陆人民法院的民事判决、仲裁判断必须是不违背台湾地区公共秩序或善良风俗。”但是何为公序良俗？没有明确的解释。我国台湾地区有关部门研究认为，不违背台湾地区公序良俗

考虑到两岸冲突法、实体法以及诉讼程序的不同、法律性质决定的差异、域外送达取证制度和判决在对方法域的认可与执行的可能性等因素，允许当事人提起第二诉讼有时具有重要意义。它可以为当事人提供诉讼上的便利，使得当事人能够获得必要的、对其更为有利的司法救济手段。但是，也必须看到允许一事两诉的同时也会造成一些负面影响，在有些情况下，其弊端甚至是非常严重的。具体来说有以下几个方面：

第一，加重当事人的负担和造成司法资源的浪费。一事两诉一旦发生，有关当事人就面临着两个诉讼，无疑会造成当事人诉讼费用的双重支出，从而加重当事人的负担。不仅如此，两岸的受诉法院也会因对同一事实所产生的纠纷进行重复审理，从而带来司法资源的浪费。

第二，可能会导致跛行法律关系产生。一事两诉的结果往往是两岸法院分别对当事人的同一诉讼请求作出判决，而且极有可能这两份判决并不完全一致或截然不同。这种相互矛盾的判决会在两岸导致跛行法律关系的出现，直接困扰诉讼当事人。

第三，给判决的认可与执行带来困难。两岸法院作出的判决如果得不到对方法域的认可与执行，则该判决是没有实际意义的。在一事两诉的情况下，很难设想，两岸会在本法域法院已就相同的纠纷作出判决的情况下，再认可与执行对方法域法院作出的内容并不一致的判决。即使两岸法院作出的判决完全

（接上页）的三项认可准据：一、大陆法院的判决违背专属管辖者，因与公益有关，不予认可。二、认可大陆法院的判决，仅审查其判断内容有无违背台湾地区公共秩序或善良风俗。三、公共秩序和善良风俗，原是不确定的法律概念，是否违背该规定，应就个别具体案件来探究。并应注意下列各事项：（1）依台湾地区"宪法"保障人民基本权利之原则。（2）应注意保障台湾地区人民福祉的原则。（3）大陆法院之判决违反台湾地区强制禁止规定者，得视个别具体情形认定是否违反公序良俗。

一致，受理申请的法院也不会执行对方法域法院的判决，而置本法域法院的生效判决于不顾。

第四，制约两岸民商事交往的进一步发展。在两岸已实现"大三通"的情况下，两岸民商事交往必然更加密切和频繁，由此产生的纠纷也必然会大量增加。如果两岸当事人的民商事纠纷由于管辖权冲突的存在不能得到顺利解决，必然会阻碍两岸当事人的民商事交往，从而减损两岸"大三通"的效果。

第五，有损于"一个中国"原则的贯彻落实。两岸虽然分属不同的法域，但同属一个中国，是一个国家内部的两个法域。在管辖权上互相协调，确保两岸民商事判决能够在两岸之间顺利流通，是贯彻落实"一个中国"原则的具体内容之一。在两岸关系日益密切的今天，如果两岸民商事管辖权冲突不能得到有效的化解，必然有损于"一个中国"原则的贯彻落实。

二、管辖权冲突的成因分析

除政治因素之外，造成两岸民事诉讼管辖权冲突的原因主要有以下几个方面：

（一）两岸立法的差异是形成两岸民商事管辖权冲突的直接原因

海峡两岸分属不同的法域，各自拥有独立的立法权，并施行不同的法律制度。两岸在涉台案件民商事管辖权具体立法规定上的差异，直接导致了两岸民商事管辖权的冲突。

1. 专属管辖权冲突

就涉外民商事案件来说，专属管辖是指一法域根据其法律规定，对某些具有特别性质的跨法域民商事案件强制规定只能由本法域法院行使独占管辖，而不认可其他法域的法院对此类案件具有管辖权。专属管辖的案件较少发生管辖冲突，但因两岸法律规定的差异，两岸在专属管辖方面也会发生冲突，如不动产纠纷中的管辖权冲突。大陆《民事诉讼法》第 33 条第 1 项规定："因不动产纠纷提起的诉讼，由不动产所在地法院管辖。"但法律对"不动产纠纷"的范围没有作明确规定，司法实践中人民法院将所有涉不动产的纠纷都纳入专属管辖的范围，例如房屋买卖、租赁合同纠纷、房屋抵押合同纠纷等都被作为房地产纠纷，而不是普通的合同纠纷。而台湾地区"民事诉讼法"第 10 条第 1 款则只规定不动产物权或其分割等引起的纠纷才属于专属管辖。显然，台湾地区法律规定的不动产专属管辖范围比大陆窄。如果台湾地区当事人因在大陆的房屋买卖、租赁等事宜发生纠纷，依照台湾地区"民事诉讼法"，可以由被告住所地或双方约定的法院管辖，原告可以在台湾地区有关法院提起诉讼。这样的判决若要到大陆申请认可和执行，就会遇到障碍。如台湾地区"孙氏母女诉中国运通（英国）有限公司案"就是一个典型的例子。在该案中，1994 年台湾地区孙氏母女俩通过中国运通（英国）有限公司向上海新建置业有限公司在上海购买两套房产。1996 年，孙氏母女将该房产租给上海新建置业有限公司。后来孙氏母女因房屋过户和租金问题与中国运通（英国）有限公司发生纠纷，向台北地方法院提起诉讼。台北地方法院作出判决后，2001 年 7 月，孙氏母女向上海市第二中级人民法院申请认可该判决。该院未予认可，理由是不动产纠纷属于大陆法院专属管辖，台湾地区法院对案件没有管辖权。

　　此外，在大陆，继承案件属于专属管辖的范围,[1]婚姻案

---

〔1〕　大陆《民事诉讼法》第 34 条第（三）项规定："因继承遗产纠纷提起的诉讼，由被继承人死亡时住所地或者主要遗产所在地人民法院管辖。"

件不属于专属管辖的范围；而在台湾地区则相反。[1]因此，在继承案件和婚姻案件的管辖上，大陆与台湾地区也可能会发生冲突。

2. 协议管辖冲突

协议管辖，是指一定范围的涉台民商事案件的当事人双方在争议发生之前或之后，依法达成协议，将他们之间的争议提交大陆或台湾地区法院管辖。协议管辖是由双方当事人约定争议的管辖法院，因此又称约定管辖或合意管辖。选择管辖法院的协议被称为管辖协议，它既可以表现为一个独立的协议，也可以在合同中以管辖权条款的形式出现。

两岸民事诉讼法均对协议管辖作出了规定。大陆 2007 年《民事诉讼法》第 242 条规定："涉外合同或者涉外财产权益纠纷的当事人，可以用书面协议选择与争议有实际联系的地点的法院管辖。选择中华人民共和国人民法院管辖的，不得违反本法关于级别管辖和专属管辖的规定。"第 243 条规定："涉外民事诉讼的被告对人民法院管辖不提出异议，并应诉答辩的，视为承认该人民法院为有管辖权的法院。"[2]台湾地区"民事诉讼法"第 24 条规定："当事人得以合意定第一审管辖法院。但

---

〔1〕 台湾地区"民事诉讼法"第 568 条规定："婚姻无效或撤销婚姻，与确认婚姻成立或不成立及离婚或夫妻同居之诉，专属夫妻之住所地或夫、妻死亡时住所地之法院管辖。但诉之原因事实发生于夫或妻之居所地者，得由各该居所地之法院管辖。"

〔2〕 大陆没有关于处理区际纠纷案件的专门立法，司法实践中涉台案件是比照涉外案件审理的。涉台案件参照涉外程序进行审理的依据主要有：（1）最高人民法院 2000 年发布的《关于严格执行案件审理期限制度的若干规定》第 2 条第 9 款规定："审理涉港、澳、台的民事案件的期限，参照涉外审理民事案件的规定办理。"（2）最高人民法院 2002 年发布的《关于涉外民商事案件诉讼管辖若干问题的规定》第 5 条规定："涉及香港、澳门特别行政区和台湾地区当事人的民商事纠纷案件的管辖，参照本规定处理。"

以由一定法律关系而生之诉讼为限。"第 25 条规定:"被告不抗辩法院无管辖权,而为本案之言辞辩论者,以其法院为有管辖权之法院。"第 26 条规定:"前二条之规定,于本法有专属管辖之诉讼,不适用之。"据此,两岸协议管辖的相同点是:第一,协议管辖范围的规定是一致的,均限于合同纠纷和财产权益纠纷;第二,协议管辖不得违背专属管辖的规定(台湾地区"民事诉讼法"明确将婚姻关系诉讼、收养关系诉讼等于身份有关的诉讼规定在专属管辖之列,不允许当事人协议管辖)。不同点在于:大陆民事诉讼法要求当事人协议选择的法院必须与案件有实际联系,即当事人协议选择的管辖法院应当是被告住所地、合同履行地、合同签订地、原告住所地、标的物所在地法院,不得任意选择管辖法院。[1]而台湾地区"民事诉讼法"则无此限制,当事人可以任意选择管辖法院。

若当事人协议选择与案件无实际联系的台湾地区法院管辖,该管辖协议按照台湾地区"民事诉讼法"是有效的,台湾地区法院可以受理案件。如果判决需要在大陆法院认可和执行的话,就会存在问题。

3. 地域管辖冲突

若涉台案件不属于专属管辖的范围,当事人也没有协议选择管辖法院,则对此类案件,一般来说两岸法院均享有管辖权。如合同纠纷,确定管辖权的连接因素包括合同签订地、合同履行地、标的物所在地等,如果这些连接因素分布在两岸,则两岸的法院对案件均享有管辖权。如果原告出于某种原因在两地

---

〔1〕《第二次全国涉外商事海事审判工作会议纪要》第 4 条:"人民法院在认定涉外商事纠纷案件当事人协议选择的法院是否属于《中华人民共和国民事诉讼法》第二百四十四条规定的'与争议有实际联系的地点的法院'时,应该考虑当事人住所地、登记地、营业地、合同签订地、合同履行地、标的物所在地等因素。"

有管辖权的法院同时或先后提起诉讼，或者原告在一方法院提起诉讼之后，被告出于某种原因在对方有管辖权的法院提起对抗诉讼，则必然会产生管辖权冲突。

（二）当事人挑选法院是形成两岸民商事管辖权冲突的现实原因

如果说两岸法律规定的差异为管辖权的冲突提供了可能性的话，那么当事人利用两岸法律规定的差异挑选法院则是管辖权冲突由可能转化为现实的重要条件之一。对两岸法院均享有管辖权的案件，如果当事人不是一事两诉，而是共同选择一个法院诉讼，则管辖权的冲突只能是潜在的，并不能转化为现实冲突。然而由于以下原因，当事人有时会选择一事两诉：一是希望通过第二诉讼获得比第一诉讼更为有利的判决，或者原告认为正在进行的第一诉讼正朝着对其不利的方向发展，因此希望通过重复诉讼来扭转这一不利局面；二是另一地法院的诉讼程序更为迅速、便利，或者当事人对正在进行诉讼的法院的公正性产生怀疑，希望寻求更为迅速或更公正的诉讼；三是原告希望通过重复诉讼来骚扰被告，或者希望通过对抗诉讼来增加原告的讼累，以期能通过和解来解决纠纷。如果当事人选择一事两诉，则必然会引发管辖权冲突。

（三）缺乏协调机制是形成两岸民商事管辖权冲突的重要原因

海峡两岸主管机关的协调机制尚未建立。现阶段，两岸的沟通还局限于通过授权海峡两岸关系协会（以下简称"海协会"）、海峡交流基金会（以下简称"海基会"）等民间机构协商并签署对双方有拘束力的协议的方式进行。而民间协调的议题也主要限于经济交往方面，并未将立法特别是民事管辖权的协调纳入协商范围。大陆没有关于处理区际纠纷案件的专门立法，司法实践中涉台案件是比照涉外案件审理的。因此，在涉台案件审理中两岸管辖权冲突的解决也多是在不损害"一个中国"原则的前提下，参照解决涉外民商事案件管辖权冲突的方式处理。台湾地区虽有"两岸人民关系条例"，但由于政治原因，其中有些规定仍有待进一步完善，如该条例强行将民事法律关系的行为地或事实发生地跨联两岸的情形规定为台湾地区为单一的行为地或事实发生地。由于两岸在管辖权方面缺乏协调，如果当事人选择一事两诉，两岸法院均可能会依照各自的法律受理案件，则管辖权的冲突会由潜在变为现实。

三、管辖权冲突的解决

解决冲突的理想办法是统一两岸民事诉讼管辖权制度，在法律上消灭管辖权的冲突。不过在目前看来，这一方式尚不具有现实性，因为海峡两岸的官方协商机制尚未建立，有权机关难以通过直接协商并签署协议的方式来解决民事诉讼管辖权冲突。但是海协会、海基会就民事管辖权冲突的协调进行协商并签署对双方都有拘束力的协议，而后再通过各自立法的方式将协议中的共识形诸各自的法律，在当前来看，不失为一种行之有效的解决方法。可以预见的是，伴随着"大三通"而来的必然是两岸交流的全面繁荣与政治互信的进一步加深，在将来条件成熟，两岸官方交流正式展开之际，完全可以借鉴内地与港、澳地区司法互助的模式，由最高人民法院与台湾地区终审法院之间或两岸分别成立的区际司法互助协调委员会之间直接签署双边协议，以解决民事管辖权冲突的问题。

两岸同属一个中国，在两岸签署相关协议之前，以国际司法互助的方式解决管辖权冲突问题并不妥当。目前，两岸应在务实的基础上，在不损害一个中国原则的前提下，在司法实践中尽量贯彻以下原则，以逐步解决管辖权冲突问题。

（一）相互尊重对方专属管辖权的原则

专属管辖的目的在于保护本法域的公共利益、当事人的利益。但过分强调本法域的公共利益、当事人的利益，只会加剧区际民事管辖权的冲突，无益于纠纷的解决。因此，为有效解决管辖权冲突，两岸要尽可能地相互尊重对方法院的专属管辖权，拒绝受理属于对方法院专属管辖范围的案件。强行受理对方法院拥有专属管辖权的案件，不仅有损对方司法尊严，其作出的判决亦无法得到对方法院的认可与执行。这不仅不利于纠纷的解决，而且会损及作出判决法院的司法权威。同时建议两岸可以修订现行法律，缩减专属管辖的范围。具体来讲，在大陆应缩减专属管辖的不动产案件的范围，并将继承案件排除在专属管辖之外；而在台湾地区则应让婚姻案件回归地域管辖的范围。特别是在两岸通婚日益增多的情况下，台湾地区调整婚姻案件专属管辖的立法更有必要。专属管辖范围缩小之后，则管辖权发生冲突的几率相应降低。因此，缩小专属管辖案件的范围，并相互尊重对方法院的专属管辖权，是解决专属管辖权冲突必须遵循的原则。

（二）充分尊重当事人协议管辖原则

两岸协议管辖的冲突主要在于大陆《民事诉讼法》要求当事人协议选择的第一审法院应与案件有实际联系。

笔者认为，将当事人协议选择管辖法院的范围限制在与案件有实际联系的法院之内与设立协议管辖的宗旨不符。设立协议管辖的宗旨主要是使当事人能将他们之间发生的纠纷交由他们信赖的中立法院审理，以便使争议得到圆满解决，切实保障交易安全和双方当事人的合法权益。如果将当事人协议选择管辖法院的范围仅限于与案件有实际联系的法院，上述意图的实现在一定程度上就会受到影响。现在各国涉外民事诉讼法的发展趋势是不要求选择与争议有实际联系的地点的法院。另一方面，允许当事人协议管辖的案件本来就是那些对有关国家及其国民的根本利益影响不大的案件，对其实施严格的控制并无必要。大陆《民事诉讼法》对协议管辖的这种限制，尽管出于对民事纠纷解决的方便或者是其他原因的考虑，但却没有充分考虑当事人的意愿。值得注意的是，大陆《海事诉讼特别程序法》第8条在这方面已有所突破，该条规定："……当事人书面协议选择中华人民共和国海事法院管辖的，即使与纠纷有实际联系的地点不在中华人民共和国领域内，中华人民共和国海事法院对该纠纷也具有管辖权。"因此，在大陆现行《民事诉讼法》修改之前，司法实践对"与案件有实际联系的地点的法院"作较为宽泛的解释，并无不可。这样做可以最大限度地化解两岸协议管辖冲突。

以上相互尊重对方专属管辖权原则和充分尊重当事人协议管辖原则的适用，均涉及大陆和台湾地区现行法律的调整，建议两岸在今后修订法律时，应当充分考虑解决管辖权冲突的实际，并为解决冲突预留空间。

（三）礼让原则

对于两岸法院均有管辖权的案件，两岸法院应相互礼让。礼让原则是解决涉外民事管辖权冲突的重要原则之一，在解决区际民事管辖权冲突时，仍然适用。根据礼让原则，对于民事管辖权冲突，两岸法院在特定情况下可以拒绝行使本法域法院的民事管辖权，它是法院为了实现管辖权的区际协调而主动进行的自我约束。礼让司法理念的本质是既考虑法域间公共利益的冲突，也顾及当事人之间私人利益的冲突。

如前所述，对涉台民商事案件，大陆基本上是比照涉外案件处理的。而在涉外民事诉讼领域如何处理一事两诉问题，大陆《民事诉讼法》没有规定，而司法实践对一事两诉并不禁止，是否准许由法院自由裁量。如最高人民法院 1989 年颁布的《全国沿海地区涉外、涉港澳经济审判工作座谈会纪要》指出："凡是中国法院享有管辖权的涉外、涉港澳经济纠纷案件，外国法院或者港澳地区法院对该案的受理，并不影响当事人就同一案件在我国人民法院起诉，但是否受理，应当根据案件的具体情况决定。"最高人民法院 1992 年发布的《关于适用〈中华人民共和国民事诉讼法〉若干问题的意见》第 306 条规定："中华人民共和国人民法院和外国法院都有管辖权的案件，一方当事人向外国法院起诉，而另一方当事人向中华人民共和国人民法院起诉的，人民法院可以受理。判决后，外国法院申请或者当事人请求人民法院承认和执行外国法院对本案作出的判决、裁定的，不予准许；……"2005 年最高人民法院发布的《第二次全国涉外商事海事审判工作会议纪要》重申了上述规定。该《纪要》第 10 条规定："我国法院和外国法院都享有管辖权的涉外商事纠纷案件，一方当事人向外国法院起诉且被受理后又就同一争议向我国法院提起诉讼，或者对方当事人就同一争议向我国法院提起诉讼的，外国法院是否已经受理案件或者作出判决，不影响我国法院行使管辖权，但是否受理，由我国法院根据案件具体情况决定……"这就是说，对此类案件，我国法院是可以受理的，不受所谓一事不再理原则的约束，但并不一定非要受理，是否受理要视案件的具体情况而定。这就意味着对何种情况下法院可以受理，何种情况下法院不应受理，完全由法院自由裁量。但就两岸管辖权冲突而言，如果对一事两诉不加以必要限制，无益于两岸民事管辖权冲突的解决。如果两岸法院在行使自由裁量权时，能遵循礼让原则，则管辖权的冲突必会大为减少。

礼让原则体现在两个方面：一是不方便法院原则，另一是先受诉法院管辖原则。

不方便法院原则是指在涉外民事诉讼中，如被告认为受诉法院审理有关案件对其本人和该法院均极为不便，且存在其他审理该案更为方便的法院，以受诉法院属不方便法院为由，提出管辖权异议，而受诉法院根据被告的申请，在综合考虑由其审理该案或在其他国家法院进行诉讼对当事人和法院的方便程度的基础上，自由裁量放弃行使管辖权，从而促使诉讼在另一个更为方便的法院进行的制度。不方便法院原则具有以下几个特点：（1）其目的是追求诉讼的最大便利以实现真正的司法公正，其实质是对原告选择法院的权利予以限制，以维护被告的诉讼利益，保持原被告诉讼权利的均衡；（2）它解决的是国家之间对涉外民事案件管辖权的配置和协调；（3）它的运用属于法官自由裁量权的范围，方便与否的认定取决于法官的比较判断。

大陆现行法律没有关于不方便法院原则的规定，在立法尚未对不方便法院原则作出明文规定的情况下，人民法院的审判实践已率先进行探索，运用不方便法院原则处理了一些涉外民事纠纷，取得了初步的经验和良好的效果。根据 2005 年最高人民法院发布的《第二次全国涉外商事海事审判工作会议纪要》第 11 条的规定，大陆法院在审理涉外商事纠纷案件过程中，如发现案件存在不方便管辖的因素，可以根据"不方便法院原则"裁定驳回原告的起诉。"不方便法院原则"的适用应符合下列条件：（1）被告提出适用"不方便法院原则"的请求，或者提出管辖异议而受诉法院认为可以考虑适用"不方便法院原则"；（2）受理案件的我国法院对案件享有管辖权；（3）当事人之间不存在选择我国法院管辖的协议；（4）案件不属于我国法院专属管辖；（5）案件不涉及我国公民、法人或者其他组织的利益；（6）案件争议发生的主要事实不在我国境内且不适用我国法律，我国法院若受理案件在认定事实和适用法律方面存在重大困难；（7）外国法院对案件享有管辖权且审理该案件更加方便。

就涉台民商事案件的审理来说，如果案件处理结果与大陆利害关系不大，且案件应当适用台湾地区法律，由台湾地区法院审理对收集证据、采取保全措施、送达诉讼文书及判决的执行等方面更为方便，且对于诉讼当事人参加诉讼更为方便和经济，大陆法院可以放弃管辖，以不方便法院原则为依据，驳回诉讼。如果台湾地区法院对类似案件亦能采取同样的做法，则可以大大减少两岸管辖权冲突。

先受诉法院管辖原则是指相同当事人就同一争议基于相同事实以及相同诉因同时或先后在两个或两个以上的国家法院进行诉讼，一般由先受诉法院行使管辖权的制度。[1]对于那些大陆法院并非不方便法院，而当事人已经在台湾地区法院提起诉讼，且台湾地区法院的判决不需要在大陆得到认可和执行的案件，大陆法院可以适用先受诉法院管辖原则，放弃对案件的管辖。如果判决需要在大陆得到认可和执行，则只有在预期台湾地区法院的判决能够在大陆法院得到认可和执行的情况下，才能放弃对案件的管辖。亦即，在一方当事人向大陆法院提起诉讼的情况下，如果大陆法院发现台湾地区法院对相同当事人之间就同一标的进行的诉讼正在进行审理或已经作出判决，如果预期台湾地区法院的判决能够在大陆法院得到认可和执行，大陆法院可以不行使管辖权。如果大陆法院已经受理诉讼，则应

---

〔1〕 宋建立：《国际民商事诉讼管辖权冲突的协调与解决》，法律出版社 2009年版，第 185 页。

当终止诉讼。如果预期台湾地区法院的判决不能得到大陆法院认可和执行，就应当行使管辖权。同样，如果台湾地区法院对涉及两岸的案件，亦能妥当适用先受诉法院管辖原则，则两岸管辖权冲突亦可得到有效解决。

论国际组织豁免权的性质之争

谢海霞   2000 级   首都经济贸易大学

长期以来，政府间国际组织（以下简称"国际组织"）享有特权与豁免得到了国际社会的普遍承认，这不仅体现在国际组织的文件、多边条约、东道国协议、国内法以及国际习惯中，并且在各国司法实践中也得到了普遍承认。但是，随着国际法的新发展，国际社会出现了关于国际组织豁免权性质的理论之争。

一、问题缘起

一般来讲，国际组织豁免于国内的各种司法程序，包括司法、行政和执行程序。传统上，"豁免于各种司法程序被认为是一种绝对豁免标准"。[1]在实践中，一般都认为只有给予国际组织绝对豁免或者接近绝对豁免才能保证（有关国家）的司法审查不会妨碍这些组织执行其职能，因为"与国家不同的是，由国际组织的职能形成的豁免权不能区分主权行为和非主权行为，因为后者同样可能属于国际组织的职能"。[2]因此，国内法院很少挑战国际组织的豁免权，他们多半倾向于认为"职能必要"

---

[1]　August Reinisch, *International Organization before National Courts*, Cambridge University Press, 2000, p. 157.

[2]　[德] 沃尔夫刚·格拉夫·魏智通主编：《国际法》，吴越、毛晓飞译，法律出版社 2002 年版，第 402 页。

等同于绝对豁免，一般不对国际组织行使管辖权。

二战后，国际组织数目和种类不断增加，国际组织活动也越来越广泛，围绕着国际组织在内国的诉讼地位，有关的争议也逐步增加，主要表现在：国际组织在内国法院享有的是绝对豁免还是相对豁免，如何认识有关文件中的"弃权"条款，如何解决国际组织豁免权与人权保护的冲突等。在当今社会，之所以会出现对国际组织豁免权的质疑，究其原因，可以归纳为两点：第一，受到了国家主权豁免理论的影响。晚近时期，国家主权豁免权已经由绝对豁免转向限制豁免，这不仅体现在多数国家已经倾向于接受限制豁免，并且还体现在相关的国际条约中。2004 年通过的《联合国国家及其财产管辖豁免公约》就确定了豁免规则，同时列举了多种例外。借鉴国家主权豁免的立法与实践，有学者提出应区分国际组织的行为，对国际组织的商业行为不应再给予管辖豁免。第二，保护人权的需要。现代国际人权法的发展要求国际组织应当实行"善治"，要承担超过其组织文件和内部管理程序的义务，要受一般国际法和习惯国际法包括人权法的约束。因此，"在讨论国际组织管辖豁免时首先要考虑国际人权保护"[1]，对于国际组织造成的损害人权的行为，国际组织不应当享有豁免，而应给予救济。

二、限制豁免理论对国际组织豁免权的影响

在国际法上，限制豁免理论已经成为国家主权豁免的趋势。也就是说，将国家行为区分为主权行为和非主权行为，对国家的主权行为给予豁免，对非主权行为不给予豁免。但是对于国

---

[1] Michael Singer, "Jurisdictional Immunity of International Organizations: Human Rights and Functional Necessity Concerns", 36 *Virginia Journal of International Law* 53, Fall, 1995, p. 162.

际组织而言，是否也像国家豁免理论一样，从绝对豁免走向了限制豁免，这是理论和实践中都有争议的问题。

1. 理论上的争议

在限制豁免理论对国际组织豁免权的影响上，存在着不同的观点与做法。严格来讲，可以分成两类观点：一类主张类比适用国家主权豁免的内容，对国际组织的商业行为不给予豁免；另一类则主张通过限制解释"职能必要"这一概念，从而限制国际组织豁免权的适用范围。

第一类观点以美国学者为代表，他们认为应将限制豁免的理论应用到国际组织豁免的理论与实践中，对国际组织的商业行为不给予豁免。他们通过探讨美国《国际组织豁免法》和美国《外国主权豁免法》的关系，主张美国《外国主权豁免法》中的内容对国际组织的豁免具有溯及力，因此应将美国《外国主权豁免法》的内容并入到《国际组织豁免法》的适用中，对国际组织的商业行为不再给予豁免。[1]

二战后，为了履行有关国际公约与东道国协定的规定，一些国家专门制定了相应的国内法，明确规定国际组织在其内国法上的法律地位，其中最具有代表性的立法包括 1945 年的美国《国际组织豁免法》（the International Organizations Immunities Act，以下简称"IOIA"）。该法明确规定了美国为会员国的国际组织在美国具有独立的法律地位，并享有相应的特权与豁免。但是该法并未明确这种豁免的本质及范围。此外，该法中还规定国际组织"将享有同外国政府一样的管辖豁免和司法程序豁免，除非该组织在任何程序中或任何合同条款中明示放弃豁免"，这就成为日后争议的缘由之一。

---

[1] Stecen Herz, "International Organizations in U. S. Courts: Reconsidering the Anachronism of Absolute Immunity", 31 *Suffolk Transnational Law Review*, 2008, p. 532.

1976 年美国通过了《外国主权豁免法》(the Foreign Sovereign Immunity Act，以下简称"FSIA")，该法案采用限制豁免的理论，在第 1605 条规定了一国可以接受管辖的情形，也就是说国家商业行为是例外，是不给予豁免的。所谓的商业行为，在第 1603 条第（d）款界定为"一个经常的商业行为过程或一个具体的商业交易或行为"，判断商业行为的标准是行为的性质而不是目的。

就 IOIA 和 FSIA 关系而言，美国理论界和司法部门都在思考，IOIA 中规定参照外国国家享有的豁免权，是指仅仅参考立法时外国国家享有的主权豁免情况，还是要考虑外国国家主权豁免的变化与修改情况。如果仅仅考虑 1945 年立法时的国家主权豁免的发展情况，则应为绝对豁免，因为那时限制豁免理论还未形成。如果还要参考以后的发展情况，即 1976 年《外国主权豁免法》具有溯及力的话，则应为限制豁免。有学者认为尽管从 FSIA 的立法意图看还存在一定疑问，但是从立法相关的参考文件看，"当 FSIA 对外国豁免的态度发生变化时，对国际组织的豁免的程度也相应变化。因此，国际组织，包括联合国，最初享有的绝对豁免就不再适用了，而是由限制豁免原则取代。"[1]因此，这些学者们主张应当适用美国 FSIA，对国际组织的商业行为不给予豁免。[2]之所以借用主权豁免理论，是因为职能必要保障了国际组织在实现其目的和宗旨时能独立于有关成员国的司法审查，但是给予国际组织超越其法定职能之外的绝对豁免就太宽泛了，因此，希望借助 FSIA 达到一定的平

---

〔1〕 Kevin M. Whiteley, "Holding International Organizations Accountable under the Foreign Sovereign Immunities Act: Civil Actions against the United Nations for Non-Commercial Torts", 7 *Washington University Global Studies Law Review*, 619, p. 638.

〔2〕 Stecen Herz, "International Organizations in U. S. Courts: Reconsidering the Anachronism of Absolute Immunity", 31 *Suffolk Transnational Law Review*, 2008, p. 532.

衡。当然持这种观点的人也承认 FSIA 不适用于国际组织，并且 FSIA 中也明确规定了国际协议例外条款，同时，该法案中关于商业行为的界定也必须符合一定的条件。从实践的操作来看，界定国际组织的商业行为存在一定难度。

另外一种做法以意大利法院为代表，通过运用职能必要来解释国际组织的豁免权，"将绝对豁免转变成限制豁免"。[1]这种限制豁免近似职能豁免，即将主权行为等同于职能行为，对职能行为给予豁免，对非职能行为不给予豁免。针对以国际组织为被告的案件，有时会选择通过对条约中的豁免条款进行限制解释，即通过限制司法权的范围来限制豁免，实际上采用了国家豁免中的限制豁免标准，尽管通常被认为适用的是绝对豁免。但是，严格来讲，这并不能称为限制豁免，因为所有的豁免都以条约为根据，对于条约所限制的，当然也是成员国自愿接受的，这不能等同于国家主权豁免中的限制豁免。

2. 美国的司法实践

与理论上的探讨不同，美国国内法院在国际组织豁免问题上非常谨慎。在美国法院的司法实践中，一般都给予国际组织以绝对豁免。如在 "Boilmah v. United Nations General Assembly"[2]案中，美国法院认为：根据有关国际公约，联合国享有绝对豁免，除非该组织在个案中明示放弃。在 "Mark Klyumel v. United States"[3]案中亦然。在 "Loughran et al. v. United States"[4]案中，法院也暗示地承认了 IMF 享有绝对的豁免。

---

[1] *August Reinisch*, *International Organization before National Courts*, Cambridge University Press, 2000, p. 189.

[2] US District Court EDNY, 24 July 1987.

[3] 664 F. Supp. 69 at 71 (EDNY, 1987).

[4] US Court of Appeals DC Cir, 18 April 1963.

在 "Tuck v. Pan American Health Organizaton"〔1〕案中，涉及国际组织商业行为是否给予豁免这一问题。在该案中，原告就其与被告有关法律服务的协议起诉。一审法院驳回起诉。二审法院维持了一审法院的裁决，理由是被告对此类诉讼享有豁免权，并且法院认为在多数情况下被告享有豁免权。法院认为其无权对照 FISA 的内容，来判定 IOIA 给予国际组织的是绝对豁免还是相对豁免。虽然原告主张被告在哥伦比亚特区内从事了商业性的租赁行为，这就等同于 FISA 中所说的 "商业行为"。但是，法院认为，这种行为和被告缺乏联系，因此即使是根据不宽泛的限制豁免标准，法院也认为被告具有管辖豁免。因此，法院认为没有必要来决定是否应适用绝对豁免标准。

1980 年的 "Broadbent v. Organizations of American States"〔2〕案第一次解释了 IOIA 中国际组织豁免的范围。在该案中，原告是被告 OAS（美洲国家组织，下同）的前员工，他们主张被告应对其错误地终止雇佣协议的行为给予损害赔偿。原告认为被告 OAS 不能就其商业行为享有豁免。被告 OAS 认为 FISA 中的限制豁免条款不适用于国际组织，因此被告 OAS 享有绝对豁免。法院回避了应适用哪一种豁免标准的问题，而是判决即使根据 FSIA 中限制豁免的做法，被告 OAS 也应享有豁免，理由是雇佣行为并不是 FSIA 中所指的商业行为。法院从职能必要出发，认为国际组织从事其职能行为时要免受内国政治的干预，如果涉及雇佣争议将卷入国际组织内部管理，这就会损害国际组织的平稳运行。

---

〔1〕 668 F. 2d 547（D. C. Cir., November 13, 1981），See "Decision: International Organizations Immunities Act-Foreign Sovereign Immunities Act-restrictive immunity-commercial activity", *American Journal of International Law*, Vol. 76, July, 1982, pp. 623~624.

〔2〕 156 F. 3d1335（D. C. Cir. 1980）.

"Rendell-Speranze v Nassim"[1]案则涉及国际组织究竟是根据 IOIA 还是 FSIA 享有管辖豁免，以及这种豁免究竟是绝对豁免还是相对豁免的问题。该案也是一起关于雇佣合同的争议，在该案中，原告起诉其主管以及雇主——国际金融公司，要求就其所声称的侮辱和殴打造成的损害予以赔偿。法院在本案中要解决适用哪一种豁免标准的问题。法院不认为这是一个内部行政管理事项而因此享有豁免，相反，法院认为所指称的行为属于 FISA 第 1605（a）（5）条所指的事项，即对私人侵权造成的损害赔偿不能给予豁免。按照 FSIA，IFC 不能享有豁免，因此法院认为 IOIA 中"同样豁免"要并入 FSIA 在外国主权豁免上的变化。但是该案不久被"Atkinson v. Inter - American Development Bank"[2]案的判决推翻。

在"Atkinson v. Inter-American Development Bank"案中，法院进一步肯定了"Mendaro v. World Bank"案对基本文件中弃权条款的解释。原告起诉被告 IDB（美洲开发银行，下同），要求扣发其前夫的工资，用以承担赡养费和孩子的抚养费。IDB 答辩称根据《国际组织豁免法》其享有绝对的豁免权。法院考虑了国会在立法中采用的"同样豁免"是指 IOIA 通过时的豁免还是要并入外国国家主权豁免的变化与修改。法院认为，第一，由于 IOIA 的文本中并未明示指导，国会意图将以后外国主权豁免的随后变化情况并入该法，因此有必要另觅它径考虑国会的意图。法院认为，IOIA 给予国际组织豁免权是通过另一种方式——通过授权总统修改，附加条件，限制甚至撤回特定组织的豁免权。第二，法院援引了一份参议员报告，其中指出对总统的授权，"一旦有任何国际组织从事了商业性行为能对特权进行调整和限

---

〔1〕 932 F. Supp. 19（D. D. C. 1996）.

〔2〕 F. 3d 1335（D. C. Cir 1998）.

制"。法院认为这份参议员报告具有很强的说服力，因此其承认总统有权对国际组织的商业行为限制豁免。基于以上证据，法院认为国会试图并入的是 IOIA 生效时的外国主权豁免规则，并授权总统更新国际组织的豁免。"Atkinson"案的判决对国际组织的豁免权作了最广义的解释，法院认为国际组织有权享有绝对的豁免，即使国际组织章程中保护最广泛的弃权条款，也仅是能促进国际组织目标和职能时才有效。

在美国实践可以看出，美国法院通过两步分析法来判定国际组织是否享有豁免。第一步是根据 IOIA 确定豁免的最低标准，即法院需要确定是否永久性地采用 1945 年 IOIA 制定时外国国家主权豁免规则，还是要并入以后的发展。对此，法院倾向于国际组织具有绝对豁免权。第二步分析是确定国际组织是否放弃了其根据 IOIA 享有的豁免权，这包括在特定案件中或合同中的特定放弃，也包括在基础文件或者总部协议中的一般放弃。即使已经放弃，法院也倾向于将弃权条款作狭义解释，仅适用于外部事项，对于诸如雇佣合同等事项都解释为内部事项，从而排除弃权条款的适用，保证了国际组织职能的实现。

三、人权保护对职能必要的限制

不可否认，国际组织在人权保护上做出了重要的贡献，但是也不排除国际组织豁免权的存在会对人权保护产生影响。在实践中，如果个人在内国法院起诉国际组织，由于国际组织享有豁免权，这就意味着受害人在内国法院无法得到正当的法律救济，当事人权利无法得到救济。正如学者指出的，这种给予国际组织绝对豁免的做法，事实上使得当事人个人的权利无法得到救济，违反了国际法和国内法中的正当程序条款，否定了受害人对于政府提起诉讼的权利，侵犯了当事人寻求陪审团审判的权利等。[1]

当事人有权得到正当救济是人权保护的重要内容，正如《公民权利及政治权利国际公约》第 3 条所要求的，其他公约和国内立法中也有类似条款。国际组织尽管不是这些公约的缔约国，但是对于那些公约缔约国而言，在实践中，如果因为给予国际组织豁免而不能对当事人提供有效救济的话，被认为是违反了人权保护的义务。

在"Mendaro V. World Bank"案中，苏珊娜门达罗（Susana Mendaro）在美国联邦法院，根据美国 1964 年《民事权利法案》起诉其前雇主世界银行，一审法院以银行协议条款并未放弃国际组织豁免法所赋予的豁免权为由驳回起诉。上诉法院维持原判，认为在法院协议中的弃权条款仅适用于世界银行的外部行为和合同，但是不适用于与雇员之间的内部行政管理事项。"Atkinson v. Inter-American Development Bank"案虽然确认了国际组织的绝对豁免权，但也饱受诟病。尤其是在全球范围内，国内法院抛弃了绝对主权豁免，国际法中个人权利日益得到承认，根据国际法，国家组织承担国际义务已经得到了广泛的认同，并对违法行为承担责任，国际组织要按照民主原则并要直接承担责任的公共例外原则，个人在对公共结构的争端中有权得到公众程序待遇这样的大背景下，该案的判决显然和国际法的发展与实践不相符。[2]

在"Waite and Kennedy v. Germany"[3]案和"Beer and

---

〔1〕 Greta L. Rios and Edward ZPZ. Flaherty, 16 ILSA *Journal of International & Comparative Law* 433, Winter, 2010, pp. 5~8.

〔2〕 Stecen Herz, "International Organizations in U. S. Courts: Reconsidering the Anachronism of Absolute Immunity", 31 *Suffolk Transnational Law Review*, 2008.

〔3〕 转引自［英］马尔科姆·N. 肖:《国际法》（第 6 版），白桂梅等译，北京大学出版社 2011 年版，第 1044 页。

Regan v. Germany"[1]案中, 原告方是来自英国、爱尔兰、法国和意大利的公司的员工, 在德国起诉要求按照德国劳动法, 承认其是欧洲航天局的雇员地位。但德国法院根据公约的规定, 以欧洲航天局享有豁免权为由驳回起诉。原告不服, 又将案件提交到欧洲人权法院。欧洲人权法院审议了一国向其作为成员国的欧洲外空局授予豁免权是否不当地损害了诉讼权的问题。欧洲人权法院认为德国的做法并没有违反公约第6 (1) 条, 因为这是为了保证国际组织能不受个别国家干扰而适当地履行其职能。但欧洲人权法院也指出, 如果各国建立国际组织以谋求或加强在某些领域的合作, 而且将若干权限归属于这些组织并给予豁免权, 可能会对其基本权利的保护产生影响, 并且当存在保护相关公约权利的合理替代手段以及在相关国际文件中存在符合要求的争端解决机制时, 才能满足第6 (1) 条的要求。

四、对国际组织豁免权的再认识

1. 国际组织豁免权的理论基础

要将国家主权豁免类比适用于国际组织豁免, 将限制豁免理论运用于国际组织豁免的实践中, 首先要从国际组织豁免权的理论基础出发, 分析这种类比的合理性。

职能必要理论是国际组织豁免的理论基础, 这源于第二次世界大战后, 为了方便国际组织不受干扰地履行其职能, 国际社会赋予了国际组织法律人格, 给予其特权与豁免, 表现为《联合国宪章》第104条和第105条的规定。[2]《联合国特权与

---

〔1〕 Application No. 28934/945, *European Court of Human Rights*, Feb. 18.

〔2〕《联合国宪章》第104条规定: "本组织于每一会员国之领土内, 应享受于执行其职务及达成其宗旨所必需之法律行为能力。"《联合国宪章》第105条第1项规定: "本组织于每一会员国之领土内, 应享受于达成其宗旨所必需之特权及豁

豁免公约》则具体阐述了联合国人格和豁免，在此基础上制定的《联合国专门机构特权与豁免公约》，[1] 又对国际组织享有的特权和豁免问题进行了较为明确和系统的界定，这两个条约以及《国际原子能机构特权与豁免公约》成为以后国际组织制定相关公约的范本。在许多国际组织的基础文件或者有关特权与豁免的多边条约中，也都规定国际组织豁免于各种司法程序。"长期以来，国际社会都接受，国际组织需要东道国和成员国给予一定法律和实践独立性来保证其实现组织目标"[2] 在豁免问题上，当时国际组织的特权和豁免基本上是一个未知领域，考虑到当时限制豁免的理论尚未被国际社会接受，因此可以推论出国际组织享有的是绝对豁免。

无论是在其理论基础还是在立法与实践上，国际组织的豁免权都与国家豁免权有很大的不同，因此不能将国家豁免等同于国际组织的豁免权。国家豁免权的理论基础是国家主权平等，根据平等者间无管辖权这条古老的国际法原则，国家及其财产享有豁免权，已经成为一项普遍接受的国际习惯法原则。但是对于国际组织而言，国际组织并不具有主权，因此不能援引主权平等原则来讨论国际组织的豁免权，它们豁免的基础是不同的，[3] 那些"立法者、法院和评论人试图将限制豁免原则适用

（接上页）免。"第 105 条第 2 项中规定："联合国会员国之代表和本组织之职员，亦应同样享受于其独立行使关于本组织之职务所必需之特权及豁免。"

〔1〕《联合国专门机构特权与豁免公约》第 4 节和《国际原子能机构特权与豁免公约》第 3 节都规定；"专门机构，其财产和资产，不论位置何处，亦不论由何人执管，对于各种方式的法律程序，应享有豁免。"

〔2〕 Kunz，"Privileges and Immunities of International Organizations"，41 Am. Int'l L.（1947），p. 836.

〔3〕 Rosalyn Higgins，"Problems and Process: International Law and How We Use It"，1994，p. 93.

于国际组织时，在理论上是错误的"。[1]

2. 豁免的标准

国际上广泛接受职能必要是给予豁免权的基础，根据该理论，国际组织享有的豁免限于实现组织目标和宗旨的需要。因此给予国际组织何种豁免就取决于对职能必要理论的解释。

实践中，许多国际组织，包括那些组织文件中规定有可能在国内法院被诉的国际组织都坚持只有绝对豁免或者接近绝对豁免，才能保证司法审查不妨碍他们实现其组织目标。在当今的国际实践中，职能必要被运用得非常弹性，并不完全是以行为的性质作为给予豁免的依据，也就是说并不区分一项行为是职能性的还是非职能性的行为，而是考虑该行为是否是该组织运行所必须的。也就是说，如果该组织在其职务之外行事，其仍然能依据职能必要理论享有豁免，因为若不给予豁免的话就可能影响其履行职能。这就意味着，法院必须在国际组织运作和其他法律原则与例外之间寻找到平衡。

3. 豁免的放弃

实践中，一些国际组织在其章程，或者东道国协议或者某些合同中明示对某些事项放弃了豁免，[2]从国际法理论上讲就

---

[1] Michael Singer, "Jurisdictional Immunity of International Organizations: Human Rights and Functional Necessity Concerns", 36 *Virginia Journal of International Law* 53, Fall, 1995, p. 62.

[2] 如国际货币基金组织、国际复兴开发银行、国际金融公司、多边投资担保机构等国际组织的基本文件中都规定了特权与豁免，典型的条款如：当该公司作为一个商业实体履行自己的职能时，"只有在银行或公司设有办事处，指定可收受传票或诉讼通知书的代理机构，或业已在该地发行或担保证券的会员国境内有权受理的法院，才能受理对银行或公司提出的诉讼。但成员国或者代表成员的或其索求权源于成员国的个人，不得提出诉讼。银行或公司的资产和财产，不论在何处为何人所保管，在对银行或者公司的终审判决作出之前，均免受任何形式的扣押、查封和执行。"美洲发展银行和欧洲复兴开发银行的章程，亚洲发展银行等也有类似的内容。

该条款下的内容，该国际组织不享有豁免。但是如何看待这些弃权条款，也反映出国际社会对国际组织豁免权的态度。

一般来讲，内国法院对国际组织的弃权条款都很谨慎，一般都做狭义解释。在 1967 年 "Lutcher S. A. Celulose e Papel v. Inter-American Development Bank" [1] 案中，美国法院拒绝进行狭义解释，并未给予涉案的中美洲发展银行以豁免。但是，该案后来被 "Mendaro V. World Bank" 案推翻。法院指出，国际法上国际组织为了实行其组织职能有权在成员国享有豁免已经得到了广泛承认，任何国际组织放弃豁免权的基本合理的出发点，法院认为都是为了更好地达到其组织目标，正如银行放弃条款的目的是 "让银行履行其职能"。法院认为允许债权人、债券持有人和其他类似人提起诉讼是为了银行债券市场化的必要性，而银行雇员对银行提起的劳工诉讼将置银行在其有业务的 140 多个国家的毁灭性的干扰下，并且任何国家的任何法院试图裁判国际民事服务人员的申诉卷入那些国际组织的内部行政事项时，对于职员规则和规定的不同解释将大大影响组织有效履行其职能的能力。因此，法院认为对于国际组织的内部事项不能援引弃权条款。

在 "Ezcurra de Mann v. Inter-American Development Bank" 案中，阿根廷一审法院认为其没有管辖权，因为 Inter-American Development Bank 享有豁免权，只有其明示放弃后才能管辖，至

---

　　[1]　Lutcher 是一家巴西公司，也是 Inter-American Development Bank 的借款人，起诉银行不得向其竞争对手发放贷款。Lutcher 主张，如果银行给竞争者贷款的话，Lutcher 可能就无法偿还贷款，这样银行就违反了其勤勉行事的义务。Inter-American Development Bank 则抗辩无论是根据《国际组织法》还是其组织章程，其享有管辖豁免。法院驳回了 Inter-American Development Bank 的主张，指出银行已经在其成立文件中放弃了豁免。Inter-American Development Bank 主张法院应当对弃权条款作狭义解释，仅应在涉及加强组织的效率的案件中适用，例如由债权持有人，债权人以及受益人的担保人提起的诉讼，但法院以四点理由驳回。

于银行章程中的放弃条款:在银行设立了分支机构的国家境内,或在银行任命了一名代理人专门接受诉讼传票或通知,可向有充分司法权力的主管法院对银行提起诉讼。上诉法院认为这不构成放弃豁免权,而是银行"可以或不能接受这种传票或通知",并且一审法院中判决的指定一名代理并不足够建立管辖权,这名代理是被授权接收传票或者通知,而不是接受。在"African Reinsurance Corporation v. Abate Fantaye"案中,东道国协议允许一般事项可以起诉该组织,但是尼日利亚法院认为根据其国内法不构成明示的弃权。有时,法院也用类比的方法给予国际组织豁免。在"International Institute of Refrigeration v. Elaim"案中,东道国协议中仅给予 International Institute of Refrigeration 执行豁免,并未提到管辖豁免。但是法国最高法院驳回了以该组织为被告的雇佣诉讼,因为可以从该组织的员工享有的基于条约的管辖豁免中推论出该组织也享有管辖豁免。

4. 完善国际组织内部争议机制

国际组织豁免权的存在事实上阻止了当事人在内国法院起诉,从保护人权的角度看,应当存在一定的救济机制来保护个人的权利。在实践中,多数国际组织内部都设立了争端解决机构,如行政法庭或雇员管理咨询联合机构等来解决争议。这些机构处理的问题相当广泛,从劳工纠纷到个人损害,甚至性骚扰等案件,尽管从实践的运作看,无论是机构的独立性,还是工作程序、决定公开性等都无法完全满足法律上的正当程序条款的要求,但是可以通过成立独立的仲裁机构,或者在这些机构进行改革,增强纠纷解决机制的独立性、透明度,加强对个人权利的保护。同时有学者[1]提出的"将职能豁免作为有效抗

---

[1] Greta L. Rios and Edward P. Flaherty, "Legal Accountability of International

辩的依据，而不是法律上绝对不受理案件的依据"也具有一定合理性，这样就能给予原告在法庭上充分申诉的机会。

与国家相比，虽然国际组织涉及豁免权的案例不多，但是考虑到国际组织的数目和作用在增强，因此对于国际组织豁免权的重新考量就具有时代意义。尽管无论是从国际组织豁免权的法律基础看，还是从各国国内法院的实践看，一般都认为国际组织享有的是类似于绝对豁免的豁免权。但是，随着国际社会的发展，要求对国际组织豁免权有所限制，无论是以立法的方式还是司法的方式，都有必要将国际组织豁免限制在职能必要的范围内。这样既不影响国际组织的有效运作，干扰其正常的内部管理，也能促进国际组织承担更多的责任。

（接上页）Organization: Challenges and Reform: International Organization Reform or Immunity? Immunity is the Problem", 16 ILSA *Journal of International & Comparative Law*, winter, 2010, p. 452.

国际条约认定的必备标准问题

赵建文　2002 级　中国社会科学院

在国际法主体之间缔结的协议中，构成条约的那些协议是国际法的渊源，其他则不然。各国对外关系部门的条约管理和国际组织的条约登记，经常涉及条约的认定标准问题。在《中华人民共和国缔结条约程序法》实施过程中，条约的认定标准也是一个常见问题。本文拟根据 1969 年《维也纳条约法公约》（以下简称"1969 年《公约》"）、1986 年《关于国家和国际组织间或国际组织相互间条约法的维也纳公约》（以下简称"1986 年《公约》"）并结合国际实践，简要论述国际条约认定的必备标准问题。[1]

一、国际法主体之间缔结的协议

只有国际法主体具有缔结国际条约的能力。因此，只有国际法主体之间缔结的协议才可能是国际条约。

---

〔1〕 1969 年《维也纳条约法公约》的国际条约定义是："称'条约'者，谓国家间所缔结而以国际法为准之国际书面协定，不论其载于一项单独文书或两项以上相互有关之文书内，亦不论其特定名称如何。" 1986 年《关于国家和国际组织间或国际组织相互间条约法的维也纳公约》的国际条约定义是："'条约'指（1）一个或更多国家和一个或更多国际组织间，或（2）国际组织相互间以书面缔结并受国际法支配的国际协议，不论其载于一项单独的文书或两项或更多有关的文书内，也不论其特定的名称为何。"

（一）国家之间缔结的协议

1952 年国际法院关于"英伊石油公司案"的判决是涉及国际条约的认定标准问题的著名案例。该案起因于 1933 年 5 月 29 日伊朗政府与英伊石油公司签署的特许权协议。根据该协议，伊朗政府特许这家英国私人石油公司在伊朗境内开采、经营石油及相关产品 60 年，1993 年 12 月 31 日到期。1951 年 3 月，伊朗宣布对英伊石油公司等私有石油工业企业采取国有化措施。1951 年 5 月 26 日，英国在国际法院对伊朗提起诉讼。伊朗接受国际法院强制管辖权的争端范围限于国际条约直接和间接适用的争端。英国政府认为，由于 1933 年的特许协议缔结背景的特殊性，它既是英伊石油公司与伊朗政府之间的特许协议，也是英国政府与伊朗政府之间的条约。1952 年 7 月 22 日，国际法院判决对该案无管辖权，因为英伊石油公司与伊朗政府之间的特许契约"只是一个政府同一个外国公司之间的特许契约"，不构成英国与伊朗之间的国际条约。[1]

国际法院认为伊朗政府与英伊石油公司之间的协议不是条约，因为英伊石油公司没有缔结国际条约的能力。缔约能力问题是应由国际法支配的问题。有无缔约能力实际上是有无国际法主体资格的问题。根据 1969 年《公约》的规定：就适用该公约而言，条约是"国家间"所缔结的协议。1969 年《公约》第 6 条规定："每一国家都有缔结条约之能力。"国家自成立之时起就有缔约能力。

主权国家的地方政府，无论联邦制还是单一制国家，只有经本国宪法或中央政府授权并且在授权的范围内，才可以缔结国际条约。

---

[1] ICJ Reports（1952），p. 112.

例如，美国《宪法》第 2 条第 10 款规定："任何州不得缔结条约、同盟或邦联……未经国会同意，任何州不得同任何其他州或外国缔结协议或协约。"该款中的"条约"一词在美国法律体系中专指须经美国国会参议院建议和同意的国际条约，不包括其他国际协议。这就是说，美国各州不得缔结须经参议院建议和同意的条约，但如经国会同意，可以缔结"条约"以外的其他国际协议。再如，根据德国《基本法》第 32 条第 3 款，各邦在有立法权的范围内，取得联邦政府的认可后，可以同外国缔结条约。

国际法委员会 1966 年公约草案中是有关于联邦成员单位的缔约能力的规定的。《草案》第 5 条第 2 款规定："联邦国家的成员单位在联邦宪法承认并在它规定的范围内可以有缔结条约的能力。"但该款后来被删除了。在编纂 1969 年《公约》的维也纳外交会议上，奥地利、加拿大、印度，墨西哥、瑞士、美国、英国等国明确指出，该款规定是不可接受的，因为它有可能使其他国家认为有权解释联邦国家的宪法，从而涉足这些国家的内政事项。此外，该款规定也没有解决联邦国家的成员单位对外缔结条约所发生的国际法上的问题，如全权证书由哪个机关颁发，联邦成员单位的同意如何表示等。这些理由不能说没有道理，但各国代表可能都不希望自己国家的地方行政单位在条约法公约中找到有对外缔结国际条约的能力的依据。地方政府对外缔结条约，从来都是政治上敏感、法律上棘手的问题。

从最终被删除的该款规定关于"联邦国家的成员单位在联邦宪法承认并在它规定的范围内可以有缔结条约的能力"的表述来看，联邦成员单位的缔约能力，即使有，也是来自联邦宪法，并没有国际法的根据。一国的联邦成员单位可否缔结条约的问题，实际上是该国缔约权限的分配问题，而不是缔约能力

问题。缔约权的分配和行使问题是各国国内法问题。1969 年
《公约》第 46 条关于"国内法关于缔约权限之规定"也证明了
这一点。[1]

中国是单一制国家，各省、自治区和直辖市没有缔结国际
条约的能力。经"基本法"和中央政府授权，香港、澳门特别
行政区可以在授权范围内缔结国际条约。《中华人民共和国香港
特别行政区基本法》第 151 条规定："香港特别行政区可在经济、
贸易、金融、航运、通讯、旅游、文化、体育等领域以'中国
香港'的名义，单独地同世界各国、各地区及有关国际组织保
持和发展关系，签订和履行有关协议。"《中华人民共和国澳门
特别行政区基本法》第 136 条作了相似的规定。从香港或澳门
特别行政区政府可以在"基本法"和中央政府授权范围内以中
国香港或中国澳门名义缔结国际协议来看，"基本法和中央政府
授给香港或澳门特别行政区的是缔约权限，而不是缔约能力。"

（二）国家与其他国际法主体之间、其他国际法主体相互间
缔结的协议

1969 年《公约》第 3 条对"不属本公约范围之国际协议"
的规定是："本公约不适用于国家与其他国际法主体间所缔结之
国际协定或此种其他国际法主体间之国际协定……此一事实并
不影响：（甲）此类协定之法律效力；（乙）本公约所载任何规
则之依照国际法而毋须基于本公约原应适用于此类协定者，对
于此类协定之适用；（丙）本公约之适用于国家间以亦有其他国
际法主体为其当事者之国际协定为根据之彼此关系。"

---

[1] 1969 年《公约》第 46 条规定："一、一国不得援引其同意承受条约拘束
之表示为违反该国国内法关于缔约权限之一项规定之事实以撤销其同意，但违反之
情事显明且涉及其具有基本重要性之国内法之一项规则者，不在此限。二、违反情
事倘由对此事依通常惯例并秉善意处理之任何国家客观视之为显然可见者，即系显
明违反。"

国际法委员会在上述内容的评注中指出，该公约将适用范围限制在国家间的条约的规定，即"无意于以任何方式否认国际法的其他主体，诸如国际组织和反抗团体（insurgent communities）可以缔结条约"。[1]

政府间国际组织已经是许多国际条约的当事方。1986 年《公约》序言表明，缔约方"注意到国际组织具有为执行其职务和实现其宗旨所必需的缔约能力"，"认识到国际组织与各国间或各组织相互间缔结条约的惯例应充分按照其组成文书"。该《公约》第 6 条规定："国际组织缔结条约的能力依照该组织的规则。"国际组织的缔约实践已经表明，国际组织为执行其职务和实现其宗旨有根据其组织章程的明文规定和暗含授权缔结国际条约的能力。

非政府国际组织依其性质是没有缔结国际条约的能力的，但像红十字国际委员会那样的非政府国际组织，一直在国际人道法领域执行着重要职能，发挥着类似政府间国际组织的职能，因而是有一定的缔结国际条约的能力的。

国际法委员会在评注中提到的"反抗团体"，本质上是类似国家的政治实体。2001 年国际法委员会通过的《国家责任条款》第 10 条关于"反抗运动或其他运动"的规定是："1. 成为一国新政府的反抗运动的行为应视为国际法所指的该国的行为。2. 在一个先已存在的国家的一部分领土或其管理下的某一领土内组成一个新的国家的反抗运动或其他运动的行为，依国际法应视为该新国家的行为。3. 本条不妨碍把不论以何种方式涉及有关运动的、按照第 4 条至第 9 条的规定应视为该国行为的任何行为归于该国"。在反抗运动或其他运动建立新政府或成立新

---

[1] "Reports of the Commission to the General Assembly", *Yearbook of the International Law Commission*, 1966, Vol. II, p. 189.

国家的过程中，反抗运动团体或其他运动团体形成了类似国家的政治实体，在其行为不应归因于所在国的行为时，就有了一定的缔结国际条约的能力。

国家以及类似国家的政治实体，政府间国际组织以及公认的能够发挥类似政府间国际组织职能的非政府国际组织，具有与其地位和职能相应的缔结国际条约的能力。除此之外的法律主体是没有缔结国际条约的能力的。

二、受国际法支配的协议

"受国际法支配"在 1969 年《公约》中文作准本中表述为"以国际法为准"。在李浩培先生的 1969 年《公约》译本中，"governed by international law"是译为"受国际法支配"的。[1] 1986 年《公约》中文作准本中的相应的表述是"受国际法支配"。

（一）受国际法支配与受国内法支配的区别

在 1969 年《公约》起草过程中，四位特别报告中，只有第二任特别报告员劳特派特不赞成在条约定义中写入"受国际法支配"的标准。他认为：并不是由于受国际法支配才使一项协议成为国际条约，而是由于某项协议实质上是国际条约才使其受国际法支配；由于当事国商定适用某国国内法，所适用的有关国家的国内法就转变成协定国际法，也就是成为《国际法院规约》第 38 条所说的"当事国明白承认之规条"；即使当事国规定一项条约应受一个缔约国或其他国家的国内法支配，该条约最终也是受国际法支配的。

上述最后一点反对理由是有一定道理的。国际法主体间的任何协议，包括受国内法支配的协议，最后都必须遵守"约定

---

〔1〕 李浩培：《条约法概论》，法律出版社 1987 年版，第 1 页。

必须遵守"的习惯国际法原则，解决因违背条约或协议义务引发的国际争端须受国家责任制度、国际争端解决制度的支配。在国家责任或争端解决的意义上，条约最终受国际法支配，已经超出了条约法基本问题的范围。条约受国际法支配之所以必要，是因为在条约的缔结及生效；条约的遵守、适用及解释；条约的修正与修改；条约的无效、终止及停止施行等基本问题上如果脱离国际法的支配，条约就不可能正常发挥"各国间不分宪法及社会制度发展和平合作之工具"的作用。

国际法委员会在条约法公约草案评注中指出："受国际法支配"的用语是为了在，由国际公法规制的国际协议与那些虽然是国家间缔结的但由当事国之一的国内法或当事国选择的某些其他国家的法律制度规制的国际协议之间作出区分。[1]

根据《国际法院规约》第 38 条规定，国际法院应当依照国际法裁判案件，裁判时应适用"确立诉讼当事国明白承认之规条"的国际条约。"受国际法支配"才可能是国际法的渊源。受国内法支配的协议，是国内法或内部法意义上的协议，不构成国际法的渊源，在国际法院可以作为裁判的证据，不可以作为裁判的法律依据。

在美国法律体系中，与 1969 年《公约》和 1986 年《公约》的"条约"概念的内涵外延相一致的名词是"国际协议"。《美国对外关系法重述》的"国际协议"的定义是：两个或更多国家或国际组织之间意在产生法律约束力并受国际法支配的协议。[2]根据美国《联邦条例汇编》第 22 编第 181 节，当事国意图使其承

---

〔1〕 "Reports of the Commission to the General Assembly", *Yearbook of the International Law Commission*, 1966, Vol. II, p. 189.

〔2〕 "The Foreign Relations Law of the United States (third restatement)", *American Law Institute Publishers*, 1990, p. 149.

诺受国际法支配是国际协议的标准之一，尽管并不要求通过第三方争端解决机制或明确引用国际法来证明。这种假定可以被清晰的证据推翻。如果有关协议的谈判历史中的或其他的证据能够证明第三方意在使有关协议受另一个法律体系支配，例如，受美国的法律或受美国的一个州或法域的法律或受任何外国的法律的支配，有关协议就不构成国际协议。例如，美国对外军售的贷款协议，完全地受美国法律支配，不是国际协议。国家之间或国家与国际组织之间的一些商务协议，如贷款协议、建筑物租赁协议、商品买卖协议，缔约各方意在使其受有关国家的国内法支配。

国际协议受国际法支配是常态，并不需要在条约中明确表达这样的意图。只有在能够证明当事国有意使有关协议不受国际法支配，而受有关国家的国内法支配时，才排除受国际法支配。关于如何判别一项协议是否受国际法支配，没有必要在当事方的意图标准或条约内容标准之间作出非此即彼的选择，判别的标准应当是综合性的。

（二）受国际法支配与条约的国际法效力

美国《联邦条例汇编》第 22 编第 181 节明确指出：如果当事方意在政治的和道德的衡量，而无意使其具有法律约束力，任何文件都不构成国际协议。各国政府联合发表政策声明、宣布共同的政治立场或意向，如果无意在彼此间建立法律关系，就因缺乏国际条约当事方的"法律意图"，仅属于"政治承诺"的范畴。1975 年赫尔辛基欧洲安全合作会议最后文件就是一例。[1] 该文件一方面宣布各与会国根据文件规定"行事的决心"，要求芬兰政府将文件送交联合国秘书长，但同时指出"该

---

〔1〕 "The Twilight Existence of Non-binding International Agreements", *Ameriican journal of international law*, No. 71, p. 296.

文件不符合依《联合国宪章》第102条进行登记的标准"。这表明，与会各国没有使该协议具有法律约束力的意图，尽管它由与会国的国家元首、政府首脑或其他高级官员签署。"受国际法支配"决定了条约具有法律效力，即国际法的效力。

劳特派特认为条约是国际法主体之间"意在创设其法律权利和义务的协议"，"确定一项文件的法律性质是否一项条约，最有决定性的因素……是它是否在各缔约国间创设法律权利和义务"。[1]国际法委员会在条约法公约草案评注中指出：委员会审议了是否应当在条约定义中加上"意在根据国际法创设义务"的要素。一些委员考虑到这实际上是不可取的，因为它可能暗示着国家总是有在国际法还是国内法支配条约之间选择的自由，然而这不是它们通常面对的情况。另一些委员考虑到缔约国的不同性质有必要使国家间协议隶属于国际法，无论如何这应为优先的选项。国际法委员会的结论是，在意图可能相关的范围内，意图因素已经包含在"受国际法支配"的用语中了。委员会还决定在条约定义中对意图因素不作任何提示。在此后的编纂条约法的会议上，卢森堡、英国等国曾再度建议在条约定义中加上"为国家创设权利和义务"，但均未被采纳。"受国际法支配"包含了意图上或实际上根据国际法创设权利或义务的要求。不创设国际法上的权利或义务，或者说不根据国际法创设权利或义务，就不是受国际法支配的国际协议，就不构成条约。"受国际法支配"排除受国内法支配的协议，也排除"君子协定"。

1994年国际法院在"卡塔尔诉巴林案"的判决中涉及1990年12月25日当事国与沙特阿拉伯签署的备忘录有无法律约束力

---

〔1〕〔英〕劳特派特修订：《奥本海国际法》（上卷·第2分册），王铁崖、陈体强译，商务印书馆1981年版，第325页。

的问题。一项协议有无法律约束力，取决于它的"所有的实质性规定"以及它的起草背景。该备忘录是有法律约束力的，因为它已经列出了当事国同意承担的义务。[1]

"不受国际法支配"的协议不是国际条约，但"受国际法支配"的协议不一定是国际条约。1933年伊朗政府与英伊石油公司的《特许契约》第21条规定：缔约双方发生争端时，仲裁裁决应根据《国际法院规约》第38条中所包含的法律原则解决。这或多或少可以解释为缔约双方意图使该契约受国际法支配。这说明缔约方意图有关协议受国际法支配仅仅是国际条约的一个必要条件。

三、书面形式的协议

1969年《公约》和1986年《公约》适用于书面形式的国际协议。当代缔约实践中的书面形式与古代有所不同。一切可以记录、保存和查证文字内容的载体，都可以理解为书面形式。

国际协议要求采取书面形式，主要是条约实践的需要。如果国际协议不采取书面形式，在条约的缔结程序、解释和适用等方面会面临许多困难。书面协议有时是在口头协议的基础上形成的。口头国际协议不可能用作复杂的造法性的或技术性的国际协议的最终形式。书面形式是国际协议的常用形式，口头协议是很少见的。

尽管如此，国际条约的理论和实践都承认口头国际协议的法律效力。在"东格陵兰岛案"中，安齐洛蒂法官指出，丹麦和挪威之间以口头形式缔结了一个协议，没有任何国际法规则要求此类协议只有采取书面形式才能有效。常设国际法院关于

---

〔1〕 ICJ reports, 1994, p. 121.

该案的判决也是承认该口头协议的效力的。[1]

1969 年《公约》第 3 条在"不属本公约范围之国际协定"题目之下规定:"本公约不适用于……非书面国际协定,此一事实并不影响:(甲)此类协定之法律效力;(乙)本公约所载任何规则之依照国际法而毋须基于本公约原应适用于此类协定者,对于此类协定之适用;……"

美国《对外关系法重述》指出,尽管口头协议的用语可能不是那么容易证明,但根据习惯国际法它们仍然是有约束力的。[2]根据美国《联邦条例汇编》第 22 编第 181 节,任何口头安排,如果符合国际协议的标准,则构成国际协议,但必须转化为书面形式。经书面证据证明存在的口头协议,应视为已经转化为书面形式。

在中华人民共和国的缔约实践中,尚未采用过口头形式。[3]

四、具有国家性质

根据 1969 年《公约》和 1986 年《公约》所下定义,条约是"国际协议"。称"协议"者,不外乎双方或多方共同的或一致的意思表示。国际法主体的单方承诺或声明是单方意思表示,不属于协议范围,尽管国际法主体的单方法律行为符合一定条件也产生类似协议的法律约束力。如果国家领导人发表一项声明,承诺给予某国人力、物力援助,以帮助该国克服公共健康危机,就构成了有一定法律约束力的单方承诺,但不构成

---

[1] "Legal Status of the East Greenland Case", PCIG, Series A/B, No. 53, pp. 91~92.

[2] "The Foreign Relations Law of the United States(third restatement)", *American Law Institute Publishers*, 1990, p. 149.

[3] 段洁龙主编:《中国国际法实践与案例》,法律出版社 2011 年版,第 187 页。

国际协议。

在布赖尔利和劳特派特两位特别报告员各自的草案中，都没有在条约定义的"协议"一词之前加有"国际"一词。后来，在菲茨莫里斯和沃尔多克两位特别报告员各自的草案中都加上了"国际"一词。在维也纳外交会议上，各国代表们对条约定义是否需要"国际"一词意见不一。西班牙、智利等国认为"国际"一词容易引起混乱，建议删除；意大利等国认为，国家之间的协议未必都是国际协议，建议保留。[1]起草委员会最后决定保留"国际"一词。1978年《关于国家在条约方面的继承的维也纳公约》和1986年《公约》也都采用"国际协议"的表述。

在条约已经限定在国家、国际组织等国际法主体之间缔结的以国际法为准的协议的前提下，为什么还要在"协议"前加限定词"国际"？显然是为了排除国际法主体缔结的受国际法支配的协议中的不符合"国际"标准的协议。

许多国际条约强调自身的国际性质。例如，海牙国际私法会议主持通过的《选择法院协议公约》第23条规定："在解释本公约时，应考虑其国际性质以及促进其统一适用的需要。"2006年7月5日海牙国际私法会议主持通过的《海牙关于中间人持有证券特定权利的法律适用公约》第13条也有类似的规定。

有些协议，有一定国际影响，但不是"国际"协议。反抗团体或其他运动的团体与其所在国政府签署的协议，如1999年7月，塞拉利昂政府与反政府的"武装革命联合阵线"缔结的《洛美和平协定》，2013年5月哥伦比亚政府与反政府的"哥伦

---

[1] 参见朱文奇、李强：《国际条约法》，中国人民大学出版社2008年版，第7页。

比亚革命武装力量"在哈瓦那达成的土地改革协议，都因不具有国际性而不属于国际条约的范围。再如，在一国两制框架下，《内地与香港关于建立更紧密经贸关系的安排》和《内地与澳门关于建立更紧密经贸关系的安排》都不具有国际性，因而不具有国际条约的性质。

综上所述，条约是国际法主体之间以书面形式缔结的受国际法支配的国际协议。该定义概括了国际条约的四个必要条件或四项必备标准，即由国际法主体缔结、受国际法支配、书面形式和具有国际性质。

海牙和平公约与和平解决国际争端原则

刘长敏　2003 级　中国政法大学

　　和平解决国际争端既是一切爱好和平的国家与人民的共同意愿，也是现代国际法的基本原则之一。其基本含义是国家之间遇到任何国际争端都应以和平的方法解决，禁止使用武力威胁或使用武力以及其他非和平的方法。作为国际法的一项重要制度，它产生于 19 世纪末 20 世纪初；第一次世界大战后被国际社会普遍接受；第二次世界大战后成为国际法的基本原则之一。这一跨越三个世纪、与人类相伴了一百多年的国际法基本原则，对于指导国际关系实践，争取国际争端的和平解决具有不可取代的重要意义。

一、海牙国际和平会议召开的历史背景

　　19 世纪中后期以来，维也纳体系建立起来的欧洲"均势"结构不断受到挑战和冲击，在第二次工业革命浪潮的推动下，欧美和日本等主要资本主义国家政治经济发展不平衡加剧。至 19 世纪末 20 世纪初，它们逐步完成了由自由资本主义阶段向垄断资本主义阶段的过渡，世界其他地区被纳入到资本主义世界经济体系之中，帝国主义列强争夺世界领土和霸权的斗争成为国际关系的主要矛盾。

　　为了在新一轮的争斗中取胜，各帝国主义国家纷纷调整各自的对外政策，开始了一系列结盟活动。首先，在 19 世纪 60 年

代后奉行"光荣孤立"政策的英国开始转变。世纪之交的英国在经济实力上的优势地位逐渐丧失，海上霸权国的地位也被摇撼。在地中海地区法俄舰队的联合力量已经超过英国的地中海舰队，英国已经不能阻止俄国占领君士坦丁堡和海峡。[1]俄国在中亚的扩张直接威胁到英属印度的安全。英国不得不经常面对法、俄、德等欧洲大陆强国的联合，为了避免单独与强大的敌人对垒，英国开始修正对外政策，被迫放弃了"光荣孤立"。1902 年英国与日本签订了《英日条约》，这一针对俄国的军事攻守同盟结束了英国 19 世纪后期不结盟的历史，不但孤立了俄国，也保护了英国和日本在远东地区的殖民利益。其次，德国此时已经完成了由普法战争前的农业国向工业国的过渡，在对外政策方面从谋求欧洲霸权转变为谋求世界霸权，不可避免地与英国发生了激烈冲突。德国自 1897 年威廉二世改组政府以后走上了"世界政策"的道路，主要表现在一是发展大海军，二是争夺殖民地，获取"阳光下的地盘"。虽然德英双方在 1898 年~1901 年三次秘密接触和谈判，希望就殖民地等问题达成协议，终因利益分歧太大未果。最后，英国向法俄靠拢，协约国集团成立。为了摆脱在国际关系中孤立的地位，积极应对来自德国的挑战，英国外交政策在 20 世纪初进行大幅度的调整，在缔结英日同盟的基础上，又开始了新一轮在欧洲的结盟活动。1904 年和 1907 年分别与法国和俄国缔结了《英法协定》和《英俄协定》，调整了三方在殖民地问题上的矛盾，与 1893 年缔结的《法俄同盟条约》一道最终形成了一个反德的军事同盟，第一次世界大战中的另一个交战国集团就此形成。两大军事集团之间的对抗使得战争的危险性越来越大了。

---

〔1〕 G . Monger, *The End of Isolation*, Lundon, 1963, p. 2.

此时的欧洲，两大军事集团展开了空前激烈的军备竞赛。有数字显示，"1874 年~1896 年，欧洲列强军费开支大约平均增长 50% 以上，其中德国的防务开支上升 79%，俄国上升 75%，英、法、奥匈帝国分别增加了 47%、43% 和 21%。"〔1〕到了 20 世纪初，列强的军费更是持续上升。在战前的十年中，协约国集团的英、法、俄分别增长了 16.1%、21.3%、和 25.4%；而同盟国集团的德、意、奥匈则分别增长了 30.5%、26.8% 和 40.2%。〔2〕在欧洲大陆上，俄、法与德、奥大力扩张陆军，竭力在人员数量和技术装备上超过对方。战争爆发前，法国的常备军达到 76.7 万人，德国 75.4 万人，俄国达到 144 多万人，奥匈帝国达到 44.5 万人。〔3〕加上预备役兵源，各国能够在战争爆发时动员的军队已经超过常备军的 3 倍至 4 倍，疯狂地扩军表明帝国主义准备用战争来重新分割世界领土和势力范围，欧洲的火药味越来越浓，世界加紧走向战争。

二、两次海牙国际和平会议及其决议

欧洲的紧张局势使得各国统治阶级惊恐不安，同时，帝国主义的战争政策也引起各国人民的坚决反对和强烈不满，"他们的反战声浪一天天高涨，朦胧的革命情绪一天天强烈"。〔4〕为了平息民愤，欺骗舆论，同时也为了缓解与一些大国日益紧张的关系，防止国内财政濒于破产。1898 年 8 月 24 日和 1899 年 1

---

〔1〕 ［英］F. H. 欣斯利编：《新编剑桥世界近代史》（第 11 卷），中国社会科学院世界历史研究所组译，中国社会科学出版社 1999 年版，第 336 页。

〔2〕 王绳祖主编：《国际关系史》（第 3 卷），世界知识出版社 1995 年版，第 358 页。

〔3〕 王绳祖主编：《国际关系史》（第 3 卷），世界知识出版社 1995 年版，第 359 页。

〔4〕 《列宁全集》（第 21 卷），人民出版社 1958 年版，第 171 页。

月11日，俄国沙皇尼古拉二世连续两次向各国政府发出通知，提议召开和平会议，共商和平大计。为了推卸热衷战争的责任，沙皇的倡议得到了各国的响应。正如威廉二世所说："俄国的那套苦心构造的计划"，"隐藏着一个鬼把戏，谁要拒绝邀请，谁就是破坏了和平"。[1] 1899年5月18日至7月29日，第一次海牙和平会议在荷兰海牙召开，参加会议的共有包括欧亚美洲的26个国家。[2] 中国清朝政府亦为原始缔约国之一。[3] 与会各国就裁军问题进行了激烈的争论，历时40天，最后签订了3个公约，发表了3项宣言。[4] 三公约中最重要的就是第一公约，即《关于和平解决国际争端公约》（以下简称：1899年《公约》）。该《公约》第1条便明确提出："为了在各国关系中尽可能防止诉诸武力，各缔约国同意竭尽全力以保证和平解决国际争端。"在这次会议上，还决定设立国际调查机构，依公平的调查，辨清事实，以求争端的解决。

第一次海牙和平会议结束后，国际局势并没有得到丝毫缓

---

〔1〕《1871~1914欧洲各国内阁的重要政策》（第15卷），柏林1925年版，第149~150页。

〔2〕 26国为：德国、奥匈、比利时、中国、丹麦、西班牙、美国、墨西哥、法国、希腊、意大利、日本、卢森堡、门的内哥罗、荷兰、波斯、葡萄牙、罗马尼亚、俄国、塞尔维亚、暹罗、瑞典-挪威、瑞士、保加利亚、英国、土耳其。

〔3〕 清政府为两公约的原始缔约国之一；后来被国民党政府继承；1971年联大第2758号决议驱逐蒋介石政府后，中华人民共和国一直没有参加国际仲裁法院的活动。直到1993年7月15日，时任外长钱其琛致函该法院秘书长，通知我国将恢复在法院的活动；该法院秘书长于1993年11月22日复函认可，其复函日期视为我国加入两公约之日期。

〔4〕 海牙和平会议签订的公约是：第一公约，即《关于和平解决国际争端公约》；第二公约，即《关于陆地战争的法规和惯例公约》和第三公约，即《关于海上战争采用1864年8月22日日内瓦公约原则的公约》。发表的三个宣言是：《关于禁止从气球上投抛炸弹和爆炸物宣言》《关于禁止使用专为宣泄毒恶气质的炸弹的宣言》和《关于禁止使用入体膨胀或易成扁形子弹的宣言》。

解，相反，帝国主义之间的争斗更加激烈。和会闭幕仅三个月，1899 年 10 月就发生了英布战争；1900 年发生了八国联军侵略中国的战争；1904 年至 1905 年又爆发了日俄战争。亚洲的战火熄灭不久，1905 年德法两国为争夺北非控制权又发生了第一次摩洛哥危机。在美国总统西奥多·罗斯福的提议下，沙皇尼古拉二世再次召集和平会议，以缓解一触即发的国际紧张局势。于是，1907 年 6 月 15 日至 10 月 18 日，第二次海牙和平会议在荷兰召开，参会国达 44 个。[1]会议重新审议通过了 1899 年《公约》等三项公约，由于意识到大战的不可避免，因而着重讨论了战争法规问题，共通过了 14 个公约[2]，会议仍旧将和平解决国际争端相关制度的讨论放在首要位置，将有关内容的公约作为第一公约。第二次国际海牙会议签署的第二公约是《限制使用武力以索偿契约债务公约》，首次提出对使用武力进行某种限制。然而，第二次海牙和平会议结束后，人们期待已久的和平还是没有到来，国际社会依然危机四伏，各国政府还是磨刀霍霍。1908 年至 1909 年波斯尼亚危机爆发，俄奥在争夺巴尔干问题上矛盾尖锐；1911 年德法第二次摩洛哥危机爆发；1912 年至 1913 年发生了两次巴尔干战争，1914 年以萨拉热窝事件为导火

---

[1] 44 国：德国、美国、阿根廷、奥匈、比利时、玻利维亚、巴西、保加利亚、智利、中国、哥伦比亚、古巴、丹麦、多米尼加、厄瓜多尔、西班牙、法国、英国、希腊、危地马拉、海地、意大利、日本、卢森堡、墨西哥、门的内哥罗、挪威、巴拿马、巴拉圭、荷兰、秘鲁、波斯、葡萄牙、罗马尼亚、俄国、萨尔瓦多、塞尔维亚、暹罗、瑞典、瑞士、土耳其、乌拉圭、委内瑞拉。

[2] 第一公约《关于和平解决国际争端公约》、第二公约《限制使用武力以索偿契约债务公约》、第三公约《关于战争开始公约》、第四公约《陆战法规与惯例公约》、第五公约《陆战时中立国家和人民之权利义务公约》、第六公约《关于战争开始时敌国商船地位之公约》、第七公约《关于商船改充战舰之公约》、第八公约《敷设自动水雷公约》、第九公约《战时海军轰击公约》、第十公约《日内瓦公约诸原则运用于海战公约》、第十一公约《海战时限制行使捕获权之公约》、第十三公约《海战时中立国权利义务之公约》和第十四公约《设立国际捕获物法庭公约》。

索，第一次世界大战爆发，人类终究没有逃脱世界大战的劫难。

　　海牙诸公约的篇幅并不长，其内容大致可分为三类：（1）和平解决国际争端类，包括 1899 年海牙第一公约、1907 年海牙第一和第二公约。根据这几项公约，各缔约国承担了"和平解决国际争端"和"尽量避免诉诸武力"的一般性义务，并确定以斡旋、调停、国际调查委员会和国际仲裁等方式达到这一目标。（2）战争开始和中立国权利与义务类，包括 1907 年海牙第三、第五、第六和第十三公约。第三公约在历史上第一次正式确立了宣战制度，规定不宣而战是非法的；第六公约规定了战争开始时对敌国商船的保护制度；第五和第十三公约详细、具体地编纂了中立国及其人民在陆战和海战中的权利与义务的法规和惯例。（3）战争法规类，上述两类以外的条约都属于此类。这类条约是海牙公约的主体部分，从陆战、海战、空战等不同方面限制了作战手段和方法，并进一步明确和完善了战斗员、战俘和伤病员的待遇等。

三、海牙和平公约与和平解决国际争端

　　两次海牙国际和平会议虽然召开的时间不同，但是签署的第一公约名称相同，都叫《关于和平解决国际争端公约》，按照国际法的惯例，同一性质的条约后约优于前约。1907 年公约中则明确规定："本公约一经正式批准，即在缔约各国间代替 1899 年 7 月 29 日的和平解决国际争端公约"（第 91 条）。从内容上看，1898 年的第一公约共有 61 条，1907 年的第一公约在此基础上加以补充和修改，共有条款 97 条，两公约涉及的主要内容都是和平解决国际争端的手段和途径，通常放在一起论之，通称海牙和平公约。1907 年海牙会议第二公约为《限制使用武力以索偿契约债务公约》，主要内容也是限制国家诉诸战争的权利。

海牙和平公约开宗明义道出了缔结此条约的宗旨，这就是"在维持普遍和平的强烈愿望的激励下；决心竭尽全力促进国际争端的友好解决；认识到文明国家集团各成员国的联合一致；愿意扩大法律的适用范围和加强国际正义感"。各缔约国保证"为了在各国关系中尽可能防止诉诸武力，各缔约国同意竭尽全力以保证和平解决国际争端"（第1条）。为了充分履行诺言，公约为调解国际争端提供了多种可供选择的解决办法，为和平解决国际争端奠定了基础。

第一，斡旋（good office）与调停（mediation）。斡旋与调停是国际争端政治解决方法之一，是在争端当事国不愿意直接谈判或者虽经直接谈判但未能达成协议的情况下，由第三方协助解决争端的方法。从理论上看，第三方卷入的程度是区分斡旋与调停的标准。一般说来，第三方为争端双方提供有力的接触和谈判的条件，向各方转达对方的意见或提出自己的建议，从而促使当事国开始谈判或者重开谈判，但第三方不直接参加谈判过程的是斡旋。如果作为调停人的第三方不仅为谈判和重开谈判提供条件，而且还直接参加或主持谈判，向当事国提出解决争端的方案并作为谈判的基础，促使对方达成解决争端的协议便是调停。[1]

1899年和1907两次海牙和平会议制定的《公约》对这一制度作出了明确的规定。依1907年公约，其要点包括：（1）争端当事国在诉诸武力之前，在情况许可的范围内，应请求友好国家进行调停（第2条）；其他国家可以不待请求主动出面进行调停，当事国不得视此为不友好的行为（第3条）。（2）斡旋与调停只具有劝告的性质，没有法律拘束力（第6条）；争端当事国

---

[1] 周忠海等：《国际法学述评》，法律出版社2001年版，第521页。

没有请求第三方进行调停的义务，第三方也没有进行调停的义务。（3）若调停人提出的解决争端的办法为当事国一方宣布不与接受，调停即告终止（第5条）；不论调停的结果如何，调停人不负任何法律责任。其实从近代到现代的国际关系实践中，用斡旋与调停的方法解决国际争端早已存在，并发挥了重要的作用。例如，1978年9月17日，在美国的调停下，以色列时任总理贝京和埃及时任总统萨达特在美国戴维营签署了《关于实现中东和平的纲要》和《关于签订埃以和平条约的纲要》，埃及和以色列结束了敌对状态，并决定建立外交关系。1999年夏季，在南非、赞比亚等国的调停下，民主刚果政府和反政府武装以及卷入民主刚果内战的乌干达、卢旺达、安哥拉、津巴布韦等国签署了结束刚果内战和外国军队撤出刚果的协议，很好地解决了历史遗留问题。

第二，调查（inquiry）与和解（conciliation）。调查与和解亦是国际争端政治解决方法之一，调查又称国际调查，是一种在当事国对有关事实问题产生争议时，经当事国同意，由一个常设或者临时的调查委员会对争端事实进行调查，查清事实真相，协助当事国解决争端的方法。根据《奥本海国际法》的解释："和解是一种解决争端的程序，其方法是将争端提交一个若干人组成的委员会，委员会的任务是澄清事实并（普遍在听取双方意见和努力使它们达成协议以后）提出包括解决争端建议在内的报告，但这种报告不具有裁决或判决的拘束性。"[1]

1899年《公约》最早规定了国际调查制度。根据该公约，凡不涉及国家荣誉或根本利益而只是对事实存在分歧意见的国际争端，如当事国不能通过外交手段解决，则应在情况许可的

---

[1]　［英］劳特派特修订：《奥本海国际法》（下卷·第1分册），王铁崖、陈体强译，商务印书馆1980年版，第7页。

范围内，设立国际调查委员会进行公正认真的调查，辨清事实，以促进争端的解决（第 9 条）。并规定调查委员会由 3 人组成，其中 1 人为中立国国民（第 32 条）。1907 年《关于和平解决国际争端公约》（以下简称：1907 年《公约》）对 1899 年《公约》中关于国际调查委员会的规定作了修改。根据 1907 年《公约》的规定，调查委员会由 5 人组成，争端当事国各推举 2 人，其中 1 人为本国国民，另 1 人从其他国家向常设仲裁法院提交的仲裁员名单中选出，然后，由这 4 名委员共同选任委员会主席（第 45 条）。1907 年《公约》第 10 条还规定，国际调查委员会依照当事国之间的协定组成，该协定应载明需要调查的事件、委员会的组成方式、工作期限、程序及职权等内容。第一次世界大战以后签订的《国际联盟盟约》和第二次世界大战后签订的《联合国宪章》等重要国际法律文件都规定了以调查方式解决国际争端的制度。国际实践中最早利用调查方法解决争端的范例是 1904 年日俄战争期间英国与俄罗斯之间发生的北海渔船事件。俄罗斯将英国渔船误认为日本鱼雷艇进行炮击，结果造成英国渔船沉没和渔民伤亡的后果。后来，在法国的斡旋下，组成国际调查委员会对事实真相进行调查，判定是俄罗斯军队指挥员的判断失误所致。1931 年日本向中国发动了"九·一八"事件，国际联盟行政院通过决议，决定由美、英、法、德、意等国代表组成一个调查团，赴中国东北调查中日冲突的根源。1933 年 2 月 24 日，国际联盟大会在李顿调查团报告书的基础上通过决议，声明不给予"满洲国"法律或事实上的承认，要求日本退出中国东北，恢复中国对日本占领区的主权，日本拒绝接受并宣布退出国际联盟。

第三，国际仲裁（international arbitration）。仲裁是国际争端的法律解决方式之一。它是在争端发生后，经各当事国同意，将争端交付它们自行选任的仲裁人处理，并相互约定服从仲裁裁决的争端解决方法。它既不同于严格意义上的司法解决，因为在司法裁判中，当事国不能对法官、法庭的程序规则和适用的法律加以选择；也不同于谈判、调查、和解等政治方法，因为仲裁裁决对当事国具有拘束力。

国际仲裁有着悠久的历史，在古希腊、古罗马的历史中就有许多事例。1899 年《公约》和 1907 年《公约》，还有 1928 年国际联盟主持制订的《日内瓦和平解决国际争端总议定书》都将国际仲裁作为一项解决争端的国际制度给予明确的规定。在仲裁的法律依据方面，1899 年《公约》第 22 条规定：各缔约国承诺将它们之间达成的任何仲裁条件及由特别法庭作出的有关裁决，以经核证无误的副本尽速送交海牙国际事务局。在仲裁的目的和范围方面，根据 1907 年《公约》第 37 条的规定："国际仲裁之目的在于由各国自行选择法官并在尊重法律基础上解决各国间的争端。" 国际仲裁的范围主要是法律性质的争端。在仲裁适用的程序方面，"经过长期实践，逐渐有了向司法制度化发展的倾向，即：将常设法院的程序规则适用于仲裁法庭。通过 1899 年和 1907 年两次海牙会议，仲裁程序的制度化有了很大的发展"。[1] 仲裁程序一般分为书面程序和口头辩论。1907 年《公约》还规定了仲裁的简化程序，法庭原则上只按书面程序审理（第 90 条）。为了解决仲裁法庭的组织问题，1899 年公约中确定成立常设仲裁法院，1900 年，法院在荷兰海牙正式成立。1907 年会议上又提出了建立常设性法院的提议，终因仲裁员分配问题上分歧过大未能达成协议。根据 1907 年《公约》第 42 条规定，常设仲裁法院的目的和任务是："为便利将不能用外

---

〔1〕〔韩〕柳炳华：《国际法》，朴国哲、朴永姬译，中国政法大学出版社 1997 年版，第 325 页。

交方法解决的争议立即提交仲裁起见，各缔约国承允保留第一次和平会议所设立的常设仲裁法院。该法院随时受理案件，除当事国另有规定外，按照本公约所在之程序规则办事。"公约还规定每个缔约国应推选至多 4 名公认"精通国际法问题，享有最高道德声誉"，且自愿担任仲裁职务的人做仲裁员，列入法院的仲裁员名单。遇到缔约国发生争端并愿意提交常设仲裁法院解决时，当事国双方可在名单中选择仲裁员。因此，常设仲裁法院没有由固定的法官组成的法庭，只备有一份仲裁员的名单和一部可供采用的程序规则。

常设仲裁法院自成立以来工作业绩并不显著，为了适应国际形势的需要，1993 年常设仲裁法院在荷兰海牙的和平宫召开了第一次全体仲裁员大会，讨论常设仲裁法院的未来发展和有关制订第三个海牙和平解决国际争端公约的建议。1994 年，第 49 届联合国大会一致同意接纳常设仲裁法院为联合国大会观察员，人们期盼它在今后解决国际争端中发挥更大的作用。

四、对海牙和平公约的基本评价

1. 海牙和平公约具有国际法渊源意义

任何法律都有它的渊源。国际法律渊源（Sources of Law）是指"国际法的规范第一次出现的地方，是国际法的原则、规则和制度产生、出现、得以确立并获得法律效力的地方和事实"。[1] 奥本海用非常形象的比喻来说明这一定义："渊源的意义是指泉源或水源：它应该解释为一股水从地面流出。当我们看到一股水而想要知道它从哪里来的时候，我们就逆流而上，

---

〔1〕 周忠海等：《国际法学述评》，法律出版社 2001 年版，第 42 页。

直到它从地面自然流出的地方。"[1]因此，渊源与起因是区别的，国际法的起因是指国际法产生和发展的政治、经济、文化等因素，而渊源是指"行为规则所由发生和取得法律效力的历史事实"。[2]尽管国际法学者对于国际法的渊源的内涵有不同的意见，但是一般都认为主要是条约和习惯。1945年《国际法院规约》第38条第1款规定，除了国际条约和国际习惯之外，有一般法律原则，还有司法判例和公法家学说，作为"确定法律原则之补充资料"。[3]特别是国际条约中的"造法性条约"，从缔结形式上多是多边条约，当事国有一定的数量，条约呈开放性，更为重要的是"这类条约的主要特点是，它们是以规定一般共同遵守的法律规则为内容，目的在于宣示或创立国际法的原则、规则和制度。有的条约的明显目的在于宣示或创立国际法的原则、规则和制度，从而被称为'多边编纂条约'"。[4]比照以上这些定义，19世纪末和20世纪初的两次海牙和平会议制订的《公约》是基本符合以上特征的，它既以开放的多边条约的形式出现，又首次将和平解决国际争端确立为国际社会应一般遵守的规则和制度，具有宣示和创立国际法原则的意义，其性质属于造法性条约，因此具有法律渊源的意义。

2. 对限制传统国际法上的"诉诸战争权"做出了重要贡献

根据传统国际法的理论与实践，战争作为推行国家政策和解决国际争端的强制手段，是被承认的，是合法的，国家有

---

〔1〕 ［英］劳特派特修订：《奥本海国际法》（下卷·第1分册），王铁崖、陈体强译，商务印书馆1980年版，第17页。

〔2〕 ［英］劳特派特修订：《奥本海国际法》（下卷·第1分册），王铁崖、陈体强译，商务印书馆1980年版，第18页。

〔3〕 王铁崖、田如萱编：《国际法资料选编》，法律出版社1986年版，第1029~1030页。

〔4〕 王铁崖：《国际法引论》，北京大学出版社1998年版，第60页。

"诉诸战争权"（jus ad bellum），使用武力是国家不容置疑的绝对权利。

最早的"权利"（Jus）概念产生于罗马法，中世纪罗马法复兴后，这一概念从私法领域引申到公法领域，给政治观念和理论带来了重大变革，奠定了近代西方政治学说的基础。近代资产阶级政治学说奠基人之一，意大利战争家、思想家马基雅维利在他的名著《君主论》（Annus Horribilis）中明确表示，新的君主"靠战争而得一国，未来也将要以战争再得领土，而且其它时时伺机实现其征服事迹的君王一定会将目光投向他的领土。对君主，战争不是选择，而是必要，因此明慎之君不会浪费时间穷问自己是否'应该'战争，他问的是'何时'开战及'如何'作战"。[1]在他看来，君主对外发动战争是必然的，这一权利是天经地义的，明君就应该带领国民战争和征服。法国政治思想家、近代主权学说创始人让·博丹在他的《国家论》（第6卷）（1576年）中，明确宣布了主权应该包括的9项内容，第2项就是：宣布战争、缔结和约的权利。[2]将对内管辖和对外独立的权利赋予主权国家。17世纪英国政治思想家托马斯·霍布斯在他的名著《利维坦》（1651年）中进一步完善了主权学说，在论证主权的属性时，他说："一个国家在战争之时，最成其为国家。战争是使主权达到'极至的行动'（ultima ratio regis），因此，否认主权者决定战争或谋和的权利，无异拿掉主权的灵魂。"[3]在近代政治思想家的论述中，国家发动战争的权利不断被肯定，而且对战争手段也没有加以任何限制。直至19世纪末，才开启

---

〔1〕 ［美］约翰·麦克里兰：《西方政治思想史》，彭淮栋译，海南出版社2003年版，第190页。

〔2〕 徐大同主编：《西方政治思想史》，天津教育出版社2002年版，第111页。

〔3〕 ［美］约翰·麦克里兰：《西方政治思想史》，彭淮栋译，海南出版社2003年版，第238页。

了对国家的战争手段加以限制的近代战争法之门。

1899 年《公约》，虽然没有从法律上否定战争，但是第一次对国家以战争解决国际争端的"权利"作了限制，规定各国应尽力于免除诉诸武力，而用和平手段解决纷争。随后召开的1907 年海牙和平会议进一步对战争权利加以限制，并对斡旋和调停作为和平解决国际争端的方法作了较详细的规定。一战后制定的《国际联盟盟约》开始提出对战争加以限制，规定将战争发生的争议提交仲裁或依司法解决之前三个月内不得从事战争。1928 年签署的《巴黎非战公约》又正式提出禁止将战争作为推行国家政策的工具。但是由于这些规定仅仅局限在废弃"战争"，而不是废弃使用"武力"，又没有有效的制裁措施，因此，导致发生了人类历史上最大的战争灾难——第二次世界大战。

3. 为和平解决国际争端提供了多种手段

在传统的国际法里，和平解决争端的合法手段除了斡旋、谈判、协商、仲裁等，还包括反报、报复、平时封锁和干涉等。从广义上说，这些次于战争的强制方法，也是和平解决国际争端的方式。[1]其实，这些强制手段都是直接或间接地"使用威胁或武力"，不能算作和平手段，为现代国际法所不容。[2]在1899 年《公约》和1907 年《公约》中，抛弃了传统的"和平"手段，为真正和平解决国际争端提供了多种选择。两个公约中

---

〔1〕 慕亚平等:《当代国际法论》，法律出版社 1998 年版，第 203 页。

〔2〕 关于国际法历史的断代，参见王铁崖先生的论著。他认为公元 400 年前为上古世界国际法时期，包括古代中国、埃及、印度、希腊和罗马的历史记载；400年至 1648 年为中世纪国际法时期，其中包括过渡时期（公元 400 年~800 年），中世纪早期（800 年~1300 年），中世纪后期（1300 年~1500 年），西班牙时代（1500 年~1648 年）；1648 年~1918 年为近代国际法时期；1918 年至今为现代国际法时期。参见王铁崖:《国际法引论》，北京大学出版社 1998 年版，第 250~304 页。

不仅详细地规定了斡旋、调停、国际调查等解决国际争端的政治手段，而且还规定了国际仲裁的基本程序和相关规定，为国际争端的和平解决提供了法律手段。仲裁的历史源远流长，但现代意义上的国际仲裁始于 18 世纪 90 年代的《杰伊条约》（Jay Treaty），直到海牙和平两公约，仲裁作为一种解决争端的法律程序才得以具体规定。特别是在 1907 年《公约》中，还增补规定了简易仲裁程序，只需争端两个当事国各任命一名仲裁员，双方再推选出一名公断人组成仲裁法庭，完全以书面形式便可完成诉讼过程（第 87~90 条），以促使争端尽快解决。

4. 为现代国际法基本原则之一——和平解决国际争端原则的产生奠定了基础

和平解决国际争端是现代国际法的基本原则之一。所谓基本原则是指："这些原则是从这种法律体系的原则、规则和制度归纳而来的，同时又引申出来所有其它原则、规则和制度。这些最后原则就是基本原则，是每一种法律体系的基础。"[1]国际法基本原则"不是国际法个别领域的具体原则，而是那些被各国公认、具有普遍意义的、适用于国际法的一切效力范围的、构成国际法基础的法律原则"。[2]1899 年《公约》和 1907 年《公约》被视为最早提出和平解决国际争端原则的国际公约。该公约虽没明确规定和平解决国际争端是一项基本法律准则，但是它在一定范围内和一定程度上限制了战争的使用，鼓励各缔约国以和平方法解决彼此间争端，为国际社会倡导和平解决国际争端开创了先河，并为确立其作为国际法的一项基本原则奠定了坚实的基础。在此基础上，1928 年于巴黎签定的《巴黎非战公约》则明确地将和平解决国际争端提升到国际法基本原则

---

[1] 王铁崖：《国际法引论》，北京大学出版社 1998 年版，第 212 页。

[2] 王铁崖：《国际法引论》，北京大学出版社 1998 年版，第 214 页。

的高度。《巴黎非战公约》第 2 条郑重声明，不论其性质如何，缔约各方"只能用和平方法处理或解决它们之间可能发生的一切争端或冲突"。1945 年制定的《联合国宪章》第 2 条第 3 款明确规定"各会员国应以和平解决其国际争端，避免危及国际和平、安全及正义"，[1]并把和平解决国际争端列为其七项基本原则之一，从而标志着和平解决国际争端原则作为国际法基本原则的地位最终得以确立。

五、结语

两次海牙会议已经过去一百多年了，人们对于海牙和平公约的功过评说依然在继续。研究国际关系的人认为公约的作用是极其有限的："旷日持久的和平会议没有认真解决亿万人民所关心的裁军与和平问题，相反，却制订了一系列如何作战的法规。这说明战争已迫在眉睫，各帝国主义国家都在考虑如何打仗，从而使一次讨论和平的会议，变成了战争的准备会议。"[2]还有，两次和会都没有涉及殖民地问题，对于裁军问题也仅限于一个限制军事开支的非拘束性的决议，而实际上殖民地问题和军备竞赛问题是造成世界局势紧张、危及世界和平的重要原因。所以，"第一次世界大战的隆隆炮声便宣告了和平会议的破产"。[3]研究国际法的人认为尽管公约存在着缺陷，但是在国际法历史上却有着里程碑式的意义，它第一次以条约的形式把和平解决国际争端作为一种制度加以规定，对国家的战争权利进

---

〔1〕 李铁城主编：《联合国的历程》，北京语言学院出版社 1993 年版，第 647 页。

〔2〕 王绳祖主编：《国际关系史》（第 3 卷），世界知识出版社 1995 年版，第 366 页。

〔3〕 王绳祖主编：《国际关系史》（第 3 卷），世界知识出版社 1995 年版，第 366 页。

行限制。根据它的决议，海牙成立了常设仲裁法院，对国际争端进行法律裁断。同时，它的出现有助于第一次世界大战和第二次世界大战以后和平解决国际争端机制的建立，并在此基础上诞生了一项现代国际法基本原则，其理论和实践上的重要性都是不言而喻的。在以和平与发展为时代主题的今天，我们重温海牙和平会议及其决议，提倡和平解决国际争端，最大限度地避免战争和冲突，符合时代潮流，顺应国情民意，具有重要的现实意义。

浅论国际义务的性质

马静　2003 级　中国政法大学

一、国际义务的概念

所谓国际义务，主要是指国际法主体在国际交往中，依据国际法各种渊源的规定所应遵循的法律义务。互不侵犯、互不干涉内政、善意履行条约、在国际交往中不损害其他国际法主体的利益等都是现代国际法规定的国际义务。遵循国际义务是传统国际法中的一项重要原则。《联合国宪章》在序言中重申了这一原则，"尊重由条约和其他国际法渊源而起的义务"。继《联合国宪章》之后，1948 年的《美洲国际组织宣言》、1969 年的《维也纳条约法公约》、1970 年的《国际法原则宣言》以及 1982 年的《联合国海洋法公约》等都重申了这样一个原则：违背国际义务就必然引起国际责任。[1]

传统国际法将违背国际义务的行为限于国际不法行为。也就是说，违背国际义务就是指国际不法行为。在现代国际法上，这一点也是毋庸置疑的。但是，随着科技的发展，一些国际法不加禁止的行为造成了国际损害，所以就确立了国际法不加禁止的行为造成损害的国际责任原则。根据这一原则，这种国际法不加禁止的行为造成国际损害的实质也是违背了国际义务。

---

〔1〕　李寿平：《现代国际责任法律制度》，武汉大学出版社 2003 年版，第 93 页。

因此，违背国际义务的行为不仅包括国际不法行为，也包括那些国际法不加禁止的、但对他方造成损害的行为。[1]

　　一国违背国际义务是指该国实际采取的行为与该义务要求该国的行为不相符合。这可以用不同的方式表示。例如，国际法院用过下述措词："与一国的义务不相容""违反"或"不符合某一规则"的行为和"未遵守……条约义务"。

　　在国际法中，违背一项义务往往等同于侵犯他人的权利。常设国际法院在对"摩洛哥磷酸盐案"的判决中提到"违反另一国条约权利"的行为。[2]该案涉及阐述各方相互权利和责任的多边条约，但是有些人认为义务和权利的相关性是国际法的一项一般特征：凡是国际法主体的国际义务，必有另一或另外一些主体、甚至其他主体的全体（整个国际社会）的国际权利与之相对。但是，不同的事件可能涉及国际法的所有其他主体共同拥有的权利，而不是某一或某几个国家的特定权利。权利和义务的对应，不能简单理解为权利主体和义务主体的数目相等。一个国际法主体对整个国际社会的义务，涉及国际法的所有其他主体共同的权利，而不是某一个或某几个国家的特定权利。与双边条约义务对应的是缔约对方的权利，与多边条约义务对应的是多个缔约他方的权利。因国家的单方面法律行为产生的义务，权利主体可能是单方的，也可能是多方的。国家可能以不同的方式成为某项义务的受益人，或对该义务的履行具有不同的利益。鉴于法律规则和机构的多样性，要求它们保护的利益也各不相同，多边义务可能与双边义务不同。总之，不

---

　　[1] 作者注：本文对国际法不加禁止的行为造成损害从而违背国际义务的问题不加讨论，而主要从条约法和国家责任法的角度讨论国际义务的问题。

　　[2] "摩洛哥磷酸盐案"，初步反对意见参见《国际常设法院案例汇编》，汇编A辑／B辑，No. 74，p. 10，at p. 28.

管被违背的义务的特性或起源为何，一国违背其承担的国际义务，就意味着侵犯了其他国家相应的权利，或其他国际法主体的相应的权利。

二、国际义务与国际责任

"国际义务"的概念与"国际责任"和"国家责任"的概念是密不可分的。就如国内法上的法人或自然人，一旦实施了违法行为或损害行为，就须依法承担责任一样，如果国际责任的主体违背了国际法所赋予的国际义务就必然产生国际责任，如果一国的行为违反了该国应当承担的国际法的义务，该国必须承担国际法上的责任。这是国际法的一条基本原则，这一原则已经得到国际司法判决、国际实践和权威理论的广泛认可。常设国际法院于1923年8月17日所作出的"温布尔登案"的第一号裁决书、1927年7月26日所作出的"霍茹夫工厂案"的裁决书以及1938年所做出的"摩洛哥磷酸盐案"的裁决书中都运用了这一原则。国际法院在1949年4月9日所做出的"科孚海峡案"的裁决书中，认定阿尔巴尼亚没有及时通知过境的英国军舰本国水域中有水雷这一情况，阿尔巴尼亚的不作为构成了违反"各国都有义务不能允许本国的领土被用来从事违反他国权利的活动"的规定，应承担赔偿责任。在1949年4月11日所作出的关于"联合国工作人员在服务期间遭受损害的赔偿案"的咨询意见中，也明确提到"被告国对国籍国的国民做出违反国际义务的行为，应承担国际责任"。在1950年7月18日"同保加利亚、罗马尼亚、匈牙利的和平条约的解释案"的咨询意见中，国际法院声明，拒绝履行条约义务产生国际责任。[1] 国际仲裁机构在其司法实践中也多次确认：违背国际义务就产生责任方的国际责任。

从国家实践来看，"不履行国际义务""与国际义务不相符的行为""违背国际义务"以及"违背约定"等措辞常用来表示国际侵权行为的本质和责任产生的根据。联合国国际法委员会在一度通过《国家责任条文草案》的第 1 条中也包含有："任何没有……履行国家的国际义务"的表述。在 1924 年～1930 年的国际联盟编纂国家责任主题时，各国政府的观点就已经表现出来。不过，当时仅限于在发生外国人及财产的损害时产生国际责任。在 1930 年编纂国际法的海牙大会上，筹备委员会的报告及各国政府代表的意见都一致同意：如果一个国家的一个机构因没有履行其国际义务而导致一个外国人人身或财产在该国内受到损失，就产生该国的国际责任。

这些国际司法判例及国家的实践虽然表明违背国际义务的行为产生国际责任，但另一方面也反映出违背国际义务的行为产生国际责任已得到国际社会的一致认可。到目前为止，还没有一个常设国际法院的判决和国际仲裁裁决承认，违背国际义务的行为不引起国际责任。

当一国违背它应承担的国际义务时，即引起国际责任。一国是否违背了国际义务、何时发生了违背国际义务的行为，取决于有关义务的具体内容，其目的和宗旨以及案件的具体情况。

判断一国的行为是否违背国际义务，主要依靠国际法，并不依赖于国内法的规定。违背国际义务是指一项国际义务要求一国的行为与该国实际采取的行为不相符合——即一国的行为与国际法的要求不相符合。"不符合国际义务的要求"这一措

---

[1] ICJ Reports, 1950, p. 228.

辞，说明了违背国际义务的本质。无论一国的行为是部分地还是全部地不符合某项国际义务对它的要求，均构成对国际义务的违背。

一般说来，国际义务的起源并不影响该行为主体的国际责任的形成。也就是说，只要该行为主体的行为不符合国际义务，不管该国际义务是源于国际习惯规则还是条约的规定，都构成国际不法行为，该行为主体就要承担国际责任。2001 年通过的《国家责任条款》第 12 条规定："一国的行为如不符合国际义务对它的要求，即为违背国际义务，而不论该义务的起源或特性如何。"

国际义务的起源不影响国际责任制度。国际司法判例和实践都已证实了这一点。如在"彩虹勇士号仲裁案"中，仲裁法庭就认为："违背条约的法律后果，包括确定可能排除不法性的情况……和违背行为的适当救济，均为国家责任习惯法范围内的事项。理由是关于国家责任的一般国际法原则同样适用于违背条约义务的行为，因为国际法领域不区分契约责任和侵权责任。因此，一国违反一项任何来源的义务都引起国家责任，从而引起赔偿责任。具体条约本身当然可以通过如制定一套救济办法的方式，限制或扩大一般国家责任法规。"

国际司法实践一贯确认对国家可能承担的国际义务的主题不做限制。常设国际法院在"霍茹夫工厂案"中提到"对约定的违背"都将带来责任。在"温布尔登号案"第一号判决中称："缔结国际约定的权利是国家主权的一项属性。"[1] 这一论点常得到国际司法判决的认可。同样，违背行为不论采取何种方式，都构成对义务的违背。"石油平台案"（Oil Platforms Case，伊朗

---

〔1〕 常设国际法院，"温布尔登号案"，1923 年，汇编 A，No. 1，第 25 页。

诉美国，1996 年）就对这个问题作了明确的回答。

只有在某项国际义务对有关国家有约束力时，该国违背该项义务的行为才产生国际责任。这是时际法（intertemporal law）的一般原则在国家责任法领域里的适用。在 1928 年"帕尔马斯岛仲裁案"（Island of Palmas Arbitration）的裁决中，仲裁员胡伯（Max Huber）阐述了"时际法"原则。在该案中，胡伯区分了三个时间的法律：法律事实产生时的法律；该事实产生争议时的法律；解决该争议时的法律。他指出，法律事实应根据与其同时代的法律来评断，而不应根据与该事实有关的争议产生或提交解决时的有效法律来进行评断；如果一个特定案件牵涉不同时期存在的不同法律制度，在确定应当适用哪一个法律制度时，必须在权利的创设和权利的存在之间加以区别：创设权利的行为须服从权利产生时有效的法律，权利的存在，亦即权利的继续表现，应当遵循法律的演变所要求的条件。法律不溯及既往，是时际法的精髓。[1] 在国家责任方面，也不应溯及适用国际法。

国际法学说普遍认为，必须根据在被指控的不法行为发生时的有效法律来确定该行为是否违背国际义务或者是否具有非法性。如果一国违背了对其有效的国际义务，该国的责任就因国际不法行为而产生，就不会因后来义务终止而受到影响，不论义务是由于被违背的条约终止还是由于国际法改变而终止。"北喀麦隆案"（Northern Cameroon Case）的判决就说明了国际法的这一原则。在"彩虹勇士号仲裁案"（Rainbow Warrior Arbitration）中，仲裁法庭认为，尽管随着时间的推移，有关的条约义务已经终止，但法国对其早先违背行为应承担的责任仍然

---

[1]《国际仲裁裁决报告》（第 7 卷），1949 年，第 829 页。

存在。[1]

三、不同层次的国际义务

当代国际法制度的基本结构是建立在国家之间主权平等的基础之上的。[2] 国家作为国际社会的主要成员既是国际法的制定者，同时又是国际法的执行者。[3] 350 多年前的《威斯特伐利亚和平协议》（The Peace of Westphalia，1648 年）建立了国际法的经典制度，该制度排他性地以划定了领土并且在理论上平等的主权国家为中心。国家制定国际法，在履行国际法义务的问题上要相互负责。

国际法委员会通过的《国家责任条款》旨在制定国家对国际不法行为所应承担的责任。一国的国家责任来自该国的国际不法行为。如果一国的行为违反了该国承担的国际法义务，该国必须承担国际法上的责任。这是国际法的一条基本原则。国际不法行为到底产生了何种法律关系，对此，过去学者有过不同的意见和解释。以意大利法学家安齐洛蒂（D. Anzilotti）为代表的一种意见是，从违法国和受害国之间的双边关系的角度来看待国际不法行为所引起的后果。在这种关系中，违法国有赔偿的义务，受害国则有要求赔偿的权利，也就是说，一国的不法行为所产生的法律关系主要是双边关系。以奥地利法学家凯尔逊（H. Kelson）为代表的另一种意见则认为，法律秩序是一

---

〔1〕 参见《国际仲裁裁决报告书》（第 20 卷），1990 年第 217 页，第 265~266 页。

〔2〕 ［德］莫斯勒："作为法律共同体的国际社会"，1980 年版，第 1~5 页。转引自周忠海编：《和平、正义与法》，中国国际广播出版社 1993 年版，第 210 页。

〔3〕 ［美］瓦尔："国际法的规范性应趋于相对吗？"，载《美国国际法学报》（第 27 卷）1983 年版，第 420 页，转引自周忠海编：《和平、正义与法》，中国国际广播出版社 1993 年版，第 210 页。

种强制性秩序，因此，主要的法律后果是受害国有权对责任国作出反应，实行强制性"制裁"，赔偿的义务是次要的，责任国可因给予赔偿而避免受到制裁。现在盛行的观点是英国著名法学家劳特派特（H. Lauterpacht）等所持的观点，他们认为，国际不法行为的后果不能只限于赔偿或制裁；在国际法领域，不法行为可能产生各种各样的法律后果，视情况而定。

第二次世界大战结束后，国际社会成员普遍意识到，维持国际社会的和平与安全，制止侵略，在尊重各国主权平等和民族自决的基础上发展他们的友好关系，以国际合作来促进各自经济、社会、文化的繁荣发展，尊重全体人类的人权与基本自由，是他们得以生存和发展的必要条件，符合他们的根本利益，因此，应该成为国际社会的最高宗旨。[1] 为了确保这一最高宗旨的实现，必须在国际法律制度中确立更高层次的基本规范，并使国际社会的全体成员无条件地予以遵守。所以，全球性国际组织联合国的成立，联合国会员国组织章程《联合国宪章》的诞生，1969 年《维也纳条约法公约》中强行法概念的出现，以及 1970 年联合国大会协商一致通过的《国际法原则宣言》，都体现了国际社会成员用法律手段保证国际社会整体利益的努力，为战后以国际社会整体作为出发点的法律规范的确立奠定了重要的基础。

《联合国宪章》（以下简称《宪章》）第 103 条的规定突出地反映了这两种不同层次的法律规范的区别。该条规定："联合国会员国在本宪章下之义务与其依任何其他国际协定所负之义务有冲突时，其在本宪章下之义务应居优先。"因此，联合国会员国相互之间在《宪章》生效以前或以后所缔结的条约如果与

---

〔1〕《联合国宪章》第 1 条。

该宪章的规定相抵触，宪章规定下的义务应居优先地位。不仅如此，由于联合国是维持国际和平和安全的普遍性组织，并且按照《宪章》第 2 条第 6 款的规定，联合国在维持国际和平和安全的必要范围内，应保证非联合国会员国也遵行联合国的一些基本原则。也就是说，这些基本原则也拘束第三国，所以联合国会员国与非会员国所缔结的涉及这些基本原则的条约，不论其缔结在该宪章生效以前或以后，如果与该宪章的规定相抵触，宪章规定下的义务也应居于优先地位。〔1〕目前，联合国会员国的范围几乎包括世界上所有国家，即使个别不是会员国的国家，也因其同意《宪章》所宣示的国际法原则及《宪章》第 2 条第 6 款的原因而受《宪章》的拘束。〔2〕这样，《宪章》的原则对国际社会一切成员都有拘束力。不仅如此，联合国在维护世界和平与安全，促进国际合作等涉及国际社会整体利益方面担负着巨大的责任，发挥着特别重要的作用。这种情况自然使《宪章》的法律地位不能等同于一般的多边条约。第 103 条的规定实际上赋予了《宪章》更高等级的法律地位，具有国际社会宪法的性质。

1969 年《维也纳条约法公约》中有关强行法的规定，则是从条约法的角度阐明了国际法制度中两种不同层次的法律规范。《维也纳条约法公约》第 53 条规定："条约在缔结时与一般国际法强制规律抵触者无效。就适用本公约而言，一般国际法强制规律指国家之国际社会全体接受并公认为不许损抑且仅有以后具有同等性质之一般国际法规律始得更改之规律。"该条款在对强行法作出规定的时候，提出了一个重要的概念，即"国家之

---

〔1〕 李浩培：《条约法概论》，法律出版社 2003 年版，第 263 页。
〔2〕 《宪章》第 2 条第 6 款规定："本组织在维持国际和平及安全之必要范围内，应保证非联合国会员国遵行上述原则。"

国际社会全体"。这表明，国际法律制度中确实存在一类体现国际社会整体利益的规范。由于这类法律规范对整个国际社会的存在和运转具有特殊的重要性，没有它，"所有国际法上的不法行为都可以由于把它提高为一个条约法的内容而上升为正义"，〔1〕其结果也将使国际社会解体。〔2〕因此，各国必须无条件地绝对遵守，不得以缔约的方式排除其适用。显然，按照该条的规定，一般强行法在地位上处于更高的层次，其他法律规则必须予以服从，否则无效。〔3〕按照《维也纳条约法公约》第53条的规定，经国际社会作为整体承认并接受为不得背离的一般强行法规则应是普遍国际法规则，任何国家，包括不是该公约当事国的国家在内，不得以声明或反对来否定其对该国的拘束力。这是这种法律规则本身所固有的性质的当然结果，所以这种规则应当构成条约不能使第三国负担义务的规则的例外。〔4〕也就是说，这种法律规则由于其本身的重要性，要求每一个国家对整个国际社会负担应予遵守的绝对义务，而不仅在缔约国相互间负担应予遵守的相对义务，所以应当对全世界国家有拘束力。〔5〕

　　国际法院在"巴塞罗那牵引案"中朝着这个方向迈出了重要的一步。国际法院在该案中提出了"对一切的义务"（obligation erga omnes）这一概念，并且在嗣后一些案件中（"防止及惩治灭绝种族罪行公约适用案""东帝汶案"等）重申了这一概念。在"巴塞罗那牵引案"中，国际法院表示，就国家责任而言，

---

〔1〕　［德］耶利内克：《国际条约的法律性质》，1880年德文版，第59页。

〔2〕　李浩培：《条约法概论》，法律出版社2003年版，第248页。

〔3〕　引自普罗斯珀·韦尔（Prosper Weil）："国际法的规范应趋于相对吗？"，(1983) 77 AJIL 413 at 425.

〔4〕　李浩培：《条约法概论》，法律出版社2003年版，第249页。

〔5〕　李浩培：《条约法概论》，法律出版社2003年版，第249页。

有些义务是对整个国际社会的义务，"鉴于所涉权利的重要性"，所有国家在保护这些权利方面，均有重要的合法利益。其原文如下："一个国家对'整个国际社会的义务'和它对另一个国家在外交保护方面的义务之间存在着基本区别。就其性质而言，前者是所有国家关心的事情。鉴于所涉权利的重要性，所有国家都被认为对前一种义务的保护具有合法利益。它们是'对一切的义务'。这些义务在现代国际法中，是确认侵略和灭绝种族为非法，以及宣布人的基本权利，包括免受奴役和种族歧视等基本原则和规则。有些相应的保护权利已成为一般国际法的本身。"而在"东帝汶案"中，国际法院强调，"人民的自决权利具有'对一切的义务'的性质。不容否定的是，自决原则是当前国际法的一项基本原则"。在"防止及惩治灭绝种族罪公约的适用案"中，国际法院对该公约的适用问题作出了以下裁定：从公约的宗旨和目的来看，该公约规定的权利和义务是普遍性质的权利和义务。从这些案例可以看出，国际法院多次提出，国家所承担的义务，除双边义务外，还承担对整个国际社会的义务。显然，对整个国际社会的义务应该远远高于对另一国在一个具体问题上的义务。按照詹姆斯·克劳福德的观点，对整个国际社会的义务"实质上是与（根据强制性规范产生的）强制性义务共存的"。

国家责任可能是因违背双边义务或违背对一些国家或整个国际社会所负的义务而产生的。它可能涉及轻微的违背以及最严重的违背一般国际法的强制性规范所规定的义务。违背的严重性和所违背义务的强制性问题，可能对有责任的国家和在某些情况下对其他国家带来的后果有影响。

国际责任范围的扩大在国家责任条款中有所反映。关于责任国承担义务的范围在《国家责任条款》中作了明确的规定。

第 33 条规定：本部分规定的责任国义务可能是对另一国、若干国家或对整个国际社会承担的义务，具体取决于该国际义务的特性和内容及违约的情况。这一规定说明了一国因其国际不法行为而引起的法律后果所涉及的义务范围。例如，如果对海洋的污染巨大并且分布广泛，则可能影响到一个区域的沿岸国以至整个国际社会。而在另一些情况下，它可能只影响单一的邻国。有些严重的违约行为本身就是明显的违法行为，如灭绝种族、危害人类罪行等。在极端的情况下，可能会成为影响国际社会所有社会成员国的严重违法行为。而其他的违法行为则属于一般的违法行为。

四、小结

我们可以得出一个结论，有关国际义务的一个重要思想就是，除了大量的双边义务之外，至少某些义务从范围上讲是全球性的，不能被分割成双边的、国与国之间的关系。这样的义务就被称为对"整个国际社会"所负有的义务。国家要从事各种不同的国际活动，既要遵守国家间约定遵守的规则，又要遵守强制性的国际规则；既要承担双边义务，也要承担多边义务，还有可能承担对整个国际社会的义务。

全球法律多元主义视角下的全球法

王秀梅　2004 级　西北政法大学

　　当今国际法研究的对象早已不仅仅局限于作为国际法主要渊源的国际条约、国际习惯或一般法律原则，在全球化作为一个基本事实和背景的今天，从实践的维度来看，为了解决全球化引发的诸多问题，需要进行全球治理。全球治理的进程中除了上述国家间的正式机制外，还存在一些非正式的机制或安排，存在着很多其他规范和影响国家及其有关机关、国际组织、国际非政府组织、跨国公司、跨国市民社会的软法性规范。这些软法性规范均已成为国际法学者研究的对象，如：跨国商人法何以有效，国际标准的合法性和有效性来源是什么，《巴塞尔协议》的性质究竟如何，跨国公司行动守则为什么得到遵守？之所以如此，是因为不仅是传统的国际法，即国家间制定法规范着这些跨国交往的主体，而且非国家行为体制定的规范在全球治理中也发挥着越来越重要的作用。这些现象不应用实证主义国际法学的观念进行理解，因为按照实证主义国际法学，这些都不是国际法。既然不是国际法，为什么其会产生一定的拘束力，国际法学者纷纷对其进行研究？对此，可以运用全球多元主义的理论进行分析。在全球法律多元化的视野下，上述内容被称为全球法。全球法在西方法学界已经成为一个研究的热点问题。那么全球法究竟指什么，效力如何，其与国际法、跨国法之间有何联系？

一、全球化、全球治理与全球法律多元主义

(一) 全球化与全球治理

尽管对全球化这一人人都耳熟能详的名词仍然没有形成一个普遍接受的确定的内涵，但其根本特征应当是各国经济与社会联系的普遍化与密切融合。[1]全球化已经被普遍接受为当今国际社会的基本特征。全球化的发展呼唤全球治理。全球治理委员会 (Commission on Global Governance) 在《我们的全球友邻》(或译为《天涯成比邻》, Our Global Neighborhood) 的研究报告中对全球治理作了如下的界定：治理是各种公共的或私人的、个人的及机构共同管理其共同事务的诸多方式的总和。它是一个相互冲突的或不同利益得以调和并采取合作行动的持续过程。它既包括那些有权迫使人们服从的正式机构与机制，也包括那些人们和机构已经同意的或认为符合其利益的各种非正式的安排。[2]全球治理意味着国际非政府组织、跨国公司、跨国市民社会等与主权国家、政府间国际组织一起为解决上述跨国问题而努力，成为治理的主体。国际非政府组织、跨国公司、跨国市民社会在参与全球治理的过程中制定了大量的行为规范，这些行为规范的制定或产生与国家间缔结的条约或形成的国际习惯不同，但从实践的维度来看，其得到了良好的遵守，如由于消费者责任运动的压力，从 SA8000 到 ISO26000 这些劳工标准，均在出口导向型的企业被很好地贯彻，而跨政府组织网络制定的规则，如《巴塞尔协议》等也得到了各国银行的遵守。

---

[1] 饶戈平主编：《全球化进程中的国际组织》，北京大学出版社 2005 年版，第 22 页。

[2] Commission on Global Governance, *Our Global Neighborhood*, New York: Oxford University Press, 1995, p. 26.

这些规范与国家间立法一起共同构成当今的国际社会秩序。因此，全球治理必然导致多元化的治理主体，多元化、多层次的规范并存的治理秩序。那么上述规则是不是国际法呢？是不是应该成为国际法的研究对象呢？对此往往众说纷纭。从严格限定的国际法概念来看，其不具有条约、国际习惯和一般法律原则的地位，不是国际法，故往往被称为"国际软法"或"软法性规范"。自从《奥本海国际法》以来，国际法学界受实证主义国际法的影响非常明显，不敢突破实证主义国际法的藩篱，谈及"国际软法"往往不能理直气壮。美国著名国际法学者杰赛普从实践的角度出发提出了"跨国法"理论，对于理解国际社会秩序及其相关规范具有深远影响。其实，一个多世纪前，社会学的成果在法学研究中的重大影响是催生了法律多元主义的原因，放之于全球范围，则出现了全球法律多元主义。全球治理中和国际法研究中的很多现象和困惑，运用全球法律多元主义进行分析时往往能够豁然开朗。

（二）法律多元论和全球法律多元主义

法律多元论又叫法律多元主义（legal pluralism, pluralisme juridique 或 Rechts- vielfalt），是一个与法律中心（一元）主义（或国家主义、集权主义）相对应的一个概念，意味着法律不可能只有一个中心。[1]法律多元论作为一种科学理论起源于 19 世纪末欧洲的反实证主义法哲学，主要针对法律向国家法的化约，尤其反对国家法中心主义。[2]雅克·范德林登（Jacques Vander- linden）认为法律多元是指在一个特殊的社会存在诸多不同的法

---

〔1〕 肖光辉："法律多元与法律多元主义问题探析"，载《学术论坛》2007 年第 4 期。

〔2〕 杨静哲："桑托斯的法律多元论：解读、溯源与批判"，载《清华法治论衡》2012 年第 1 期。

律在同一种情形下适用的状况。胡克（M. B. Hooker）则从殖民统治的角度对法律多元进行了思考，他认为法律多元是指在同一情形下有两个以上的法律相互作用的情况。由此，法律多元现象的研究开始成为法学界研究的前沿问题。格里菲思（J. Griffiths）强调法律多元概念是社会意义上的而不是法律意义上的，并认为法律多元应该从社会学的角度来探讨，而不应该从法、法律或法律系统来研究，强调法律多元与社会多元的相伴而生，而社会多元是法律多元的根源。[1]法律多元主义提出的基点在于人属于或忠于多种多样的团体，并受这些团体制定之规则的约束。这些团体包括非政府组织、宗教组织、商业机构等。而民族国家只是这些团体中的一种，其制定的官方法律固然是法，但其他团体制定的非官方规范也是广义上的法。[2]因此，在论及法律多元问题时，人们往往将国家法、官方法与民间法、习惯法、宗教法相提并论。从有效性来看，国家法或官方因有国家强制力保障实施，但是没有这种强制力作为实施保障的非官方规范，在实践中同样能够得到有效的执行。这正是非官方规范的迷人之处，也是引发学者对其进行研究的重要动因。

法律多元主义体现了社会学和人类学在法学领域的应用，特别是19世纪末20世纪初社会学的建立为法律多元的研究创造了新的发展空间。如韦伯认为："根据我们的一般定义，对一个规范的有效性具有决定性意义的并不在于这个规范的'成功'，而在于某一行动'趋向'于这一规范。法律……只是一套'秩

---

〔1〕 肖光辉："法律多元与法律多元主义问题探析"，载《学术论坛》2007年第4期。

〔2〕 徐崇利："跨政府组织网络与国际经济软法"，载《环球法律评论》2006年第4期。

序'，一套具有某种特定保障措施从而有可能在经验上有效实施的'秩序'……我们断然否认只有当法律强制力系由政治权威保障时，'法律'才会存在。在我们看来，没有任何实际理由采用'国家法律'这一术语。"〔1〕桑托斯则主张法律多元论必须以"法律与国家的相对分离"为前提，要求建立一种更具包容性的法概念。〔2〕20 世纪 90 年代，法律领域的全球化席卷世界，法律全球化与法律多元论之间的复杂关系成为法律多元论的核心议题，学者们不再局限于地方性的、国家法与非国家法的，或者官方法与非官方法的研究，而是以经济全球化、全球司法治理、全球—地方文化互动等多种视角，在地方、国家和全球三个层面对法律多元进行研究，从而形成了一种全球法律多元论的趋势。概言之，全球法律多元主义是全球治理理论在国际法律领域的体现。在此基础上，一些西方法学家提出了全球法的概念。

二、全球法及其主要特征

贡特尔·托依布纳是对全球法律多元主义和全球法概念作出重大贡献的学者。他的理论将法律多元主义与法律中心主义相对应，认为在兼顾法律全球化的基础之上，全球法将主要从社会外缘发展起来，而不是从民族国家和国际体制的政治中心发展起来。〔3〕全球法的产生以全球社会或世界社会的形成为基础，此处全球社会或世界社会即为全球化的社会。法社会学家

---

〔1〕 ［德］马克斯·韦伯：《经济、诸社会领域及权力》，李强译，三联书店 1998 年版，第 410 页。

〔2〕 杨静哲："桑托斯的法律多元论：解读、溯源与批判"，载《清华法治论衡》2012 年第 1 期。

〔3〕 ［德］贡特尔·托依布纳："'全球的布科维纳'：世界社会的法律多元主义"，高鸿钧译，载《清华法治论衡》2007 年第 2 期。

埃利希（Ehrolich）主张："法形成的推动力来自于社会，法是社会团体的内部秩序。"美国法学家哈罗德·伯尔曼（Harold J. Berman）认为："对于新世纪的恰当称谓是正在形成的'世界社会'，与之相应，它赖以实施治理的法只能是'世界法'。"[1]哈贝马斯也将社会演进的历史逻辑归结为从传统社会向现代社会的转变过程，这一过程一方面表现为生活世界的理性化，一方面表现为大型功能系统的形成及其对生活世界的宰制。[2]他认为经济系统的横向扩展势必带来法律系统的横向扩展。故而经济系统的全球化必然伴生法律系统的全球化，法律将突破民族国家格局。

　　一门学科首先要做的事情是确定其研究对象。按照国际法的理论，国家、政府间国际组织、争取解放的民族是国际法的主体，国际法的渊源即这些主体之间交往的有关规范，表现为国际条约、国际习惯和一般法律原则。国际贸易法及其规则历来是国际法的研究对象，但是国际贸易法的很多规则并非来自国际贸易条约和协定，而是现代商人法，对此，用实证主义国际法的原理是很难解释的，而运用"活法"理论予以解释则可迎刃而解。"活法"理论是法社会学家欧根·埃利希提出来的，埃利希的《法社会学原理》一书的核心就在于颠覆国家法概念，建立一种"活法"的概念。所谓活法是指：法律深深地扎根于市民社会的日常生活本身，与政治没有直接关联；一种法律的产生来自于社会自身发展的需要，它是活跃而不断变化着的，而不是僵死不变的。活法理论可以非常有力地解释商人法的产

---

　　〔1〕〔美〕哈罗德·J. 伯尔曼："世界法"，姜峰等译，载《山东大学法律评论》2006年第1期。

　　〔2〕〔德〕哈贝马斯：《在事实与规范之间——关于法律和民主法治国的商谈理论》，童世骏译，生活·读书·新知三联书店2003年版，第21~32页。

生和兴起。"现代商人法"的概念首先是由英国学者施米托夫和南斯拉夫学者哥尔德斯坦（Aleksandar Goldstajin）于 20 世纪50、60 年代提出的，1961 年，施米托夫在其著名的论文《国际商法：新的商人习惯法》一文中提出了"商人法的复兴"的命题。在此之前的一次演讲中，他指出："我们正在开始重新发现商法的国际性，国际法-国内法-国际法这个发展圈子已经完成。各地商法发展的总趋势是摆脱国内法的限制，朝着国际贸易法这个普遍性和国际性的概念发展。"现代商人法是规范现代国际贸易活动的主要规范，是活的法。埃利希的"活法"理论有着强劲的解释力，为托依布纳等现代法学家所赞赏，托依布纳认为埃利希的理论"由于新涌现的全球法，它在经验上和规范上将被证明是正确的"。[1]

自威斯特伐利亚体系确立以来，国际关系以民族国家为中心，民族国家运用权力对国际经济事务实行自上而下的单向度统治，国家间制定法成为确定国家间法律制度的基础和核心，国际法研究以国家间条约、国际习惯及一般法律原则等主要法律渊源为对象。但全球化的发展、全球性问题的产生改变了这一现象，全球化对国际法律规则的创制提出了越来越强烈的需求。然而现行的充满博弈、过程漫长的国际体制和以国家同意为基础的传统国家间立法模式不能满足全球化带来的对国际法规则急剧增长的需求。

与此同时，在跨国交往实践中产生了大量非国家间制定的规范，有效引导和规制着有关交往主体的行为。如跨国贸易的发展催生了现代商人法，国家机构为了解决一系列跨国经济问题形成了跨政府间网络，制定了大量的软法性规范；在全球体

---

〔1〕〔德〕贡特尔·托依布纳："'全球的布科维纳'：世界社会的法律多元主义"，高鸿钧译，载《清华法治论衡》2007 年第 2 期。

育活动领域，形成了全球体育法；国际非政府组织作为全球治理的重要主体，活跃在众多跨国领域，成为跨国规范的供应者。现代生产的发展促进了国际标准化的发展，国际标准化组织、国际电工委员会等制定了可供参考的大量国际标准，被国家和企业所采纳，成为规范企业生产的重要规范；全球市民社会在人权保护的大背景下发起了企业社会责任运动，跨国公司和行业协会制定了众多企业或行业性的社会行动守则，如 SA8000。2001 年非政府人士组成的"干预与国家主权国际委员会"提出了"保护的责任"的概念，受到国际社会和国际法学界的广泛关注，并成为国际法研究中的热点问题。全球法律多元主义准确地把握了全球治理过程中存在的多元治理主体及对国际法规则存在增量需求的现状。多元全球治理主体制定的跨国规范不同于国际法和国家法，但是却在全球治理中发挥着重要作用，从法律多元的角度看其也是法，被称之为"全球法"。

归纳起来，全球法的主要特征表现为：

1. 全球法的"非国家性"

全球法的最基本特点是其"非国家性（stateless）"。全球法明显区别于国家法，因其不是民族国家制定产生；也不是国际法，因其不是国家间签署的条约，不是国际习惯，不是一般法律原则，全球法是由不同国家的个人或组织为追求某些公共目标而形成的。吉登斯认为全球商人法即是在以"相对脱离"国家、官方国际政治和国际公法的条件下进行的。如《巴塞尔协议》是当今关于跨国银行管制的重要文件，我国法学界对其性质曾经争论不休，西方法学界认为其是由各国政府下属管理职能部门构成的跨政府网络，其并非依托非正式的国际组织而建立，其设立一般不是依据条约，而是按照各成员共同达成的若干目标或章程而设立，这些非正式的国际组织没有法人地位，不具有正式国际组织那样的国际法主体资格，其运作的场所和机构简约而灵活，对各成员没有法律约束力，所形成的是一种宽松的合作机制。[1]

2. 全球法制定上的多元主体并存

全球法的一个重要特点是参与制定的主体和所规范的客体的多元化。国际非政府组织、跨国公司、行业协会、跨政府组织网络等非国家主体均为制定全球法的主体。某一领域的全球法规范的制定本身也是多元化的，如国际标准化组织中参与标准制定的包括国际标准化组织、不同国家政府标准化管理部门的代表、有关企业或行业标准化机构。因此，有学者指出全球或国际层面的多元主义关注法律秩序的若干方面：法律制度进程的参与者、法律的来源、法律实体间互相的数量。也就是说，全球法律多元主义不只是提游戏规则，而是包括游戏的参与者在内，都构成了游戏本身。因而，全球法律多元主义准确地把握了全球治理过程中存在的多元治理主体的现状。[2]

3. 全球法规范的功能性和专业性

研究全球治理理论的英国著名学者麦克格鲁（Tony McGrew）曾指出："在全球性风险社会中，社会生活的各方面开始受到专家的控制，这样一来，全球治理的许多常规领域以及某些最关键领域，就成了职业性的或专家委员会即知识共同体的专有领域。"[3]实际上全球治理本身即有明显功能主义，全球法的一个

---

〔1〕 徐崇利："跨政府组织网络与国际经济软法"，载《环球法律评论》2006年第4期。

〔2〕 王明国："国际制度理论研究新转向与国际法学的贡献"，载《国际政治研究》2013年第3期。

〔3〕 ［英］雷纳特·梅因茨："统治失效与治理能力问题：对一个理论范式的评价"，载俞可平主编：《治理与善治》，社会科学文献出版社2000年版，第208～210页。

重要特点即为其专业性和功能性，制定全球法规则的也多为本领域的专家。例如国际商会制定的是全球商人法，众多国际体育组织制定的是全球体育法，国际标准化组织（ISO）制定的主要是各种国际标准如技术标准、质量标准、环境标准等，国际电工委员会（IEC）和国际电信联盟（ITU）制定的标准更是局限于各自的专业领域内。再如银行监管巴塞尔委员会、证券委员会国际组织和国际保险监督协会以及国际会计准则委员会等跨政府网络制定的规范多具有功能性、专业性的特点。徐崇利教授认为这种治理方式适合于处理那些事务性强的全球经济问题，这恰恰是传统的政府间经济组织及国际经济条约所无法取代的。相应地，贡特尔·托依布纳认为新的世界活法不再受到传统资源的滋养，而是源于高度技术化的、专门化的通常是组织化并且狭窄限定的全球网络持续的自我繁衍。这种网络是经济、文化、学术或技术性的。"全球法"是在自组织化过程中生成的，是法律与日趋高度专业化的全球化过程的"结构性藕合"。[1]

4. 全球法的自治性突出

全球法规范的主体为自身、所在行业或所涉领域而制定，即参与制定的主体往往也是被规范的主体。因此，全球法的自治性特征极为突出。以国际商会为例，国际商会自成立以来一直致力各国贸易法的统一，以消除由于法律冲突与差异造成的国际贸易障碍，并先后制定了在国际贸易术语、国际支付结算、国际贸易担保、国际电子商务、国际商事仲裁等领域所形成的各种国际惯例及示范法，如《国际贸易术语解释通则》《跟单信用证统一惯例》《托收统一规则》《担保统一规则》、国际商事仲裁规则以及国际通行的实体与程序国际惯例等，这些惯

---

〔1〕〔德〕贡特尔·托依布纳："'全球的布科维纳'：世界社会的法律多元主义"，高鸿钧译，载《清华法治论衡》2007年第2期。

例已为国际贸易当事人所广泛认可和采纳，并为许多国家所认可。其所规定的建立在私法上的契约自由、冲突法上的当事人意思自治和国际商事仲裁的自治性基础上的国际商事惯例及示范法又被称为现代商人法，在国际商事交往中得到了广泛的遵守。再如，全球体育法已经成为一个重要的法律部门，体育法的自治性非常明显。随着全球体育活动和体育组织的发展，在国际体育组织或国际性体育机构如国际奥委会、国际体育联合会、世界反兴奋剂机构、国际体育仲裁院（CAS, the Court of Arbitration for Sports）等国际体育组织的推动下，形成了全球体育法。全球体育活动中，CAS 的裁决一般都得到了各国良好的执行，这是因为体育自治的传统习惯一般得到国家的默认，再加之奥林匹克宪章和其他国际体育组织章程对各国的相关规定，使得 CAS 的活动和裁决得到了广泛的认可。[1]

5. 全球法规范的性质之"软"与效果之"硬"

全球法规范不是条约，也不是习惯，其在性质上是软法性规范，但是其在实践中却得到了良好的履行，从实施效果上看具有"硬"的特点。原因是什么？多元化的全球软法规范具有"硬"效果的原因也是不同的、多元化的。SA8000 和 ISO26000 之所以得到遵守是由于市场压力：对供应商而言，上游企业的订单要求，社会责任验厂和认证是拿到订单的前提，而上游企业则面临的是消费者的压力，消费者愿意用相对较高的价格喝一杯"社会责任咖啡"，买一件"社会责任衣服"或一双"社会责任鞋子"。对三大标准化组织，国际标准化组织（ISO）、国际电工委员会（IEC）和国际电信联盟（ITU）而言，其制定的标准的专业性、先进性、可适用性是其得以被采纳、实施的原因。

---

〔1〕 姜熙、谭小勇："'Lex Sportiva'初论"，载《天津体育学院学报》2012年第 4 期。

6. 全球法并非"没有国家的法"

有人认为全球法无需国家授权，它不以国家为中心，而是依靠私人秩序本身（契约）产生。这种新型法律秩序不依赖于国家权威，不依赖于国家的法律秩序，被称为一种"无国家法"。所以，有学者预测"全球法"将成为继国家法、国际法之后的第三类法秩序。更有学者断言，在当今全球化的场景下，"主权国家的权威已同时遭到了来自全球法'自上而下'的和来自地方规则'自下而上'的双重挑战，并逐渐沦为一个相对边缘化的角色"。〔1〕美国国际法学会前任会长斯劳特教授认为跨政府组织网络正迅速地成为当今范围最广，也是最有效的一种国际治理模式，认为跨政府组织网络可形成一种无需国际法的国际秩序。〔2〕那么，全球法真的可以离开国家法和国际法独立存在吗？

全球法以全球化和全球治理为基础，但是，全球治理不是没有政府和国家的治理。对此，美国著名的新现实主义国际关系理论学者吉尔平曾指出："任何解决治理问题的努力，都必须认识到这仍然是一个国家、权力和国家利益起主导作用的世界；即使在高度一体化的全球经济中，国家仍然在运用自身的权力，推行将经济力量纳入到对其自身的国家利益与国民利益有利的轨道中去的政策。国家的经济利益既包括从国际经济活动的所得中收获一份公平的甚至是略多的份额，也包括保持国家的独立自主性。"〔3〕而法律多元主义也绝非抛弃和无视国家法，从法理学上看，法律多元主义者虽认同非由国家制定的软法也可成

---

〔1〕［美］Ugo Mattei，［意］Marco de Morpurgo："全球法与掠夺：法治的阴暗面"，刘光华译，载《兰州大学学报（社会科学报）》2010年第3期。

〔2〕 Anne-Marie Slaughter, "Sovereignty and Power in a Networked World Orde", *Stanford Journal of International Law*, Vol. 40, 2004, p. 315.

〔3〕［美］罗伯特·吉尔平："国际治理的现实主义视角"，曹荣湘译，载《马克思主义与现实》2003年第5期。

为法，但他们同时承认国家制定的硬法构成现代法律秩序的中心，而非由国家制定的软法只是非正式的、边缘性的法律，即国家的法律体系是多元法律体系中最重要的一个。[1]

前述斯劳特及其支持者关于跨政府组织网络的观点即遭到了一些比较保守的学者的强烈质疑，他们认为跨政府组织网络只是存在于有限技术性领域的附带现象，它的出现不可能威胁到传统正规的国际条约和政府间组织在国际合作中的中心地位。有人说全球治理是没有政府的治理，其所指的是在某个层面以非国家行为体为治理主体，以非政府组织制定的有关规则作为治理的主要规范。但是放眼当今世界，林立的主权国家是当今国际社会的基本结构。以国际贸易为例，国际贸易的基本法律框架是《WTO 协定》，在此基础上进行具体交易时才适用新商人法；ISO 和 IEC、ITU 制定的标准是没有强制拘束力的，供主权国家参考并纳入国内法，若不能纳入国内法或者被援引，则其仅有参考价值。一言以蔽之，讨论全球法必须正视国际社会由主权国家组成这一基本现实。实际上保守的全球治理理论也强调应扩大非国家行为体对全球事务治理的参与权，但认为国家在治理机制中的中心地位始终无可替代。实际上其主张的仍是有政府的治理，亦即：全球治理机制深嵌在国家权力结构和利益分配格局之中，国家在其中处于中枢的地位，它不但赋予其他治理主体的形态，而且提供合法性基础并确保它们的责任性。同时，在权力多元的全球治理体系中，也需要公共权力作为中介，通过这种中介控制多元群体和多种标准的彼此之间的积极冲突和消极冲突，实现不同治理机制的兼容性，以及使各

---

[1] [英] 桑托斯："法律：一张误读的地图——走向后现代法律观"，朱景文、南溪译，载朱景文主编：《当代西方后现代法学》，法律出版社 2002 年版，第 91 页。

个层次的治理力量被缝合成一个相对完整的体系。

三、全球法与国际法、跨国法的关系

全球法并非一个统一的体系，其庞大而芜杂。正如 Ugo Mattei 和 Marco de Morpurgo 所言："我们此处所标识的'全球法'，并非指经由一个精心设计的法律和政治程序而获得合法性的、单一和连贯的法律体系；相反，它是指一个国际和跨国的法律文件与程序——非民主的制度设置、权力或强权关系以及种族中心主义的智识态度等——形成的混合体。这个混合体钳制着全球层面和（作为其结果的）地方层面（local level）公共与私人部门所实行的全部分类规则。"[1]

全球法发源于社会外缘，显然不同于国家法，也不同于国际法，全球法也不同于跨国法。跨国法由于美国学者杰赛普已经对其定义而有着特定的含义。20 世纪 50 年代杰塞普对跨国法下过这样的定义，即跨国法是"所有调整超越一国国界的活动或事件的法律，不仅包括国际公法和国际私法，而且包括不完全属于这些标准类别的其他规则。而跨国情形可能涉及个人、公司、国家、国家间组织和其他团体，而且还可推知日后将出现无数种类之跨国情形。"[2]因此，杰赛普所指的跨国法既包括国际公法也包括国际私法，以及其他规制各种非国家主体跨国交往的规范，后者即我们通常所说的跨国软法，用全球法律多元化的视角来看即全球法。

近几十年来，国际法学界注重从跨国法的角度进行研究，如，徐崇利教授认为依托跨国法思路解决跨国层面法律问题之

---

〔1〕 ［美］Ugo Mattei，［意］Marco de Morpurgo："全球法与掠夺：法治的阴暗面"，刘光华译，载《兰州大学学报（社会科学版）》2010 年第 3 期。

〔2〕 ［美］P. Jessup, *International Law*, Yale University Press, 1956, pp. 2~3.

探索凸显出了一定的理论价值。为此，有国内学者从学理上重申了杰塞普式的跨国法内涵，认为其是调整跨国社会关系各种国内法规范和国际法规范的总和，是一种有别于传统国际法的可行的第三条道路。[1]跨国法在结构特征上不属于典型的法律体系，缺乏明晰的结构特征，更类似于全球治理理论所描述的规则集合。跨国一词强调从国际和国内的综合角度出发研究超出一国的社会现象，这种以问题为中心的理论建构思路是近年国际法学发展的一个重要趋势，符合跨国社会问题的复杂性特征。跨国法在概念上省略了传统国际法定义中对主体特征的强调，这表明其主体不但可以涵盖主权国家，还包括超国家、国际、次国家和民间等各种层次，此种主体多元性恰好符合世界范围内市民社会兴起及其与国际立法互动的趋向。[2]

因此，可以这么说，跨国法路径是调整跨国社会关系的国内法规范和国际法规范的总和，而全球法只是其中不涉及国际法、国内法的跨国社会关系中的跨国软法部分。"跨国软法"是传统法律实证主义的国际法观念下的产物，全球法则是全球法律多元化视野下对其进行的重新认知。全球法虽然具有"非国家性"的特征，但是不能脱离国家法和国际法而独立存在。全球法律多元主义视野下的全球法的概念承认了在多元主体的全球治理中，全球法是法的一个部分或一个层次。然而在国家依然居于全球体系核心的当今世界，国家法和国际法依然在多元法律体系中位居核心地位。发源于跨国社会边缘的全球法尽管有"全球"二字冠于其前，但并未改变其非中心性和外围性的特征。

---

[1] 原凯："全球化语境中的跨国社会立法刍议"，载《国际经济法学刊》2008年第4期。

[2] 徐崇利："经济全球化与国际法中'社会立法'的勃兴"，载《中国法学》2004年第1期。

《安排》法律效力之根据探析

张榆青　2004 级　北京矿业学院

国际法效力之根据，即国际法为什么对国家有拘束的效力，是国际法学中的一个基本的理论问题。格老秀斯及其先驱者以及后来的早期国际法学者都在他们的著作中讨论过这个问题。[1] 现在这个问题再次摆在了国际法学者的面前。《关于官方支持的出口信贷的安排》（以下简称《安排》）[2] 原本只是经济合作与发展组织（以下简称 OECD）下各参加者就官方出口信贷问题在道义上所做的一些承诺，并不具有法律的拘束力，即各参加者对其并无必须信守之义务，但无论是 OECD 的参加者还是非参加者，却都能够在实践中广泛而持久地对其予以信守。有些区域（如欧盟）或国家（如美国）还欣然地将《安排》纳入到本区域或本国的出口信贷规则体系之中。这意味着原本不具有法律拘束力的《安排》，因为参加者甚至非参加者的持续信守而事实上具有了法律的拘束力。那么，《安排》的参加者甚至非参加者为什么会信守这样一个国际协议呢？或者说，《安排》根据什么而对各参加者和非参加者具有法律的拘束力呢？也即究竟是什么赋予了《安排》以法律的效力呢？尽管有人从国家利

---

〔1〕　王铁崖：《国际法引论》，北京大学出版社 1998 年版，第 25 页。

〔2〕　它是经济合作与发展组织（OECD）为协调和规制各国政府支持的出口信贷而制定的一个一揽子协议。该一揽子协议由 1 个主协议和 8 个附件组成。参见经合组织网站：http://www.Oecd.Org/dataoccd/52/3/2763846.pdf.

益和规则关联性方面寻找答案，但笔者认为《安排》自身所拥有的渐进的改革进程、独特的运作程序和松散的渊源形式等特性，才是《安排》法律效力之基本根据。

一、国家利益说

第二次世界大战后兴起的法律现实主义和法律理性主义两种思潮，都从国家利益的角度来解释《安排》的效力根据。法律现实主义认为，在一个无序的世界中，各国是依其自身的利益行事的。国家行为是强权政治的衍生物。强国可以依其自身利益单方面地决定自己的行为，而弱国则必须根据自己与强国之间的关系来追求自身的利益。因此，国际法根本就不是法，它只不过是国家权力、国家利益、国家偏好的一种精明而"朝生暮死"的反应罢了。对国际法的信守也根本就不是什么信守，而只不过是出于对赤裸裸的国家利益和所谓国际"丛林规则"的考虑罢了。[1]法律理性主义认为，国家是追逐自身利益的单方面的理性行为者，由权力驱动的利己主义是国家行为的唯一决定因素。国际协调与合作以及国际法制度的建立，完全源自于国家自我利益的理性行为。《安排》的形成就是国家出于维护自身利益的理性行为的结果：1973 年的石油危机对西方国家的经济产生了巨大冲击，引起了西方发达国家通过政府补贴来支持本国商品出口的激烈竞争。但政府补贴的巨大开支却又加剧了这些国家的财政负担，从而进一步加剧了经济危机。在此情况下，西方发达国家出于维护国家利益的需要开始了国际协调与合作，并最终形成了规制政府补贴行为的《安排》。

"现实主义法理学运动最主要的特点是它的代表人物倾向于

---

〔1〕 Hans J. Morgenthau, *Politics Among Nations The Struggle For Power and Peace*, 5th ed., 1978.

把法律的规范性因素或规定性成分降到最低的限度"，[1]因而它几乎没有为与国际法有关的法律制度和基本问题留下什么存在和发展的空间。法律理性主义虽然发现了国际合作与国际法制度在维护国家利益方面不可或缺的作用，但它仍然没有摆脱法律现实主义的窠臼：它依旧视国际法为一块幕布，认为国际法是随着国家利益的产生和消失而被动地开张闭合的。尽管法律理性主义正确地指出了参加者对《安排》的最初承诺之动因，但它关于参加者后来之所以能够持续地信守《安排》的解释则是不能令人信服的。因为在 1973 年至 1977 年间，除了英国以外，所有国家的政府补贴实际上都已降低到了 1973 年以前的水平，甚至降低到了比 1973 年以前更低的水平。如果国际合作是为了消除政府补贴引起的国家之财政负担，那么在 1973 年至 1977 年间政府补贴已经大大降低的情况下，国际合作就应当自动停止，但实际情况是国际合作并未因政府补贴的降低而停止，反而随着 1976 年共识的达成和 1978 年《安排》的诞生而不断加深。就国际合作而言，法律理性主义对其应采取的形式也没有提供任何指导，它没有、也不可能预见到：为了确保各参加者能够诚信地保持无补贴状况，采用非正式的、无约束力的《安排》这种形式确是一个切实可行的办法。

法律现实主义和法律理性主义都以国家利益为中心，指出各参加者和非参加者信守《安排》只不过是出于追求国家利益目的之考虑。但这种"国家利益说"是经不起实践检验的，因为如果说信守某一国际协议是出于国家利益之考虑，那么基于国家利益也可以背离甚至退出某一国际协议。实践中基于国家利益之考虑而背离或退出国际协议的情况并不少见。因此，法

---

〔1〕 ［美］E. 博登海默：《法理学——法律哲学与法律方法》，邓正来译，中国政法大学出版社 1999 年版，第 153 页。

律现实主义和法律理性主义的"国家利益说"并不能为《安排》的效力之根据提供强有力的解释。

二、规则关联说

规则关联说认为，法律规则像一件松散织成的针织衫，没有哪个领域的法律规则是能够孤立存在的。每一领域的法律规则都是与其他领域的法律规则相互交织在一起的。任何一条松散或织错的线都会使相互交织而形成的规则体系的效力弱化，甚至会导致规则体系的全面崩溃。对任何国家或个人而言，对某一领域法律规则的信守必然会触及对其他领域法律规则的信守；相反，对某一领域法律规则的背离也必然会触及对其他领域法律规则的背离。

根据规则关联说，《安排》与其他法律规则的相互联系可分为水平层面的联系和垂直层面的联系两类：

从水平层面看，《安排》与世界贸易组织、世界银行、国际货币基金组织、伯尔尼联盟以及联合国等国际机构所制定的法律规则相联系。例如，WTO 的《反补贴协议》将《安排》纳入到 WTO 的法律体系之中，并为《安排》注入了 WTO 的处罚机制。依据《补贴与反补贴措施协议》（简称《反补贴协议》），政府或政府控制或授权的机构给予的利率低于实际资金成本的出口信贷，为禁止性的出口补贴，但如果该利率符合《安排》所规定的利率水平，则不能被视为出口补贴，或者不能被视为违反《反补贴协议》。这表明任何背离《安排》的行为都将会导致《安排》的参加者所提供的出口信贷计划与 WTO 的《反补贴协议》相冲突，从而使《安排》的参加者招致 WTO 的处罚。再例如，《安排》借鉴了联合国与世界银行对国家进行分类的方法，以此来确定挂钩援助的适格国家和偿还期限的计算；《安排》的参加者将伯尔尼联盟关于"信贷起始点"的法律定义纳入《安排》；国际货币基金中有关特别提款权的计算方法，成为《安排》用来计算挂钩援助特许权的不可或缺的方法。正是国际协议间的相互借鉴使得《安排》这一"软法"获取了"硬法"的特性。

从垂直层面看，《安排》与区域国际法（如欧盟法）或国内法（如美国法）相联系。欧共体于 1978 年，即几乎是在《安排》生效的同时，就已将《安排》的全部内容纳入欧共体的法律体系之中。从此，《安排》以欧洲委员会"决定"的形式，对欧盟所有成员国具有了直接的法律拘束力。欧盟对《安排》的硬化，极大地影响了欧盟非成员国对《安排》的信守倾向。的确，在成为欧盟成员国之前，那些申请加入欧盟的国家必须明确表明它们能够毫不迟疑地"遵守构成欧盟法律的那些共同规则、标准和政策"的态度。这意味着对《安排》的信守是一国成为欧盟成员国的前提条件。虽然美国不像欧盟那样将《安排》予以全盘吸纳，但美国国会也已将《安排》中的许多内容，特别是《安排》所体现的基本原则和精神纳入《美国进出口银行法》。例如，《美国进出口银行法》采用《安排》所规定的85%的界限，即美国进出口银行只能对一项中期出口合同总价值的 85%进行保险或担保。《美国进出口银行法》还规定，美国进出口银行提供的挂钩援助必须"与《安排》确立的程序相一致"，美国进出口银行提供的直接贷款必须"符合《安排》所规定"的利率水平。更有趣的是，美国国会还明确授权美国进出口银行在对方背离《安排》时也可以背离《安排》。上述情况表明美国国会希望美国进出口银行能够始终受到一个强有力的、无所不包的协议——《安排》所约束。

规则的关联性意味着对《安排》的背离就等于对有关国际

机构所制定的规则的背离，对《安排》的违反就等于对某一区域性国际法或某一国内法的违反。在此情况下，规则的关联性特质就将对无法律拘束力的《安排》之信守问题转化为一个对有关国际机构制定的规则或某一区域性国际法或某一国内法之信守问题。换句话说，规则的关联性特质将《安排》从一个无法律拘束力的"君子协议"——"软法"转化为一个具有强制性后果的法律规则——"硬法"。依此推论，《安排》的效力源自于与《安排》相关联的其他法律规则，或者源自于《安排》由"软法"变为"硬法"。不可否认，"硬法"强制性的逼迫力和制裁性的威慑力的确为参加者在后来信守《安排》方面提供了保障，但这绝非参加者尤其是非参加者信守《安排》的决定因素：首先，《安排》被硬化之前就有很多国家信守。这说明《安排》的硬化与对《安排》的信守二者之间并不存在必然的因果关系。其次，对《安排》的信守率并没有因为WTO的《反补贴协议》将《安排》变为"硬法"，并赋予某一类由官方支持的出口信贷以"安全港"的地位而显著增加。也就是说，《安排》被硬化之后，信守《安排》的比率仍基本上保持在《安排》被硬化之前的水平。再次，欧盟成员国和非成员国对《安排》的信守率并没有因为《安排》被转化为欧盟法而显示出任何重大的差异。最后，不管《安排》是以"软法"的形式存在，还是以美国国内法的形式存在，美国进出口银行都能一视同仁、始终如一地予以信守。上述分析表明，"规则关联说"关于《安排》效力之根据的解释也不能令人满意。

三、自身特性说

"国家利益说"和"规则关联说"关于《安排》效力之根据的解释都是不够充分的。唯物辩证法认为，外因是事物发展变化的条件，内因是事物发展变化的根据。外因只有通过内因才能发挥作用。因此，《安排》效力之根据还需到《安排》自身去寻找。纵观《安排》发展的历史，人们不难发现，《安排》渐进的改革进程、独特的运作程序以及松散的渊源形式等自身特性，才是《安排》效力之真正源泉。

1. 渐进的改革进程

《安排》在以前被人们称为"共识"。"共识"这个名称或许更能反映《安排》的本质。在每一历史阶段，以某一专门议题为中心，《安排》都表现为一个通过谈判而达成的"共识"。对于已达成共识的议题，参加者会将其制定为行为规则；对于未达成共识的议题即"冰冻区"，参加者会将其放进"未来工作"的列表中，留待日后达成共识并纳入《安排》。[1]

在"共识"驱动下，《安排》的改革进程只能是渐进主义的。以"最低基准保费"规则的改革为例：1997 年参加者就将内罗毕一揽子协议——《关于设定保险费及其相关条件的指导原则》正式纳入《安排》，但该协议却直到 1999 年才开始正式付诸实施。这意味着《安排》的参加者谨慎地为最低基准保费的实施设置了一个过渡期。内罗毕一揽子协议通过采用一般原则和七类国家分类的方法，为《安排》的各参加者提出了一个设定保险费的标准。[2] 此外，参加者还赋予了《安排》新加入者更缓慢地逐步实施《安排》有关最低基准保费规则的权利。例如，韩国收取最低基准保费的比率，自 1999 年 4 月 1 日起为 40%，自 2000 年 4 月 1 日起为 60%，自 2001 年 4 月 1 日起为

---

〔1〕 The Arrangement on Guidelines for Officially Supported Export Credits：arts，pp. 85~88.

〔2〕 Pierre Knaepen，"The 'Knaepen Package'：Toward Convergence in Pricing Risk"，*in the Export Credit Arrangement*.

80%，自 2002 年 4 月 1 日起为 100%。内罗毕一揽子协议详细精确的概念、缓慢渐次的实施过程以及前瞻性的修正主义，是《安排》渐进而富有成效的改革的一个例证。《安排》的参加者们相信，一个在今天运转良好的《安排》，或许会在日后随着经济和政治情况的变化而运转不灵。但是，这种不完善或运转不灵将会通过对《安排》的渐进改革而逐步完善。由"共识"驱动的渐进主义改革进程必将使《安排》始终保持着一种有活力的、不断发展的态势，而这种动态性为各参加者逐步地接受和适应《安排》提供了较大的弹性。[1]

《安排》的改革是稳妥谨慎、循序渐进、迂回曲折的，因而其条文内容必然是清楚而明确的。众所周知，如果一个国际协议的条文内容非常明确，被约束者就不必去猜测其含义且不必因其含义模糊不清而展开争论，那么，该国际协议必将逐渐获得参加者的信守。《安排》就是这样一个国际协议。例如，《安排》原本可以规定参加者应在市场定向的比率基础上来提供出口信贷，但《安排》却创设了一个"商业参考利率"的概念，并把这一概念与某国政府提供的信贷担保密切联系在一起，从而几乎没有给参加者留下任何空间来声称："这是我能估计到的最好的反映市场情况的利率"。再例如，《安排》本来可以规定10 年的最长还款期限，但《安排》却明确地把还款期限与"信贷起始点"联系在一起，并赋予"信贷起始点"概念以精确的定义。《安排》条文内容的明确性，剥去了参加者实施恶意行为时经常利用的伪装外衣——条文内容模糊不清，为各参加者持续地信守《安排》开辟了道路。

2. 独特的运作程序

---

〔1〕 Edith Brown Weiss，"Conclusions：Understanding Compliance with Soft Law"，*in Commitment and Compliance*，DinahShelton ed. ，2000.

《安排》建立的一套通知、信息交换和项目审查制度，强化了《安排》运作程序的透明度。精细的通知程序是《安排》的核心。能够启动通知程序的事项通常包括：作出贬损《安排》的决定；从事"经允诺的例外"行为；设定商业参考利率；签署任何类型的援助协议或信贷额度，等等。《安排》也十分注重信息交换和项目审查程序。《安排》不仅要求参加者对最低基准保费、贬损《安排》的行为等特定事项进行定期的信息交换，而且要求参加者对基本出口信贷、挂钩援助项目以及商业参考利率等事项之有效性进行定期审查。运作程序的透明化在《安排》的参加者之间打开了一个能够观察到彼此行为是否合法的窗口，从而加强了参加者彼此间的相互信任与合作。而参加者对《安排》持续的信守，正依靠的是他们彼此间的相互信任与合作。透明化的运作程序还使《安排》的不完善之处通过信息交换而被解释清楚，从而将背离《安排》的行为之关注点放在《安排》本身存在的问题上，而非放在参加者对《安排》的不信守行为上。这些无疑使《安排》从被"信守"这个独特而动态的视角提高了自身的价值，也使《安排》的参加者对《安排》表现出一种无比忠贞、赞赏乃至敬畏的精神和态度。

由于《安排》考虑到参加者信守行为的动态性，所以它对参加者不信守《安排》的行为表现出了极大的宽容。尽管《安排》中包含有参加者不贬损《安排》的诺言，但它同时清楚地认识到参加者在现实中不会总是信守《安排》的。因此，《安排》将贬损《安排》的行为制度化，即参加者可以通过合法的方式来背离《安排》。这就抛弃了在信守《安排》的问题上"要么接受、要么离开"的简单态度，因为这种简单态度可能会导致参加者集体从《安排》中撤出的严重后果。通知和匹配程序是贬损行为制度化的典型例证。依据该程序，如果某一参加者欲做出一项贬损《安排》的单方面决定，如提供的利率低于正常商业参考利率，那么，该参加者必须预先将这一贬损行为通知其他参加者，并为其他参加者回应这种贬损行为或者做出与这种贬损行为相匹配的行为提供充分的机会。如果某一参加者欲对该贬损行为做出一项单方面的匹配决定，那么，该参加者亦应及时将其作出匹配决定的意图通知所有参加者，并为所有参加者对该匹配行为进行匹配提供充分的机会。[1] 贬损行为制度化的意义在于：只要参加者遵从了通知和匹配程序，那么背离《安排》的行为就被认定为符合《安排》的行为，因而现实中不信守《安排》的情况是罕见的。

尽管《安排》要求参加者开展对话与交流，但它也认识到在某些方面并不需要参加者进行迟缓而缺乏效率的信息交换，调整机制只要适应市场的力量自动地变化就足够了。例如，在对国家的再分类程序方面，《安排》对列入世界银行"毕业名单"的第一类国家和未列入的第二类国家依次描绘了自动的再分类程序，这种自动的国家再分类程序为最长还款期限的确定提供了重要依据。在最低利率的确定方面，《安排》专门为低利率参加者创设了一个"自动调整机制"，即为了及时反映各国出口信贷担保利率的变动情况，商业参考利率水平不再像从前那样通过召集会议的形式人为地预先设定，而是根据变化多端的市场信息以每月为单元自动调整。利率调整机制的自动性不仅使《安排》具有了一种表现市场特点的新视角，也使《安排》为了达到其成功实施之目的而具备了依赖自身功能去适应个别参加者的市场环境的能力。在挂钩援助的提供方面，《安排》规定参加者只能在有限制的条件下提供挂钩援助，包括提供最低

---

[1] 匹配机制实际上是一种"报复"机制，不仅适用于参加者，也适用于非参加者。

特许权。提供特许权之水平与年度商业参考利率的平均水平相联系。由于商业参考利率是随着市场的变动而自动变化的，因而提供特许权之水平亦相应地随着市场的变动而自动变化。自动的调整机制保持了《安排》自身的活力，吸引着各参加者对《安排》持续的法律信守。

3. 松散的渊源形式

《安排》摒弃了国际条约的渊源形式，因而它没有正式的加入和退出程序，参加者只要遵循设计精密的通知程序、取得任何绅士的谅解，就可以随意地加入或退出。《安排》也没有正式的投票或修改程序，参加者就有关专门议题的谈判只要达成共识就可作出决定。对于偏离《安排》的行为，《安排》也没有正式的争端解决机制和正式的国际制裁措施。《安排》亦不属于国际习惯的渊源形式。因为虽然《安排》的产生和发展是以官方出口信贷机构的现存实践为条件的，但《安排》却不是以源自法律义务的形式和实践而出现的。确切地说，《安排》是一个"君子协议"，具有"软法"的性质。"君子协议"在人们的头脑中，往往展现的是一个"握手"的形象，而"软法"则意味着《安排》不具有法律上的约束力。[1]与国际条约和国际习惯的渊源形式相比，"君子协议"这种"软法"形式具有更大的松散性或灵活性，其效力源自于参加者的信誉和在他人注视下的压力。正因为如此，为了强调不信守《安排》的行为给名誉上所带来的冲击，《安排》的参加者们表现出了一副像在同一"俱乐部"里的那种态度，对《安排》使用了"君子协议"这样一个修辞性的词汇。"君子协议"这种"软法"形式是一类正在形成中的新的国际法渊源。

---

〔1〕 Naomi Roht-Arriaza, "'Soft Law' in a 'Hybrid' Organization: The International Organization for Standardization", *in Commitment and Compliance.*

　　《安排》松散的渊源形式降低了参加者对《安排》作出承诺的障碍，因为"软法"这种形式能够使参加者在日后违背承诺时，将他们在名誉或法律上所付出的代价控制在一定的范围之内。《安排》松散的渊源形式也赋予了参加者革新《安排》的自由权。试想：如果参加者尤其是高利率参加者感到将永久地被《安排》所束缚，那么他们就可能拒绝信守《安排》；如果参加者感到《安排》是一个必须信守的"硬法"，那么他们就可能远离《安排》。正是《安排》松散的渊源形式，放松和减少了承诺在程序和实体上的严格性、复杂性。参加者做出承诺既不需要经过国内立法机关冗长的批准程序，也不会造成因国家可能提出保留而结成一张不对称的法律义务网。更值得关注的是，人们对《安排》"是否是法律"的这种模糊感觉"诱骗"了《安排》的一些非参加者通过一种摇摆不定的会员身份来达到信守《安排》的目的。由于《安排》是邀请非参加者通过"信守"而非"批准"的方式加入《安排》的，因而"信守"是非参加者成为《安排》之成员的一条路径。松散的"软法"形式则满足了非参加者欲成为一个享有声望的团体——《安排》的成员之愿望。对于非参加者来说，信守《安排》意味着他们能够并且将与作为工业化巨人的参加者出现在同一水平的竞技场上。[1]

　　关于《安排》自身特性的以上论述并无意表明《安排》是完美无缺的。实际上，渐进的改革进程也存在着一些缺点。例如，它会延迟一些重要目标的达成。如前面提到的为了排除所有的利率补贴，《安排》曾经历了 16 年之久的谈判时间。渐进

---

　　〔1〕　Janet Koven Levit, "The Dynamics Of International Trade Finance Regulation: The Arrangement On Officially Supported Export Credits", *Harvard. International Law Journal*, 2004.

主义还对《安排》所讨论的事项作了种种限制。如农产品出口信贷就明确地被排除在《安排》的适用范围之外。此外，许多重要议题如"官方支持"和"市场窗口操作"的定义，仍然被留置于《安排》的"未来工作"列表中。[1]条文内容的明确性也会产生一些漏洞。比如，一些国家的出口信贷机构经常利用《安排》未作规定的事项而活动于《安排》的边缘，逃避《安排》的拘束。上述现象已引起了国际社会对《安排》持续效力的极大关注。因此，对于参加者来说，今后一个更有意义的实践是要加快填补《安排》的种种漏洞。但应强调的是，在寻找填补漏洞的方法时，不要因为《安排》暂时允许各种漏洞的存在就否认其所具有的法律效力，而是要坚信在《安排》的内部一定能够找到适当的方法来填补这种漏洞。这恰从反面证明，《安排》所具有的种种自身特征是《安排》效力来源之基本根据。

四、结论

全球化时代，国际法律体系与制度的迅速发展令人瞩目。人们再也不能用传统国际法学之理念来审视不断涌现、丰富多样的国际法律之现实问题。原本不具有法律拘束力的《安排》，因为参加者甚至非参加者的持续信守而事实上具有了法律的拘束力。正如法国学者雅克·德·拉朱吉撰文写道：尽管《安排》是一个"软法律"，但它已经产生了"硬结果"。[2]这种成功应归功于《安排》自身渐进的改革进程、独特的运作程序和松散

---

[1] See The Arrangement, art. 86, at p. 46. ("The Participants undertake to investigate further ... the definition of market window operations in order to prevent distortion of competition.")

[2] Janet West. 在纪念《安排》20 周年大会上的讲话，1998 年。

的渊源形式等特性。正是《安排》的诸多自身特性，使得各参加者甚至非参加者能够稳定地向着一个包罗万象、切实可行的规则体系靠近；正是《安排》的诸多自身特性，赋予了《安排》之法律效力。毋庸置疑，这一现象深刻地揭示了全球化时代国际法律体系与制度发展的一个新趋势。《安排》自身所具有的巨大魔力也必将诱使中国的出口信贷机构诚实地遵从《安排》、信守《安排》。

跨界损害损失分担的概念和制度模式

郭红岩 2005 级 中国政法大学

跨界损害损失分担是在对国家的违反国际法的国家行为责任（State Responsibility）和国际法不禁止行为造成损害的国际赔偿责任（International Liability）的不断研究和发展过程中逐渐形成的。[1]跨界损害损失分担在不背离"污染者付费"原则的前提下，把制度关注的重心放在对受害者的赔偿上，以对受害者"及时和充分的赔偿"为起点和目标，逆向设计多重损失主体的赔偿责任和赔偿义务。国际社会已经在国际海上油污损害和跨界核损害领域建立了损失分担制度，联合国国际法委员会也在对起源国的预防义务进行研究和审议的基础上，编纂出跨界损害损失分担的框架体系。本文通过对跨界损害损失分担概念和制度模式的探讨和研究，以期对国际社会建立和完善跨界损害损失分担的法律机制有所裨益。

---

[1] 习惯上，中文把国家的国际不法行为责任（State Responsibility）称为国家责任，把国家对国际法不禁止行为的损害责任（International Liability）称为国际赔偿责任，但在学者的使用过程中，往往比较混乱。这是因为，"State Responsibility"和"International Liability"在英文中很容易被区别开来，而在中文中，"国家责任"和"国际责任"的区别并不明显。因此，笔者建议，把"State Responsibility"译为"国家行为责任"，把"International Liability"译为"国际赔偿责任"。

一、跨界损害损失分担的概念

（一）定义

"跨界损害"，也被称为"越境损害"，[1]英文一般表述为
"transboundary harm"[2]或"transboundary damage"[3]。通常是
指在一国境内进行的活动在其他国家领土内造成的不利影响，
即两个国家之间以陆地、水或空气作为媒介的损害，广义上还
包含对国家管辖范围以外的公域环境[4]的损害。但本文中的跨
界损害则限于在起源国以外的另一国领土上或在该另一国管辖
或控制下的其他地方所造成的人身、财产或环境损害，[5]不涉
及对公域环境的损害问题。

"跨界损害损失"是指跨界损害给受害者造成的所有损失，
包括身体健康的损害、生命的丧失、财产损失及环境的损害和
恢复的费用等。其中，环境的损害应涵盖对自然要素或环境组
成部分的损害，或这些组成部分的退化或毁坏造成的环境价值
的损失或递减。[6]

跨界损害损失不同于跨界损害责任。第一，两者的性质不
同，跨界损害责任是一种法律责任，这种法律责任是因责任人
没有履行义务或履行义务不充分而引起的；跨界损害损失则是
由于跨界损害所导致的对人身、财产和环境的损害造成的损失，

---

〔1〕　邵沙平主编：《国际法》，中国人民大学出版社 2007 年版，第 501~503 页。

〔2〕　A/CN.4/562/Add.1.

〔3〕　Xue Hanqin, *Transboundary Damage in International Law*, Cambridge University Press, 2003.

〔4〕　有学者称其为全球公域（Global Common），see Xue Hanqin, *Transboundary Damage in International Law*, Cambridge University Press, 2003, p.3.

〔5〕　2006 年《关于危险活动造成的跨界损害案件中损失分担的原则草案》第 2 条。

〔6〕　A/CN.4/531，第 17 页，第 40、41 段。

但不一定都可以归之于跨界损害责任的范围。第二，广义的跨界损害责任既包括导致跨界损害的经营者的民事责任，也包括受益者的损失分担义务和特定条件下起源国的国际赔偿责任。但不管是该三者中任一主体的单一赔偿，或者是三者的赔偿总和，都可能只是弥补跨界损害损失的一部分，而不是全部。因此，从责任和损失的范围额度上说，跨界损害损失要大于跨界损害责任。当然，从跨界损害损失分担的意义上来讲，损失必须应当是由有关义务主体负担的可以量化的损失，应由受害者自己承担或不能量化的损失是不能获得赔偿的。

因此，跨界损害损失分担是为了保证对受害者及时和充分的赔偿，由导致跨界损害的危险活动的经营者、受益者和起源国等主体，按照一定的赔偿序位和归责原则，对跨界损害受害者的损失分担赔偿义务的法律机制。

（二）分担跨界损害损失的主体

在跨界损害损失分担机制中，首先要确立的是分担跨界损害损失的多重主体。因为分担的前提是先确立多重主体，而且这些多重主体之间应当有一种赔偿序位的补充关系，即当前一序位的主体不能满足对受害者的赔偿时，由后位主体进行补充赔偿。分担主体的确定是一个非常复杂的问题，涉及伦理、法理、利益衡平、法律规则、以及现实的可操作性问题。第二是这些主体的赔偿序位问题。赔偿序位问题不仅影响和决定着受害者的实体受偿权利的实现，也直接影响着赔偿义务人的利益和参与损失分担的积极性。因此，必须从公平、矫正正义和分配正义的角度合理确定赔偿主体和赔偿序位。

在确定了分担跨界损害损失的主体和序位以后，还要根据具体情况，考虑各序位主体之间的法律关系，以及同一序位内各主体的关系，还要研究每一序位的主体应按照什么法律原则履行赔偿义务。如在海上油污损害中，一般适用严格责任原则，在核损害和外空损害的情况下，一般适用绝对责任原则。

一般来说，除法律有特别规定外，[1]分担跨界损害损失的首位主体一般是跨界损害活动的经营者，[2]他们或者是导致跨界损害活动的致害行为人，或者是法律规定的特定的义务人，如海上油污损害情形下的船舶所有人、跨界核损害中的核设施经营人、危险货物越境转移中的出口商、进口商等。次位主体一般由相关受益者或潜在污染者构成。这里的受益者不是广义的受益者，[3]而是指除行为人或经营者以外的直接受益人。现在比较有代表性的实践是"国际油污赔偿基金"（International Funds for Compensation for Oil Pollution Damage）。该基金来源于海上运输石油的进口商，他们作为海上石油运输的除船舶所有人以外的最直接受益者，虽然并没有直接参与海上石油运输，更没有造成油污损害事件，但他们承诺分担海上油污损害所引起的损失。他们这样做，一方面可以保证，至少是补充对受害者及时和充分的赔偿，另一方面也有助于给他们创造利益的海上石油运输行业得以不间断地持续、健康地发展。次位主体一般仅有一个序位，也可能包括两个或两个以上的序位。但无论如何，如果次位主体全部依法履行了赔偿义务，仍不能满足对

---

〔1〕 如在外空损害中，发射国承担全部赔偿责任。

〔2〕 中文本有时使用"操作者"，有时使用"经营者"，其实英文中一直使用的是"operator"，即中文中的"经营者"一词。为了关键词汇用法上的统一，本文统一采用"经营者"这一用语。参见 A/CN. 4/L. 627 的英文本和中文本。

〔3〕 如果是指广义的受益者。那么，导致该跨界损害活动的产品或服务的终端消费者也可以被看作是受益者。而在出现损害事故时，往往会引起有关产品或服务的价格的上升，即终端消费者也自觉或不自觉地成了损失的分担者。但这不是本文要讨论的范围，因为这种分担不是法律意义上的分担，且这种对损失的分担也不是直接给付到受害者的。

受害者的赔偿，引起跨界损害活动的起源国[1]就得履行国际赔偿责任了。起源国是分担跨界损害损失的末位主体，履行国际赔偿责任。因此，跨界损害损失分担是不同于侵权责任、国际赔偿责任和跨界损害责任的更为科学、合理和操作性更强的法律机制。

二、跨界损害损失分担概念的形成和确立

联合国国际法委员会自 1978 年开始着手对国际法不加禁止的行为所致跨界损害责任问题的编纂工作，一直到决定将"预防"和"损失分担"两个专题分开编纂的 1997 年，近 20 年共收到特别报告员的 17 份报告，其中，1997 年《关于国际法不加禁止的行为所产生的损害性后果的国际责任条款草案》，标志着国际法委员会关于该专题的工作取得了重大进展。[2]但由于各种主客观原因，该条款草案最终搁浅。[3]该条款草案的范围是关于起源国的责任和义务，所以，没有涉及经营者和受益者的责任和义务问题，当然也没有谈及损失分担问题。

1997 年，国际法委员会转换思路，决定将该专题分为两个部分进行编纂：一个专题涉及国家预防义务的"预防草案"，另一个专题是以经营者为主、以国家为辅的"责任草案"，因为预防问题和责任问题虽相互联系，却也相互区别。委员会应在"预防危险活动的跨界损害"的标题下着手开展关于"预防"的工作，而关于"国际责任"的专题则推迟到各国政府在联合

---

〔1〕 2006 年《关于危险活动造成的跨界损害案件中损失分配的原则草案》第 2 条规定："起源国是指在其领土上或在其管辖或控制下进行危险活动而引起跨界损害的国家。"

〔2〕 然而，美国极力反对该条款草案。参见 A/CN.4/481，即 1997 年国际法委员会《关于国际法不加禁止的行为所产生的损害性后果的国际责任条款草案》各国政府提出的评论和意见。

〔3〕 万霞："跨界损害责任制度的新发展"，载《当代法学》2008 年第 1 期。

国第六委员会或以书面形式提出进一步评论意见以后作出。[1]

最早系统提出跨界损害损失分担的概念是在 2002 年国际法委员会第 54 届会议上。

2002 年，国际法委员会设立了"未能预防危险活动所造成的跨界损害的国际责任"的工作组，由特别报告员彭马拉朱·斯雷尼瓦萨·拉奥任主席。工作组根据联合国大会第 56/82 号决议审议关于国家"因事先未能履行关于预防的条文草案中为国家设定的预防义务就会给国家带来责任"[2]的问题。在委员会的报告中，提出了"损失分担"的概念，并开始了对跨界损害责任和损失分担问题的实实在在的研究，打破了在国际赔偿责任问题上编纂的僵局和困境，使对跨界损害国际责任的研究和编纂进入了新的时代。

在 2002 年国际法委员会工作组的报告中，不仅首次正式使用了"跨界损害损失分担"这一术语，而且对跨界损害损失分担的主体、适用的法律原则以及相应的财务保证机制等都进行了研究和探讨。报告在导言中指出，"委员会在处理本专题有关危险活动造成的重大跨界损害的相关内容时，最重要的任务是使损失在危险活动的不同参加者（例如活动的授权者、管理者或受益者）之间分担，使他们按照具体的制度或通过保险机制来分担风险。"[3]文中不仅使用了"损失分担（allocation of loss）"[4]的概念，还提出了分担损失的主体应包括活动的授权者、管理者或受益者。委员会认为，"必须确定一个起点，以便

---

[1] A/CN. 4. L. 536. p. 2.

[2] A/CN. 4/L. 627，第 2 段。

[3] A/CN. 4/L. 627，第 4 段。

[4] 报告的中文本中使用的是"损失分配"，但英文本中则使用了"Loss of Allocation"，且后来的相关英文本中均使用"Loss of Allocation"。所以，本文除特殊情况外，均使用"损失分担"的用法。参见 A/CN. 4/L. 627 的英文本和中文本。

启用所造成损失的分担制度"。[1]

在关于"经营者和国家在分担损失中的作用"部分中，报告指出："第一，原则上不应让无辜的受害者承担损失。第二，关于分担损失的任何制度必须确保对所有参与危险活动的当事方建立有效的激励机制以便在预防和应对工作中采取最佳的做法。第三，这一制度应该广泛地涵盖国家以外的各种有关参与者。这些参与者包括私人实体，例如经营者、保险公司和工业基金的联合体。"[2]关于经营者的作用，报告指出："经营者由于对活动进行直接的控制，因此应在任何分担损失的制度中承担主要责任。经营者所承担的损失份额将包括在损失发生时他需要承担的控制损失的费用，以及恢复和赔偿的费用。在求算这些费用时，特别是有关恢复和赔偿的费用时，起源国是否履行了预防义务、是否对作业进行了适当管理等是需要考虑的重要因素。其他需要考虑的因素包括第三方的参与、不可抗力和损害的不可预见性等。"[3]

在审议国家分担跨界损害损失的作用时，委员会认为，国家"在制订适当的国际和国内责任机制以实现公平的损失分担方面起到关键性的作用"。[4]工作组还讨论如果对于危险活动造成的跨界损害存在剩余的国际赔偿责任的话会产生什么问题，因为在这种情况下，应由哪一个国家来参与分担损失并不是不言自明的。在一些情况下，起源国可能负有责任。"授权或监测

---

〔1〕 A/CN.4/L.627，第7段。
〔2〕 A/CN.4/L.627，第8、9段。
〔3〕 A/CN.4/L.627，第10段。
〔4〕 在这一方面，有一种意见认为，应制订出这样的计划以便确保操作者内部消化其作业的所有费用，因此没有必要使用公共经费来赔偿这种危险活动所产生的损失。如果缔约国本身是操作者的话，其也应根据这种计划承担责任。参见A/CN.4/L.627，第14段。

有关作业或从中受益的国家也应参与承担损失。在其他情况下，责任可能落在有关经营者的国籍国身上。在确定国家在损失分担方面的作用时，可以考虑国家控制的程度，以及国家作为有关活动受益者的情况。"〔1〕

从委员会报告的内容及其对跨界损害损失分担的系统讨论和论证来看，跨界损害损失分担的概念不仅被正式提出，而且开始得到国际法学界和实践领域的广泛关注。也正是由于在国际和国家层面的许多领域中都已经积累了大量的跨界损害损失分担的实践，因此，国际法委员会在这方面的工作非常顺利。先后经过 2003 年、2004 年特别报告员的两次报告，各国的评论意见及其反馈，对联合国秘书处提供的各国责任概览的研究等，到 2006 年国际法委员会第 58 届会议上，起草委员会二读通过了 *Draft Principles on the Allocation of Loss in the Case of Transboundary Harm Arising out of Hazardous Activities*，〔2〕其中文版为《关于危险活动造成的跨界损害案件中损失分配的原则草案》。〔3〕至此，跨界损害损失分担的概念和制度框架得以确立。

三、跨界损害损失分担的制度模式

跨界损害损失分担的典型国际法模式包括国际海上石油运输油污损害损失分担和跨界核损害损失分担。

国际海上石油运输油污损害损失分担是指在国际海上石油运输过程中发生油污损害后，为了实现对受害者及时和充分的赔偿，由船舶所有人、国际海上油污损害赔偿基金等主体，按

---

〔1〕 A/CN. 4/L. 627，第 15 段。

〔2〕 A/CN. 4/L. 686.

〔3〕 A/CN. 4/L. 686. 本文为了顾及中文的习惯用法，除特殊需要外，一律用"分担"代替"分配"。

照一定的次序和责任额度，分别履行各自的义务，共同分担受害者的损失。它是以国际海事组织主持下缔结的 1969 年《国际油污损害民事责任公约》体系和 1971 年《设立油污损害赔偿国际基金公约》[1]体系为基础建立起来的。1969 年《国际油污损害民事责任公约》经 1976 年、1984 年、1992 年和 2000 年的修订，分别形成了 1976 年《国际油污损害民事责任公约议定书》、1984 年《国际油污损害民事责任公约议定书》、1992 年《国际油污损害民事责任公约》和 2000 年《国际油污损害民事责任附加议定书》[2]。1971 年《设立油污损害赔偿国际基金公约》经 1976 年、1984 年、1992 年、2000 年和 2003 年议定书的修订，分别形成了 1976 年"基金议定书"、1984 年"基金议定书"、1992 年"基金公约"、2000 年"基金议定书"和 2003 年"补充议定书"[3]。这些法律文件建立了由船舶所有人和国际油污损

---

〔1〕 英文为《International Convention on the Establishment of an International Fund for Compensation for Oil Pollution Damage》，该公约于 1971 年 12 月 18 日原政府间海事协商组织在布鲁塞尔召开的关于设立国际油污损害赔偿基金的会议上通过，作为对 1969 年《国际油污损害民事责任公约》的补充，1978 年 10 月 16 日生效。该公约经过 1976 年、1984 和 1992 年议定书的修正。1992 年议定书（即 1992 年"基金公约"）于 1992 年 11 月 27 日通过，1996 年 5 月 30 日生效。该公约的生效导致 1971 年"基金公约"被废止。1999 年 1 月 5 日，中国交存对 1992 年"基金公约"的加入书，2000 年 1 月 5 日，该公约对中国生效。并同时适用于香港特别行政区。参见网址：http://vip.chinalawinfo.com/Newlaw2002/Slc/slc.asp？gid = 100666893&db = EAG；http://www.imo.org/About/Conventions/ListOfConventions/Pages/International – Convention – on – the–Establishment–of–an–International–Fund–for–Compensation–for–Oil–Pollution–Damage – （FUND）.aspx，最后访问日期：2013 年 11 月 29 日。

〔2〕 2000 年《国际油污责任附加议定书》是国际海事组织在 2000 年 10 月 18 日对 1992 年《国际油污损害民事责任公约》的修正议定书，该议定书于 2003 年 11 月 1 日生效。

〔3〕 该议定书 2003 年 5 月 16 日订于伦敦，设立了第三级补充赔偿基金。但该"补充基金"补充赔偿的条件是总损害额超过或有可能超过 1992 年"基金公约"限额责任但仍不能满足对受害者的充分和适当的赔偿。

害赔偿基金等三级赔偿的国际海上石油运输油污损害的损失分担模式。

跨界核损害损失分担是指在跨界核损害发生后，由核设施经营人和核装置国的公共基金或补充基金，按照一定的次序和责任额度，分别履行各自的赔偿义务，共同分担受害者的损失。具体来说即由核设施经营人承担首位限额民事责任，由依据核装置国法律设立的核损害赔偿基金承担次位民事赔偿义务。它是通过巴黎公约体系和维也纳公约体系分别建立起来的。

巴黎公约体系以由西欧国家在欧洲核能机构主持下缔结的1960 年《核能领域第三方责任的巴黎公约》[1] 及修订该公约的1963 年《关于 1960 年巴黎公约的布鲁塞尔补充协定》[2] 构成。这两个公约都分别经过 1964 年 1 月 28 日、1982 年 11 月 16 日和2004 年 2 月 12 日特别议定书的修正。其中，2004 年特别议定书分别被称为 2004 年《巴黎公约》和 2004 年《布鲁塞尔公约》[3]。维

---

〔1〕 *Convention on Third Party Liability in the Field of Nuclear Energy*，该公约于1960 年 7 月 29 日在巴黎通过，并分别经 1964 年 1 月 28 日、1982 年 11 月 16 日和2004 年 2 月 12 日的议定书修正。其缔约国包括比利时、希腊、斯洛文尼亚、丹麦、意大利、西班牙、芬兰、荷兰、瑞典、法国、挪威、土耳其、德国、葡萄牙和英国。参见经合组织官方网站，//www. oecd-nea. org/press/press-kits/nuclear-law. htm，最后访问日期：2013 年 3 月 12 日。

〔2〕 *The 1963 Agreement Supplementary to the Paris Convention of 1960*，1963 年1 月21日通过的，缔约国包括比利时、斯洛文尼亚、丹麦、意大利、西班牙、芬兰、荷兰、瑞典、法国、挪威、德国和英国。参见经合组织官方网站，http://www. oecd-nea. org/press/press-kits/nuclear-law. html，最后访问日期：2013 年 3 月 12 日。

〔3〕 1963 年《关于 1960 年巴黎公约的布鲁塞尔补充协定书》及其 1964 年补充议定书于 1974 年 12 月 4 日生效；1982 年议定书于 1991 年 8 月 1 日生效。2004 年《布鲁塞尔公约》只得到西班牙和瑞士的批准，尚未生效。参见经合组织官方网站，http://www. oecd-nea. org/law/brussels-convention-ratification. html，最后访问日期：2013 年 3 月 12 日。

也纳公约体系包括 1963 年《核损害民事责任维也纳公约》[1]和修订该公约的 1997 年《核损害民事责任维也纳公约》[2]，以及 1997 年《核损害补充赔偿公约》[3]。国际原子能机构和经济合作与发展组织于 1988 年 9 月 21 日在维也纳联合通过的《关于适用维也纳公约和巴黎公约的共同议定书》[4]，该议定书不仅把巴黎公约体系和维也纳公体系联系起来，而且扩大了这两公约体系中有关民事责任规定所提供的好处，以避免在同一核事

---

〔1〕 *Vienna Convention on Civil Liability for Nuclear Damage*，1963 年 5 月 21 日，由东欧各国在国际原子能机构的主持下通过，1977 年 11 月 12 日生效。到 2011 年 3 月 29 日，只有 38 个当事国，美国、英国、中国、日本等都没有参加该公约。参见国际原子能机构官方网站：http://www. iaea. org/Publications/Documents/Conventions/liability_ status. pdf，最后访问日期：2013 年 3 月 12 日。

〔2〕 *Protocol to Amend the Vienna Convention on Civil Liability for Nuclear Damage*，该议定书于 2003 年 10 月 4 日生效。到 2011 年 3 月 29 日，只有阿根廷、白俄罗斯、哈萨克斯坦、拉脱维亚、黑山共和国、摩洛哥、波兰、罗马尼亚和沙特阿拉伯等 9 个当事国。参见国际原子能机构官方网站：http://www. iaea. org/Publications/Documents/Conventions/protamend_ status. pdf，最后访问日期：2013 年 3 月 12 日。

〔3〕 *Convention on Supplementary Compensation for Nuclear Damage*，1997 年 9 月 12 日通过，同年 9 月 29 日在维也纳开放供签署。根据该《公约》第 20 条，该《公约》将在至少有五个其核装机容量单位数最少为 400 000 的国家交存了有关文书之日以后第 90 天生效。参加该公约的国家必须已是《维也纳公约》或《巴黎公约》的当事国，或者声明其国家立法与本公约附件规定相一致的国家，且在其领土内设有 1994 年《核安全公约》中所规定的核装置的情况下是 1994 年《核安全公约》的当事国。参见国际原子能机构官方网站：http://www. iaea. org/Publications/Documents/Infcircs/1998/Chinese/infcirc567_ ch. pdf，最后访问日期：2013 年 8 月 12 日。到 2010 年 10 月 27 日，只有 14 个国家签署该公约，其中，阿根廷、摩洛哥、罗马尼亚和美国交存了批准书。参见国际原子能机构官方网站：http://www. iaea. org/Publications/Documents/Conventions/supcomp_ status. pdf，最后访问日期：2013 年 8 月 12 日。

〔4〕 *Joint Protocol Relating to the Application of the Vienna Convention and the Paris Convention*，参见 http://www. iaea. org/Publications/Documents/Infcircs/Others/inf402. shtml，该议定书于 1992 年 4 月 27 日生效。到 2009 年 7 月 28 日，有 26 个国家批准或加入该议定书。参见国际原子能机构官方网站：http://www. iaea. org/Publications/Documents/Conventions/jointprot_ status. pdf，最后访问日期：2013 年 8 月 12 日。

故中因适用这两项不同的公约可能引起的冲突。另外，1962 年
5 月 25 日在布鲁塞尔召开的第十一届海洋法外交会议上，黎巴
嫩、荷兰、葡萄牙、叙利亚、扎伊尔、马尔加什等国通过了
《核动力船舶经营人责任公约》，对核动力船舶经营人造成的跨
界核损害的责任问题作出具体规定。

国际海上石油运输油污损害损失分担和跨界核损害损失分
担是跨界损害损失分担的两种典型的国际法模式，这两种模式
对于其他领域的跨界损害损失分担产生了示范意义和作用，为
重大危险活动领域的赔偿机制提供了可资借鉴的模式。如 1996
年 5 月 3 日国际海事组织大会通过《国际海上运输有害有毒物
质的损害责任及赔偿公约》，[1]沿用了 1969 年《国际油污损害
民事责任公约》和 1971 年《设立油污损害赔偿国际基金公约》
所建立的民事责任人和受益人分担损失的两重主体模式。该公
约的第一重赔偿机制要求船舶所有人承担首位赔偿责任，[2]船
舶所有人对承运有害、有毒物质的船舶进行强制保险；[3]第二
重赔偿机制要求有害、有毒物质的进口商（收货人）分摊基金，
设立国际有害、有毒物质基金。当船舶所有人对产生的损失免除
赔偿责任或因财务原因无力满足受损方的赔偿要求，或者损害超
出船舶所有人的责任限额时，基金对受损方予以补充赔偿。[4]但
该公约把两重赔偿制度的所有内容放在一个条约中，这又是跨
界核损害损失分担的立法模式。

[1] *International Convention on Liability and Compensation for Damage in Connection with the Carriage of Hazardous and Noxious Substances by Sea*, 1996. 到 2006 年 5 月 31 日止，已有 8 个国家签署该公约，但未达到生效条件，我国尚未加入。

[2] 1996 年《国际海上有害有毒物质运输损害责任和赔偿公约》第 7 条第 1 款。

[3] 1996 年《国际海上有害有毒物质运输损害责任和赔偿公约》第 12 条。

[4] 1996 年《国际海上有害有毒物质运输损害责任和赔偿公约》第 13 条。

四、跨界核损害损失分担制度模式的完善

虽然两种国际法模式都建立了三级赔偿，但不论是跨界核损害损失分担模式，还是跨界油污损害损失分担模式，都只确立了两重赔偿主体，没有明确规定末位主体的赔偿问题，没有体现起源国在跨界损害损失分担中应承担补充赔偿的国际赔偿责任的末位主体地位。为了更好地保护人权，保证对跨界损害的受害者及时和充分的赔偿，有必要明确和加强起源国在跨界损害损失分担中的国际民事赔偿义务和国际赔偿责任，对两种典型的国际法模式进行完善。

起源国的国际民事赔偿义务指起源国对在其领土上或其管辖或控制下的私人或实体所从事的国际法不加禁止的行为造成的跨界损害以民事义务人的身份承担的赔偿义务。如跨界核损害中的"公共基金"和"额外基金"即属于国际民事赔偿义务的范畴。该赔偿义务是基于跨界损害行为的经营者的民事责任而产生的，属于广义的民事责任的范畴，具有一般民事赔偿的性质和特点。同时，因为它是对跨界损害的受害者的赔偿，所以，它又不同于完全在国内法框架下的民事赔偿，具有一定的国际性。但它的国际性和起源国国际赔偿责任的国际性不同，起源国的民事赔偿义务一般是基于有效的跨界损害民事责任条约确定的，在赔偿的义务范围上和经营者的民事赔偿责任相同，一般都是采取严格责任原则下的限额责任。其法律渊源虽然也包括国际法渊源，但这里的国际法主要是条约国际法，不是习惯国际法，而且其实施必须以起源国国内法的制度保障为前提。尽管在跨界核损害损失分担制度中引入了核装置国的赔偿基金，但只是核装置国以基金的名义参与对损失的分担，只是起源国的国际民事赔偿义务。这种民事赔偿义务是一种补充赔偿义务，

这种义务虽然是由核装置国出资建立的，但是它不属于起源国国际赔偿责任的范畴，不是核装置国的强制义务。因为有关国际公约都允许核设施的装置国在备选方案中进行选择，只要从立法上达到公约所要求的保证资金额度即可。[1]

起源国的国际赔偿责任是指起源国以国家名义对于在本国领土上发生的或是该国管辖或控制下的国际法不禁止的活动所造成的跨界损害后果承担的赔偿责任，属于国际法律责任的范畴。虽然一般也遵循严格责任原则，但没有对赔偿的义务范围进行限制。起源国的国际赔偿责任的法律渊源主要是国际法，且主要是国际习惯法。所以，起源国的国际赔偿责任仍然具有不确定性，不仅在赔偿义务范围上没有约定，而且在时效等问题上也有较大的不确定性。实践中，即使对于明确承认此项国际义务的国家来说，在涉及具体损害赔偿的实践中，往往受到当时的国际环境、起源国的对外政策、起源国的国家偿债能力以及受害者国籍国的求偿能力的限制。到目前为止，尽管联合国国际法委员会试图对此方面的国际法进行编纂，并且做了大量的工作，但是还没有形成具体的条约制度对起源国的国际赔偿责任进行规制。但尽管如此，现在已不能否认一般国际法给所有国家设定的，对于在本国领土上发生的或是该国管辖或控制下的国际法不禁止的活动所造成的跨界损害后果负有国际赔偿责任。这也是为什么美国在"马绍尔群岛求偿案"[2]中，无法推卸其对日本受害渔民和马绍尔群岛共和国的国际赔偿责任的国际法基础。

---

〔1〕 2004 年《布鲁塞尔公约》第 3 条。

〔2〕 参见马绍尔群岛核损害法庭官方网站，http://www.nuclearclaimstribunal.com/；新华通讯社主办："世界环境日特别策划——伤痕累累的地球"，载 http://news.xinhuanet.com/mil/2009-06/04/content_ 11478900.htm，最后访问日期：2013 年 11 月 12 日。

在国际海上石油运输油污损害损失分担制度中，虽然已经建立了船舶所有人和国际油污赔偿基金的两重赔偿机制，体现了跨界损害损失分担的内涵和基本要求，但目前的制度中却没有涉及有关船舶的船籍国的国际义务和国际赔偿责任问题。而有些海上油污损害事故恰恰是由于船籍国疏于管理，导致在损害发生后，船舶所有人和国际油污赔偿基金仍不能满足对受害者及时和充分赔偿。跨界油污损害损失分担只是要求作为缔约国的船籍国要履行对船舶的登记义务，并保证船舶获得适格的保险或财务保证。因此说，该公约并没有建立由起源国进行剩余赔偿的起源国赔偿机制。如果对该制度进行进一步设计，应当增加船籍国对其船舶跨界油污损害的国际民事赔偿义务，具体可参照核损害中缔约国赔偿基金的缴存，按照船舶吨位，提存赔偿基金。这样，一方面可以强化船籍国对其船舶的行政等社会事项的管理，避免因为船舶超期服役或船舶实质上不适航而助推油污损害的发生，另一方面又可以有效地减少和防止方便旗，减少油污损害的发生。

在跨界核损害损失分担制度中，虽然建立了次位主体的赔偿，但没有体现受益者对损失的分担。跨界核损害损失分担的次位主体是核装置国出资建立的"公共基金"或"额外基金"。但不管是由核装置国独立补充赔偿的"公共基金"，还是由有关缔约国按比例缴纳摊款而形成的"额外基金"，补充义务的承担者都是核装置国，而不是除经营人以外的直接受益人。当然，在核领域中，很难确定由核设施经营人以外的某一直接受益群体分担跨界核损害受害者的损失。如果一定要找出核领域中的受益者的话，只能把整个核装置国及其国民全体看作是受益者。因此，只能由核装置国参与对跨界核损害的损失分担。但无论如何，核装置国也不是像石油进口商对海上石油运输一样，对核活动有那样密切的利益关系，那为什么还要确定核装置国的补充赔偿义务呢？这主要是由于核损害特殊的潜伏性、灾难的巨大性和不可控性。只有对核装置国课以补充责任，才能加强核装置国对管辖或控制的核设施采取一切可能的措施，防止和避免核损害的发生；而在核损害事故发生后，也只有核装置国有较为充分的能力提供补充赔偿，保证受害者权利的实现。但这种机制不利于、也不方便受害者的求偿。实践中，也有同业经营人出资建立赔偿基金的成功做法，如美国的核损害赔偿基金。可以考虑在有关公约中引入美国的做法，即在核设施经营人的民事责任之后，设立由所有核设施经营人出资建立的核损害赔偿基金，作为次位主体中的第一序位，这样更符合"受益者分担损失"原则。

完善跨界损害损失分担机制，不仅有利于对受害者的赔偿，也有利于起源国忠实履行"谨慎的注意"义务，加强对相关活动的监督和管理，减少或避免跨界损害的发生。但是，再好的补偿也不如损害没有发生。在任何情况下，起源国都不能忘记或忽视自己的预防义务，经营者等损失分担者都不能忘记自己的防止损害发生的义务。预防是更为可取的义务，因为损害后的赔偿通常无法使受损害的客体恢复到该事件或事故发生之前的状况。[1]保护权利的最佳办法是不损害权利，而非在损害权利之后试图加以补偿。[2]

---

〔1〕 A/CN.4/487，第32段。

〔2〕 参见《旨在实现可持续发展的国际环境法专家组讲习班的最后报告》，UNEP/IEL/WS/3/2，第12页。

英美集体争议处理机制及其对中国集体争议处理机制建立的启示

李文沛　2005 级　中国劳动关系学院

集体争议，又称为集体谈判争议、集体协议争议，是指集体合同当事人就集体合同的解释、适用、权利义务履行等集体协议规定内容产生的争议，以及在缔结一项新的集体协议的谈判过程中产生的争议。集体争议是劳动关系争议的一种，但因其当事人和协议本身的特殊性，使其争议解决呈现出不同的特征。首先，集体争议的当事人特定。一般而言，集体争议当事人特定为劳动者与雇主及其组织，实践中参与集体争议的一般为劳动者组织（工会）与雇主（或其组织），劳动者个人不是集体争议的直接当事人。其次，集体争议涉及影响范围广。这是集体合同本身的广泛覆盖性所决定的，集体争议的结果将对集体合同下的所有劳动者适用。最后，政府在集体争议解决过程中负有一定的责任。这是国际劳工组织相关劳工标准和国际公约所明确的法定职责，即政府必须做出一些积极行为促进集体争议的解决，但在实践中，各国在处理集体争议时通过何种方式、采取何种手段，则都属于各国国内法规定事宜，呈现出不同的特点。在我国《劳动法》确定集体合同制度近 20 年的今天，在《劳动合同法》再次明确集体谈判在协调劳动关系的重要角色的法制背景下，越来越多的劳动关系纠纷、劳动力市场的逐步完善以及用工方式的现代化转变，都急需我们探讨集体争议的有效解决，对发达国家有益经验的了解与借鉴就显得尤为必要。

自工业革命以来，西方国家劳工运动经历了几次较大的起伏，伴随着经济的快速增长与劳动力水平的不断提高，为了缓解劳资双方的固有矛盾，维持正常的生产秩序，西方发达国家大都建立了较为完备的劳动法律制度，其中，集体争议解决也是重要一环。针对不同的争议类型，各国也建立了不同的争议解决处理模式与机构，其中最有特色的就是英国和美国的模式与机构。

一、英国集体争议处理机制

英国作为近代工业革命的发源地，集体谈判规则在漫长的工人运动和劳资和解的过程中得到了较为充分的发展，建立了一系列较为完备的集体争议解决机制。目前，英国政府在集体争议中的作用已经贯穿了集体谈判前、谈判中以及谈判后的整个过程，其主要特点是非诉讼的替代性争议解决模式与诉讼相结合。而实践中包括调解与仲裁在内的替代性解决模式，以其自愿、平等、高效等优势占据了主体地位。随着经济的发展与劳资双方关系的长期博弈，第二次世界大战后，工人运动相对衰落，劳资关系"社会伙伴"理念的盛行，对于集体争议越来越多地要求快速、高效、灵活。在此基础上，政府在集体争议中的作用也从传统的通过就业法庭等司法程序转向，设立并支持第三方组织通过包括调解、仲裁在内的替代性争议解决模式处理集体争议，以顺应劳动争议处理的客观需要。当然，政府在必要时也直接介入集体争议的处理，但往往是在集体争议本身或其影响下低就业率已经危害到社会整体劳资状况时方得介入。[1]同时，依据英国法律，集体谈判协议的实施实行"自愿主义"，集体谈判协议没有法律约束力，协议主要靠劳资双方的信誉来实现，集体争议也并非法院的受理范围，集体争议的任何解决协议本身也并没有任何确定的法律约束力。这就为第三方组织通过争议当事人协商一致接受的调解或仲裁协议处理集体争议提供了可能。基于当事人的协商一致，调解结果或仲裁决议本身虽没有法律约束力，但却产生了相应的"道德约束力"，被当事方广泛接受。

（一）劳动咨询调解仲裁委员会（ACAS）[2]

目前，英国解决集体争议的第三方组织是劳动咨询调解仲裁委员会（Advisory, Conciliation and Arbitration Service, ACAS），其历史可以追溯到1896年英国政府设的劳动争议解决机构，直到1976年更名为劳动咨询调解仲裁委员会，正式从政府部门脱离出来，成为独立的非政府组织。但其运行资金仍主要来自于国家商业创新与技能部，所有委员以及主席由国家商业创新与技能部部长任命，因此又带有浓重的政府色彩。劳动咨询调解仲裁委员会的运行由独立的三方委员会管理，委员会负责制定劳动咨询调解仲裁委员会的战略方向、政策与优先项目，保证劳动咨询调解仲裁委员会职责与工作运行的高效。委员会由4名雇主代表、4名雇员代表、3名独立代表组成，涉及企业、工会组织、独立部门以及学界等领域，但都是兼职。而其日常管理则由首席执行官以及国家与地区主管组成的管理委员会负责。目前，劳动咨询调解仲裁委员会有大约800名员工，拥有伦敦

---

[1] "Labour Disputes Resolution and the Development of Labour Law in Britain", University of Cambridge.

[2] 英国劳动咨询调解仲裁委员会网站：http://www.acas.org.uk/index.aspx?articleid=1461.

总部和遍布英格兰、苏格兰和威尔士的 11 个地区中心。

劳动咨询调解仲裁委员会将其工作目标设立为通过更好的劳资关系提升组织与工作条件，坚信"预防胜于救治"。目前，劳动咨询调解仲裁委员会的工作内容主要包含：提出建议；制定商业解决方案；培训；小企业服务；仲裁；调解；咨询；集体争议调解；集体争议仲裁等。其中，集体争议处理是其历史上最悠久、制度最完备的工作内容之一。

（二）劳动咨询调解仲裁委员会的集体争议处理制度

1. 调停

调停是劳动咨询调解仲裁委员会处理集体争议最常用的方式之一，劳动咨询调解仲裁委员会提供免费的调停服务，但是否接受调停由争议当事方自己决定，不具有法定强制性。为维护劳资关系和谐，高效、公正地解决集体争议，劳动咨询调解仲裁委员会长期以来积极主动地关注集体争议的发生，当劳动咨询调解仲裁委员会获知一项集体争议时，将主动联系争议双方看是否需要帮助。即使对方不愿意劳动咨询调解仲裁委员会介入，也认为尽早了解争议情况对节约关键时间是有益的，以便在事后重新请求劳动咨询调解仲裁委员会调停时可以掌握足够信息。当集体争议双方当事人协商一致将争议请求提交，劳动咨询调解仲裁委员会介入调停时，劳动咨询调解仲裁委员会将与双方讨论具体解决方式。在调停过程中，主要通过以下途径提供协助：厘清问题；找出双方共同基础；给出双方一定的冷静期并协助双方从对方角度看待问题；与双方分别或联合举行会议讨论分析问题并促使双方制定解决方案；修复双方关系，建立互信。

劳动咨询调解仲裁委员会在调停中只是充当顾问的角色，不对争议双方进行是非判断或者强加其自己的解决方案。调停的目标在于促使争议双方当事人达成和解协议，调停意见本身也不具有法定的约束力。在劳动咨询调解仲裁委员会的集体争议解决机制中，调停是必经程序，任何提交劳动咨询调解仲裁委员会的集体争议案件都必须进行调停，只有当调停建议失败时，当事方才可以要求或者劳动咨询调解仲裁委员会才能主动提供调解或者仲裁方式处理争议。

2. 调解

劳动咨询调解仲裁委员会的调解程序主要适用于咨询失败，但当事方既不愿意提交仲裁也不愿诉诸法律解决问题的情况。调解员通过对双方主张的争议的调查分析以及讨论，向双方提出争议的解决方案。调解员的建议同样不具有法律约束力，但实践中争议双方通常都会认真考虑将其作为解决争议的基础。调解遵循自愿原则，调解员的职权范围由争议双方事先约定。调解程序与仲裁程序基本相似，只是调解员在寻求解决方案的时候往往发挥比仲裁员更为积极的作用，同时调解的结果也是以建议的形式而非以一般仲裁的裁决形式出现。

3. 仲裁

根据英国相关法律及劳动咨询调解仲裁委员会的管理规定，集体争议仲裁是机构的一项免费的、法定的服务。因此，争议当事方在决定将集体争议提交劳动咨询调解仲裁委员会仲裁时，需要签署自己起草的或者由劳动咨询调解仲裁委员会咨询员协助下起草的同意将争议提交仲裁的书面文件并明确仲裁范围。之后，争议双方当事人可以从劳动咨询调解仲裁委员会仲裁员名单中协商指定仲裁员。仲裁员确定后，将在双方方便的时候召开仲裁听证会，在听证会开始 7 日前，要求争议双方交换各自的案件陈述说明并将副本提交仲裁员。听证是非公开的，仲裁员可以非正式的形式展开进程，同时双方还可以自由选择自己的代表，实践中一般是由律师或者负责日常谈判工作的代表充当。

仲裁一般采取独任仲裁制，仲裁结果由仲裁员以裁决形式在听证结束后三个星期内作出，但在某些特殊情形下，则由仲裁委员会作出裁决，同时仲裁裁决属保密范围。仲裁实行一裁终局，不允许起诉，但仲裁并非法定必经程序，仲裁结果也没有法律约束力，劳动咨询调解仲裁委员会无权要求争议各方强制接受仲裁。但实践中，为了保证仲裁的有效性，仲裁双方需要事先承诺承认仲裁裁决的公信力。

4. 其他集体争议处理辅助方式

除了咨询、调解与仲裁以外，劳动咨询调解仲裁委员会还着重对集体争议产生前的预防阶段与争议处理后的修复阶段展开工作，通过提供信息、组织培训等途径服务与支持和谐的劳资关系。目前，劳动咨询调解仲裁委员会建立了覆盖全国的公开咨询网络，还经常组织一些有关雇佣和劳动关系论题的会议和研讨会，利用与各种组织合作的经验和研究成果促进良好的劳动关系的运行。

纵观劳动咨询调解仲裁委员会的发展，纠纷解决与信息咨询并驾齐驱，随着近年来劳动关系情况的发展变化，其呈现出一些新的发展趋势：一是劳动咨询调解仲裁委员会的工作重点从集体争议案件转移到个人案件，二是在产品市场和劳动力市场的双重压力下，雇主需要在人力资源管理方面实施更有效的管理。随着劳动咨询调解仲裁委员会工作重点的调整和劳动关系环境的不断变化，劳动咨询调解仲裁委员会的角色也从"防止和解决"逐渐转为"服务和支持"。

二、美国集体争议处理机制

美国企业的劳资纠纷一般都在企业内部由劳资双方协调解

决。美国的劳资争议一般分为三类：第一类是因集体合同的解释和执行以及法律规定的权利、义务的实现而发生的争议，称为权利争议，对此应通过不满申诉制度来解决；第二类是因集体合同的签订、变更而引起的争议，为利益争议，对此应通过集体谈判、集体协议加以解决；第三类是在工会权利的行使中发生的有关工会作为谈判代表的资格确认以及反工会歧视性行为的争议，该争议由国家劳资关系委员会这一行政机构通过行政程序加以解决。[1]美国的不满申诉制度是由集体合同和国家的有关法律共同确定的。所有的集体谈判协议都包括某种不满程序，国家有关立法只是确认了集体合同的效力以及建立一定的协助措施。在实践中，当集体争议产生时，工人的不满和劳资双方因集体合同解释产生争议，首先应通过由集体合同规定的不满申诉程序加以解决，即企业的各个管理层与工会举行会议，最后一层是由企业的最高经理层与工会间举行讨论；只有在企业内部不满或合同解释达不成解决意见时，才通过外力干涉，即由双方自愿选择的第三方仲裁，仲裁有执行力；但对仲裁过程的程序问题可通过法庭诉讼解决。[2]目前，美国的集体合同引发的劳动争议主要由国家劳动关系法调整，联邦调停调解局则侧重对集体争议实施调解、仲裁。

（一）联邦调停调解局（FMCS）[3]

美国政府在解决集体争议，尤其是利益争议时着重使用辅助谈判措施，即调解、仲裁。在此背景下，联邦调解调停局

---

〔1〕 张荣芳："美国劳资争议处理制度及其借鉴"，载《法学评论》2004 年第1 期。

〔2〕 ［美］丹尼尔·奎因·米尔斯：《劳工关系》，李丽林等译，机械工业出版社 2000 年版。

〔3〕 美国联邦调停调解局网站：http://www.fmcs.gov/internet/index.asp.

（Federal Mediation and Conciliation Service，FMCS）〔1〕依据 1947
年《国家劳资关系管理法》成立了，局长由总统在听取参议院
的意见并取得参议院的同意后予以任命。联邦调停调解局是联
邦政府下属的独立机构，其重要职责之一是帮助产生集体争议
的各方通过调停、调解与仲裁解决争议，其由调解人组成的团
队以第三方的中立身份随时向劳动者和管理层提供调解服务，
帮助工会和雇主解决双方的合同争议。其雇员具有政府工作人
员身份。调解局并不能强制双方接受其决定，而只能努力促使
双方达成协议。联邦调停调解局内设仲裁、教育培训、争议解
决、劳资资助等 12 个部门以及若干地区办事处。其主要工作内
容包括争议解决与冲突管理、劳资关系发展与培训、仲裁、调
解、劳资关系促进项目资助等。其中，集体争议的处理是其较
为主要的工作之一。

（二）联邦调停调解局集体争议处理制度

1. 调解

联邦调停调解局运用调解处理集体争议，既可能是不满申
诉程序未解决的权利争议，也可能是在集体谈判过程中产生的
利益争议。但不论是权利争议还是利益争议，调解都是由联
邦调解调停局及其地区办公室派出的调解员在中立立场上促
进争议双方化解矛盾，达成共识。联邦调解调停局的调解是免
费的。

该局对集体合同争议的调解，不仅是就争议本身的调解，
还有所谓预防性调解。《美国国家劳动关系法》规定，企业工会
或管理层在集体合同到期前 30 天必须通知联邦调解调停局。调
解员通过调解协助双方在合同到期前达成协议。由于调解更多

---

〔1〕 联邦调停调解局，参见《美国劳资关系管理法》。

地体现争议当事人意思，程序简单高效、成本低廉，目前是联邦调解调停局处理集体争议最为常用的方式。

2. 仲裁

仲裁是联邦调解调停局解决集体争议的又一重要手段。当集体争议双方协商一致将争议提交该局仲裁时，各争议方向仲裁者表明自己的立场，然后由仲裁者决定应该采取什么立场，争议方可自愿协商是否执行裁决。联邦调解调停局启动仲裁一样包括不满申诉未解决的权利争议和利益争议两种，二者之间在仲裁程序上并无区别。但关于权利争议的仲裁一般都是由集体协议事先约定，如果通过工会和资方不能解决不满，可通过仲裁解决。而利益仲裁则发生在争议产生以后的即时合意。任何一方都可以开始仲裁程序，局里的仲裁实行仲裁庭制，仲裁庭一般由一名雇主代表、一名工会代表和一名中立人士组成。仲裁裁决作出前一般要组织一个听证会，听证会后由仲裁庭作出裁决。在美国，仲裁不是解决集体争议的法定必经程序，但由于争议双方基于集体协议或者临时合意的意思一致，因而裁决对双方有约束力。

联邦调停调解局对集体争议仲裁制定了完善的规则体系，包括仲裁政策与程序、请求设立仲裁小组、仲裁员的职业责任、仲裁员与听证规则、仲裁形式、仲裁员费用支付等内容。其中比较具有特色的是其对仲裁员名册上的仲裁员标准的相关规定。根据联邦调解调停局选拔仲裁员的规定，仲裁员申请人必须证明其具有在解决集体争议决策时所需的经验、能力和接受程度。联邦调解调停局局长任命的审核委员会将审核所有申请人是否符合列入仲裁员名单的资格，并建议局长接受或者拒绝申请人的申请。审核委员会定期审核申请人情况。联邦调解调停局已经建立了列入仲裁员名单的基本标准。具体而言，包括以下内容：（1）具备解决劳动关系争议时担任决策者所需的经验与能力；（2）具有广泛或者近期在集体谈判中相关职位的工作经历；（3）在合理时限内能够组织有序听证，分析证据、证词并且准备清晰、简明的结论与成果；（4）其他。联邦调解调停局局长将根据审核委员会的建议决定仲裁员名单。同时，局长可以将违反任何联邦调解调停局政策或者劳资关系仲裁员职业道德的在册仲裁员除名。

3. 其他集体争议处理辅助方式

联邦调停调解局为了帮助企业、地区和行业劳动关系委员会成员掌握集体谈判技巧以及预防和管理冲突的能力，联邦调解调停局及其地区办公室将通过对他们进行培训的方式提供指导和咨询帮助，其主要包括替代性谈判进程、合同管理培训、定制培训与工作场所、人际沟通、劳资伙伴关系建设、劳资双方角色与责任、组织发展、劳资关系修复等内容。为保证争议处理的及时性和便利性，联邦调解调停局还充分实现了电子化办公，提供了在线调解、在线会议、在线调查等电子化服务手段。

三、英美集体争议处理机制对中国集体争议处理机制建立的启示

（一）英美集体争议处理机制评析

通过对英国劳动咨询调解仲裁委员会与美国调停调解局机构及其集体争议处理机制的简要介绍，不难发现，在英美两国，对于集体争议的处理首先遵循的都是"自愿原则"，即当集体争议出现时，法律并不直接规定争议解决措施，而是允许争议双方依照集体谈判协议规定来加以解决，这种解决方式是争议双方内部的解决。只有当争议双方无法通过这种内部性调整机制

处理集体争议时，才涉及第三方介入的问题。不管是英国还是美国，都是在这样的立意下由国家依法设立争议处理机构的。在机构的资金来源上都是由政府充当资助人，处理争议的主要方式包含了调解、调停、斡旋、仲裁等多种形式。另外还大力促进劳资关系发展、防范劳资冲突、构建劳资共赢局面的咨询、培训和资助项目，实现了对劳资双方当事人的全方位服务。

但这两个机构又存在着明显区别。第一，从机构属性上来看，虽然英国劳动咨询调解仲裁委员会设立之初为政府下设机构，但现在已经独立为非政府性质的社会组织；而美国调停调解局依旧是美国联邦政府下属的独立机构。第二，从内部管理来看，英国劳动咨询调解仲裁委员会中其自身委员会为最高权力机构，由行政总监和各地办公室主任组成的执行委员会负责日常事务，实现了管理权限的自主；而美国联邦调停调解局仍旧受到美国政府的间接管理。第三，从人员性质来看，英国劳动咨询调解仲裁委员会的雇员为社会组织雇员；而美国联邦调停调解局雇员却为联邦政府雇员。第四，从争议处理程序上，英国劳动咨询调解仲裁委员会将调停作为调解与仲裁的前置程序；而美国联邦调停调解局却没有对此进行明确规定。第五，从仲裁员制度来看，美国联邦调停调解局对仲裁员的任职资格、条件和录用程序进行了更为严格的程序性规定。

（二）建立中国集体争议处理机制的建议

通过对英美两国处理集体争议机制的了解、分析，结合我国集体争议处理现状，可以得到一些有益的启示。在集体争议解决中，政府需要发挥一定的积极作用，但一般只宜以间接身份介入争议处理，更具体的问题需要由争议双方自己协商一致，通过谈判、调解、仲裁等形式解决。与之对应的是，需要成立专门的、独立的第三方机构作为调解、仲裁等争议解决的处理主体，运用综合手段，及时处理矛盾。具体而言：第一，成立隶属于政府的独立劳动争议处理机构。基于我国集体合同制度尚不健全，劳动力市场仍待进一步规范以及劳动争议专业处理人员缺乏的现状，可借鉴美国联邦调停调解局的模式，成立隶属于政府的劳动争议处理机构（如国家劳动争议调解仲裁局），由政府提供机构运行资金，雇员按照公务员管理。第二，在机构管理上，奉行司法部门的独立自主，即要求专门的劳动争议处理机构实现内部管理、规则制定、争议处理等事项的独立。在相关法律规定范围内，可以制定自己的争议处理规则，独立处理争议，不受其他政府部门、社会组织或个人的干涉，以保证作为集体争议处理第三方的公平、公正。第三，在争议处理上，综合运用调停、调解、仲裁等方式及时解决集体争议，开展咨询、培训与资助等活动修复劳动关系，变现有劳动争议机构事后被动处理型为事先主动介入型；综合运用各种手段预防集体争议产生，实现动态化、可持续性的集体争议的服务-防范——解决-维护——修复-发展体系。第四，在劳动争议处理机制中将调停作为调解、仲裁的前置程序，同时规定提交劳动争议处理机构的集体争议必须是争议双方协商一致的，以充分体现劳动争议处理的协商性原则，尊重劳资双方的平等协商权，同时提高争议解决效率，降低不必要的讼累。第五，制定严格的仲裁员任用资格、培训计划与退出机制，保证集体争议处理的客观公正，维护独立劳动争议处理机构的权威性。

综上，在"十二五"规划中明确提出构建集体合同制度的今天，在《劳动合同法》明确集体谈判在协调劳动关系中的重要角色的法治背景下，笔者呼吁尽快建立专门的集体争议处理机构，完善我国集体争议处理制度，促进劳动力市场的进一步完善，构建新时期和谐的劳动关系。

军舰在专属经济区内的航行自由

张卫华　2005 级　中国社会科学院

根据 1982 年《联合国海洋法公约》（以下简称《公约》）的规定，专属经济区制度适用于领海之外 188 海里的辽阔海域。世界上一些具有重要战略性的海域，比如地中海和加勒比海，完全属于周边国家的专属经济区。这些类似的海域还有波罗的海、北海、黑海、红海、我国南海、我国东海、日本海、爪哇海、西里伯斯海和苏禄海、波斯湾，以及大部分属于沿海国专属经济区的墨西哥湾、阿拉伯海、挪威海、鄂霍次克海和孟加拉湾。这些海域是世界上主要海洋大国海军部署和行动的重要区域。作为一个新型海洋法律制度，专属经济区将国家的主权权利和管辖权扩展到世界三分之一海洋，从而不可避免地增加了海军行动与沿海国诉求之间发生冲突的可能性。实际上，保护军舰的调动和用途是组织和召开第三次联合国海洋法会议的核心推动力量。[1]会议的结果是在保护捕鱼自由上拥有重要利益的海洋大国牺牲了这项利益，从而换取了对其他自由的维护，这其中最重要的就是军舰的航行自由。但是，对于军舰在专属经济区内是否享有以及在何种程度上享有航行自由及其相关用途，一直是各国政府之间和学者之间争议的焦点。正如一位学

---

〔1〕　Bernard H. Oxman, "The Regime of Warships Under the United Nations Convention on the Law of the Sea", 24 Va. J. Int'l L. 809 1983~1984, p. 810.

者所说，"《公约》中没有什么地方能比专属经济区的军事用途存在更大的争议了"。[1]本文将对《公约》相关条款进行分析和考察，探讨军舰在《公约》所确立的专属经济区的特定法律制度中的权利和自由。

一、军舰的概念和特殊性

（一）军舰的定义

《公约》第 29 条"军舰的定义"规定："为本公约的目的，'军舰'是指属于一国武装部队、具备辨别军舰国籍的外部标志、由该国政府正式委任并名列相应的现役名册或类似名册的军官指挥和配备有服从正规武装部队纪律的船员的船舶。"这个定义来自 1958 年《公海公约》第 8 条第 2 款，该款规定"本条款所称'军舰'谓属于一国海军，备具该国军舰外部识别标志之船舶，由政府正式任命之军官指挥，指挥官姓名见于海军名册，其船员服从正规海军纪律者"。对比二者，新的定义只是把原有定义中的"海军""海军名册"和"海军纪律"分别替换为"武装部队""现役名册"和"武装部队纪律"，从而使得"军舰"的定义更加符合现代各国武装力量编制和分类现实。因为现代军队中各兵种之间不再严格按照陆军、海军和空军来划分，而是根据任何可能的实际需要进行混合编制，海军可能包括陆战队，也可能包括航空兵，从而其他兵种也可能包括一部分海上武装力量。因此，为了应对这种现实情况，《公约》中对军舰的定义只要求一艘船舶属于一国的武装力量，而不再严格限制属于海军。而且，这个定义明显是一个形式性的定义，它只要作为军舰的船舶在形式上属于一国武装力量的序列，并不

---

[1] See Boleslaw A. Boczek, "Peacetime Military Activities in the Exclusive Economic Zone of Third Countries", 19 OCEAN DEv. & INT'L. L. 445 (1988), p. 458.

要求该船舶实际上必须配备武器。所以，判断一艘船舶是否属于军舰，除了首先根据军舰外面喷涂的标志作为认定标准的初步证据之外，最终还是要根据该国有关军事法律和规章的规定来认定该船舶是否被列入一国的武装部队。一艘船舶即使未曾配备任何舰载武器，也不具备武装攻击能力，比如医院船或者补给船，但是它仍然可能属于军舰。相反，一艘船舶即使装备了强大火力，如果不属于任何一个国家的武装力量正式序列，那么从法律上来看它也不属于军舰，也不能享有军舰的权利和豁免。

这里应当提到的是，仍然有人对于《公约》第 29 条中关于军舰的定义是否适用于领海之外的其他海域提出疑问。这是因为规定军舰定义的《公约》第 29 条属于《公约》第二部分，该部分处理的是领海和毗连区的问题，说的再具体一些，该条款属于处理领海内无害通过的第二部分第三节；而《公约》规定"用语"的条款是第一部分第 1 条，该条款中专门规定了适用于所有海域的、具有一般意义的概念。因此有些观点就认为第 29 条的定义不应当适用于《公约》的其他部分，而应当只适用于领海中的无害通过。这种观点是错误的。实际上《公约》第 1 条中只包括了很少的定义，其余全部条款仅来自《公约》谈判中第一委员会负责的深海洋底矿产资源、第三委员会负责的海洋污染以及最后条款。起草委员会曾经试图把更多的一般性定义加入第 1 条，但是没有成功。正如我们上文中提到的那样，《公约》第 29 条中的军舰定义来自 1958 年《公海公约》而不是 1958 年《领海及毗连区公约》，这说明在 1958 年海洋法公约中该定义并非仅限于领海中无害通过的船舶。而且，虽然 1958 年海洋法公约由 4 个公约组成而不是一个统一的海洋法公约，但是最初国际法委员会起草的条款草案是一个统一的海洋法公约草案。即使后来把这个草案中关于军舰的定义的条款放在了1958年《公海公约》之中,也并不意味着这个定义只能适用于公海。实际上,从国际法委员会起草的时候起,所考虑的就是一个一般性的军舰定义。[1]

(二) 军舰的特殊性

从船舶的功能上来说,传统上一般可以把船舶分为军舰、商船和渔船。区分军舰与其他船舶有着两重意义,从实际功能上说,军舰最大的特殊性就在于它拥有其他船舶所不具备的强大武力;从法律意义上说,军舰的特殊性在于它享有自身特有的权利和豁免。这两种意义上的特殊性是不可分的,因为正是由于军舰拥有的武力,海洋法才赋予它特权和豁免,而这些特权和豁免又为军舰合法使用武力提供了法律保障。其实,《公约》中除了规定了这三种船舶之外,还规定了"用于政府非商业目的的船舶",这种船舶具有与军舰相似的法律地位。奥克斯曼先生甚至认为"军舰"是"用于非商业目的的政府船舶"的下位概念,而"用于非商业目的的政府船舶"又是"船舶"的下位概念。[2]从逻辑上看这种分类是合理的,但是从历史上看,军舰的概念要远远早于用于政府非商业目的的船舶。在早期的时候,海军基本上是各国唯一的海上执法力量,只不过随着近代以来人们对国家权力结构认识的深入,一般性的行政性执法活动被认为应该由隶属于国家行政机关的船舶来实施,而军舰则被认为应当更加专用于军事的目的。事实上,正如我们在上文中谈到的那样,在"用于政府非商业目的的船舶"的概念刚

---

〔1〕 See *Report of the International Law Commission to the General Assembly*, 11 U. N. GAOR Supp. (No. 9) at 1, U. N. Doc. A/3159 (1956), reprinted in (1956) 2 Y. B. Int'l L. Comm'n 253, U. N. Doc. AICN. 4ISER. A (1956).

〔2〕 Bernard H. Oxman, "The Regime of Warships Under the United Nations Convention on the Law of the Sea", 24 Va. J. Int'l L. 809 1983~1984, p. 813.

刚出现的时候，国际法学界并未准备立即接受，而是认为它可能被军舰的概念所吸收。可见，军舰在海洋法上仍然一如既往地是一类具有重要法律地位的船舶类型。

1. 军舰拥有强大的武力

军舰最为引人关注的地方就是它所拥有的强大武力。军舰虽然可以保护一个国家免遭来自海上的侵犯和威胁，或者保护一国的海上贸易、渔业作业和资源开发等海上利益，但是它也可以作为一国推行其政治和军事目的的强力工具。一个国家对另一个国家采取的政治或者军事行动涉及有关禁止使用武力的国际法。《公约》第 301 条以"海洋的和平使用"为标题规定了海洋法中的"禁止使用武力或者以武力相威胁的义务"，该条款规定："缔约国在根据本公约行使其权利和履行其义务时，应不对任何国家的领土完整或政治独立进行任何武力威胁或使用武力，或以任何其他与《联合国宪章》所载国际法原则不符的方式进行武力威胁或使用武力。"这一条款的内容来自《联合国宪章》第 2 条第 4 款。同时，根据《联合国宪章》第 103 条的规定，联合国会员国在本宪章下之义务与其依任何其他国际协定所负之义务有冲突时，其在本宪章下之义务应居优先。这样一来，即使《公约》中没有第 301 条的规定，在联合国会员国几乎包括了世界上所有国家的今天，作为联合国会员国的《公约》的缔约国仍然需要遵守根据《联合国宪章》所负担的禁止使用武力或者以武力相威胁的义务。而且，禁止使用武力或者以武力相威胁的义务实际上已经成为《条约法公约》第 53 条所规定的"不许损益"的强行法规范。虽然《条约法公约》没有接受部分国际法委员会委员提出的在该公约中列举强行法的内容的建议，但是国际法委员会还是指出，《联合国宪章》关于禁止使用武力或者以武力相威胁的规定，其本身就构成了一个具有强行法性质的国际法规则的明显实力。[1]

因此，很难说《公约》第301条为缔约国规定了新的义务，它实际上只是在一个国际法的具体部门中重复了一个国际法的一般性义务。本文认为应当区分军舰所实施的违背"禁止使用武力或以武力相威胁"的行为，与军舰实施的其他违反海洋法的行为，亦即军舰在履行执法任务或者其他行动时由于过度或者不当使用武力而引起争端。那些涉及"禁止使用武力或以武力相威胁"的国际法规则已经形成了一个独立的法律部门，由此引发的问题往往不是海洋法所能解决的，而海洋法所涉及的仅是军舰使用武力的执法活动。

2. 军舰的豁免权

《公约》第95条"公海上军舰的豁免权"规定："军舰在公海上有不受船旗国以外任何其他国家管辖的完全豁免权。"根据《公约》第58条第2款的规定，《公约》第95条适用于专属经济区。军舰的豁免权是一种绝对的、没有任何例外的豁免权。即使军舰在专属经济区内违反了沿海国根据《公约》制定的法律和规章，或者侵犯了沿海国根据《公约》享有的主权权利和管辖权，沿海国也不能对军舰进行执法，更不得对军舰使用武力。奥克斯曼先生认为："在没有《联合国宪章》授权的情况下对外国的军事手段（military instrumentality）（在海洋法中主要是指外国军舰）使用武力本身即违反了《联合国宪章》和《公约》，即使其目的是为了处置所宣称的违反《联合国宪章》和《公约》的行为。"[2]事实上，沿海国对于专属经济区内的军舰不仅没有管辖权和执法权，甚至无权要求军舰驶离其专属经济区。

---

[1] See UN, *Yearbook of ILC*, Vol. II, 1966, pp. 247~248.

[2] Bernard H. Oxman, "The Regime of Warships Under the United Nations Convention on the Law of the Sea", 24 Va. J. Int'l L. 809 1983~1984, p. 815.

《公约》第二部分"领海和毗连区"第 30 条"军舰对沿海国法律和规章的不遵守"规定:"如果任何军舰不遵守沿海国关于通过领海的法律和规章,而且不顾沿海国向其提出遵守法律和规章的任何要求,沿海国可要求该军舰立即离开领海。"但是,《公约》第五部分"专属经济区"中并没有这样的条款,所以沿海国对于违反其关于专属经济区的法律和规章的军舰,不能要求其驶离,而只能向被指控违法的军舰的船旗国主张该国的国际责任。

沿海国在专属经济区内享有的管辖权中适用范围最为广泛的当属环境保护的管辖权。《公约》第十二部分"海洋环境的保护和保全"第 192 条"一般义务"规定:"各国有保护和保全海洋环境的义务。"这项规定没有设定任何前提或者例外,因此,军舰也必须遵守有关保护海洋环境的义务。但是,《公约》将对军舰在海洋环境保护方面的管辖权全部保留给了船旗国,而豁免了军舰的《公约》义务。《公约》第 236 条"主权豁免"规定:"本公约关于保护和保全海洋环境的规定,不适用于任何军舰、海军辅助船、为国家所拥有或经营并在当时只供政府非商业性服务之用的其他船只或飞机。但每一国家应采取不妨害该国所拥有或经营的这种船只或飞机的操作或操作能力的适当措施,以确保在合理可行范围内这种船只或飞机的活动方式符合本公约。"这样规定也是对军舰这种船舶的特殊性的承认,因为对军舰进行环境执法在实践上和法律上都是不可能的。

二、军舰的航行自由的法律基础

《公约》中有许多有关专属经济区的条款涉及军舰的航行自由,其中第 58 条第 1 款和第 2 款规定了所有国家在专属经济区内享有的航行自由,这两个条款是主张军舰在专属经济区内的合法权利的法律依据。《公约》第 58 条第 1 款规定了把第"87

条所指的" 公海自由纳入专属经济区制度，当然其中最大的区别就是第 58 条包括了一个自己的、可以只用于专属经济区的公海自由的列表，而且这个列表也没有保留第 87 条中的开放性规定："除其他外"（inter alia）。当然，第 58 条第 1 款没有包括第 87 条提及的捕鱼、科学研究以及建造人工岛屿、设施和结构的自由，而只是重复了第 87 条提及的航行和飞越、铺设海底电缆和管道的自由。第 58 条第 1 款的最后一句话 "与这些自由有关的海洋其他国际合法用途，诸如船舶和飞机的操作以及海底电缆和管道的使用有关的并符合本公约其他规定的那些用途"，对于军舰来说极为重要。这一句话实质上发挥了对第 87 条 "除其他外" 的代替功能。这句话中的 "这些自由" 是指 "第 87 条" 所指的自由。因此，"海洋其他国际合法用途" 应是与公海上的航行自由相关的，并且包括了军舰的操作活动。

在第三次联合国海洋法会议之前，国际社会普遍接受航行和飞越自由，包括这些自由的附带活动，因而不仅承认军舰的航行自由本身，而且承认与航行自由相关的活动，如举行军事演习等。没有证据表明这种国际习惯法上的状况发生了变化。有的人甚至认为，那些支持军舰航行自由的国家在第三次海洋法会议加入上述规定的努力，可能会起到相反的作用，因为这些措辞可能限制了国际习惯法上的军舰的行动自由。[1]参加第三次联合国海洋法会议的美国代表对《公约》第 58 条的评价也许代表了海洋大国的主流意见："所有国家在专属经济区内继续享有有关航行和飞越、铺设海底电缆和管道的传统公海自由，以及与这些自由有关的海洋其他国际合法用途，这些自由在质和量上与在专属经济区之外行使的自由完全相同。军事操作、

---

〔1〕 David Joseph Attard, *The Exclusive Economic Zone in International Law*, 1987, p. 86.

演习和活动一直被认为是海洋的国际合法用途。所有国家继续在专属经济区内享有实施这些活动的权利。这正是《公约》第58条的含义。"〔1〕

军舰不是用来运输货物或者旅客的。从传统上说军舰可以在海上开展很多活动，习惯国际法认为军事活动就是对军舰的正常操作，因此应当属于与航行自由和对军舰的操作有关的"海洋其他国际合法用途"。从航行自由的角度来看军舰在专属经济区内所能实施的活动范围与公海完全相同。只要没有非法使用武力或者以武力相威胁，而且军舰的行动"适当顾及"了沿海国的权利和其他国家对海洋的利用，军舰是否受欢迎就是法律考虑范围之外的问题。〔2〕根据任务的不同，军舰主要享有在公海制度下开展军事任务的自由，它主要有三个基本义务：(1) 禁止使用武力或者以武力相威胁的义务；(2)"适当顾及"其他国家使用海洋的权利的义务；(3) 遵守其他条约或者国际法规则规定的应当适用的义务。〔3〕这些要求同样适用于专属经济区，此外还应当适当顾及沿海国在"专属经济区内"的权利和义务。在奥克斯曼看来，"那些专属经济区内是否允许海军操作或者演习的投机性观点是徒劳的。各国显然从未在世界上所有半封闭的海洋放弃这些权利，例如，欧洲或者阿拉伯沿岸海域。切题的问题是在特定海域的具体活动是否履行了'适当顾及'的义务。例如，很难主张那些对沿海国在专属经济区内开

〔1〕 "Official Records of the Third UN Conference on the Law of the Sea", Vol. 17, *Plenary Meetings*, Doc. A/CONF. 62/WS/37 and ADD. I and 2 (New York: United Nations, n. d.), 243.

〔2〕 Bernard H. Oxman, "The Regime of Warships Under the United Nations Convention the Law of the Sea", 24 Va. J. Int'l L. 809 1983~1984, p. 837.

〔3〕 Bernard H. Oxman, "The Regime of Warships Under the United Nations Convention the Law of the Sea", 24 Va. J. Int'l L. 809 1983~1984, p. 837.

采的自然资源造成重大损害的军事演习是正当的。另一方面，
沿海国不希望军舰出现的政治或者军事利益，并未包括在其根
据《公约》第 56 条享有的专属经济区的权利之内，因此并非船
旗国'适当顾及'的义务的客体。"[1]

三、军舰的适当顾及的义务

"适当顾及"的义务是《公约》为平衡缔约国利益而创立
的一项重要义务，对专属经济区制度来说尤其重要。《公约》第
五部分规定了沿海国和其他国家在专属经济区内的"适当顾及"
的义务，其他国家在专属经济区内行使航行自由或者其他权利
时应当遵守的"适当顾及"的义务，在事实上构成了对航行自
由的限制。根据《公约》第 58 条第 3 款，各国在专属经济区内
行使权利和履行义务的时候，应适当顾及沿海国的权利和义务，
并应遵守沿海国根据本公约的规定制定的法律和规章。对于军
舰来说，由于其特殊的功能，在专属经济区内需要遵守沿海国
法律和规章的场合比较少，[2]而且，就像我们上文中提到那样，
军舰豁免于沿海国制定的环保规章。正如奥克斯曼先生指出的，
从研究军舰的航行自由考虑，不需要对第 58 条第 3 款规定的
"法律和规章"花费什么笔墨。[3]这里所需要关注的是军舰
"适当顾及沿海国的权利和义务"的义务。正如有学者认为的那
样，通过规定"适当顾及沿海国的权利和义务"的义务，《公约》

---

[1] Bernard H. Oxman, "The Regime of Warships Under the United Nations Convention on the Law of the Sea", 24 Va. J. Int'l L. 809 1983~1984, p. 838.

[2] 其中值得一提的应当是《公约》第 60 条第 4 款所规定的沿海国在人工岛屿、设施和结构的周围设置合理的安全地带中采取适当措施，这种措施用以确保航行以及人工岛屿、设施和结构的安全。

[3] Bernard H. Oxman, "The Regime of Warships Under the United Nations Convention on the Law of the Sea", 24 Va. J. Int'l L. 809 1983~1984, pp. 839~840.

明确限制了军舰在专属经济区内的操作。[1]

(一) 适当顾及沿海国的主权权利

沿海国在专属经济区的主权权利主要涉及该区域内的渔业资源和海底矿产资源。《公约》第 56 条第 1 款中规定的主权权利并未赋予沿海国对专属经济区本身的主权，军舰的航行自由不可能从属于沿海国为了勘探和开展自然资源或者其他相关活动的目的而享有的主权权利，军舰行使航行自由只是受限于第 58 条第 3 款规定的其他国家的"适当顾及"的义务。"适当顾及"的义务能够排除军舰活动对沿海国利益的潜在干扰或者伤害，平衡军舰权利和沿海国的权利。例如，在专属经济区内进行海军演习的时候，不得严重干扰沿海国在该区域的捕鱼活动。[2]从一般意义上讲，军事演习、武器测试或者在大陆架上安装武器装置等军事活动必然会对这些自然资源造成一定影响，这些影响是不可避免的，也是军事活动所附带的。比如涉及武器的使用或者实弹演习，可能会给海洋生物造成伤害，也可能会破坏海床或者底土的原有状态，但是一般情况下，这些影响应当是轻微的并且是可以恢复的。所谓"适当顾及"的义务是指所有国家在实施军事活动的时候，尤其是伴有实弹演习或者水下爆炸的活动，应当尽量避开外国专属经济区内的重要渔场，或者尽量不在渔汛时期开展军事活动，不得对外国专属经济区内的自然资源或者海洋环境造成长期的、重大的或者不可恢复的损害。尤其是涉及放射性物质的使用时，更应遵守相关国际

---

〔1〕 George V. Galdorisi and Alan G. Kaufman, "Military Activities in the Exclusive Economic Zone: Prevent Uncertainty and Defusing Conflict", 32 Cal. W. Int'l L. J. 253 2001~2002, p. 281.

〔2〕 John Astley and Michael N. Schmitt, "The Law of the Sea and Naval Operation", 42 A. F. L. Rev. 119 1997, p. 137.

条约和习惯法规则的规定，不得直接或者间接伤害海洋生物或者造成海洋污染。

（二）适当顾及沿海国的管辖权

由于军舰享有绝对豁免权，它可以豁免于沿海国在专属经济区内的所有管辖权，当前在这个方面争议最大的是军事调查活动与海洋科学研究的关系问题。正如奥克斯曼先生指出的那样，专属经济区制度中一个潜在的冲突是与在海上获得情报有关的活动是否构成第 58 条第 1 款意义上的海洋的国际合法用途，或者属于第八部分意义上的海洋科学研究。[1]这个问题涉及获得海洋自然环境的信息，获得外国政府、船舶和国民的信息当然不属于海洋科学研究。当《公约》没有对海洋科学研究作出定义的情况下，第 243 条加强了这种效果。该条款提到了"科学工作者在研究海洋环境中发生的各种现象和变化过程的本质以及两者之间的相互关系方面的努力"。相似的规定还有第 246 条第 3 款关于同意的基本规定："为了增进关于海洋环境的科学知识以谋全人类利益。"因此，真正重要的问题是所有收集的海洋自然环境信息是否都属于相关条款意义上的海洋科学研究。[2]

在美国看来，军事调查活动不是科学研究，而是能够在领海之外的专属经济内实施的海军活动，不受沿海国的规章管辖。收集关于外国海上活动的军事情报是一种有关行使和保护航行

---

〔1〕 Bernard H. Oxman, "The Regime of Warships Under the United Nations Convention on the Law of the Sea", 24 Va. J. Int'l L. 809 1983~1984, p. 844.

〔2〕 首先应当指出的是，勘探自然资源始终不属于海洋科学研究，它属于沿海国对专属经济区内自然资源的主权权利的范畴，是专属于沿海国的一种主权权利，任何其他国家不得在沿海国的专属经济区从事专属经济区内勘探自然资源的活动。外国的政府或者企业只有通过与沿海国的政府或者私人合作，按照沿海国的国内法及双方的合作开发协议，才能在沿海国的专属经济区内从事勘探活动。《公约》第 204 条规定了对污染危险和影响的监测，这种活动属于海洋环境的保护和保全的范畴，不属于《公约》项下的海洋科学研究。

和飞越、铺设海底电缆和管道自由的第 58 条第 1 款意义上的用途。这种活动不构成《公约》意义上的海洋科学研究。美国海军《军事行动法律指挥官手册》认为"虽然在专属经济区内从事科学研究必须获得沿海国的同意，但是沿海国不能在其领海之外实施管理水文的测量或者军事调查，也不能要求从事这些活动应当事先通知"。[1]有美国学者提出，《公约》认为"研究"（research）活动和"调查"（survey）活动是两类不同的活动。其依据是《公约》中的一些条款，如第 19 条、第 40 条、第 52 条、第 54 条和第 56 条表明了这种区分。[2]第 19 条第 2 款规定："如果外国船舶在领海内进行下列任何一种活动，其通过即应视为损害沿海国的和平、良好秩序或安全：……(c) 任何目的在于搜集情报使沿海国的防务或安全受损害的行为；……（j）进行研究或测量活动……"这里不仅收集情报的活动被单独作为一款，而且该条（j）款中也同时提到了研究和测量，表明它们是不同的活动。第 52 条把同样的限制适用于群岛国的群岛水域。《公约》第 40 条"研究和测量活动"规定："外国船舶，包括海洋科学研究和水文测量的船舶在内，在过境通行时，非经海峡沿岸国事前准许，不得进行任何研究或测量活动。"根据第 54 条的规定，第 40 条适用于群岛国群岛水域的群岛海道的通过。这里同样认为研究和测量是两种活动。第 56 条第 1 款（b）(2) 项规定了沿海国享有对海洋科学研究的管辖权，而未提及海洋调查活动。因此，沿海国对海洋调查活动不享有管辖权。其实

---

〔1〕 Annotated Supplement to the Commander's Handbook on the Law of Naval Operations, at 2~20.

〔2〕 Raul（Pete）Pedrozo，"Preserving Navigational Rights and Freedoms：The Right to Conduct Military Activities in China's Exclusive Economic Zone"，9 Chinese J. Int'l L. 9 2010, p. 12.

《公约》项下即使对海洋考古也是单独作了规定。[1]

上述第 19 条也成为美国学者主张"收集情报的活动"也不属于科学研究的依据。实际上,"收集情报"和"科学研究"的最大区别在于它们的用途不同:一个是用于军事目的,具有秘密性;一个适用于增进科学知识,具有公开性。《公约》第 244 条、第 248 条和第 249 条的要求很好地表达了海洋科学研究的规定不适用于秘密活动,或者意图产生保密信息的活动。如果定密的目的是商业的,那么沿海国当然有权认定该活动是应当完全属于其自由裁量权的商业勘探。另一方面,如果定密的目的是军事的,那么该活动就不受沿海国对海洋科学研究的管辖权的限制。因为沿海国对专属经济区内的军事活动没有一般性管辖权,所以沿海国找不到其他管辖权基础。因为一般认为海军收集海洋自然环境信息的秘密活动与行使和保护航行自由有关,所以这些活动应当属于第 58 条第 1 款的范围。当然,如果属于海军实施或者赞助的、以公开出版为目的的海洋学研究,这些活动当然适用于《公约》中有关海洋科学研究应公开研究成果和取得沿海国同意的条款和规定。

我国学者认为《公约》第五部分打破了"领海之外即公海"的旧时代传统规则,专属经济区虽然不是领海的一部分,但是在性质上也不是公海。《公约》明确地把专属经济区排除在公海之外,并把它并入沿海国的国家管辖权之内。这恰恰证明了大部分发展中国家(包括秘鲁和中国)要求扩大沿海国的管辖权的主张得到了国际社会的广泛承认。沿海国行使勘探、开采、保护和管理专属经济区内自然资源,以及其他与专属经济区的经济用途有关的活动的主权权利,并对包括海洋科学研究在内的有关事项行使管辖权,这已经使得专属经济区与公海有

---

[1] 参见《公约》第 149 条、第 303 条。

了实质性的不同。[1]与美国学者的观点不同，在我国学者看来，《公约》并未提供"海洋科学研究"的定义，或者列举它所包含的各种活动，也没有对"调查"作出定义或列举其包括的具体活动。这样的话，从法律的角度上说对《公约》中的有关条款就有了两种不同的解释。一种是美国学者上面提到的那种，另一种可能的解释是"海洋科学研究"和"调查"并不相互排斥。关键问题是《公约》既未规定哪些活动属于海洋科学研究，也未规定军事活动不属于海洋科学研究。事实上，这是中美之间对在专属经济区内从事军事调查和情报收集活动的管辖权方面发生争议的主要原因。这是对《公约》的解释和适用上面的分歧。对所有沿海国来说，由美国来提出对《公约》的解释和适用的争议是很不公平的，因为它甚至都没有批准《公约》。对《公约》的第五部分予以解释的一个前提是美国要成为《公约》的缔约国。[2]随着当代海洋技术和装备的应用，从可收集的海洋数据的类型和潜在用途的角度来看，当前很难区分海洋调查、海洋数据收集和海洋科学研究。因此，在专属经济区内从事海洋数据收集活动可以归入海洋科学研究的类别，从而属于沿海国根据《公约》第五部分和第八部分享有的管辖权。总而言之，根据《公约》第 56 条第 1 款（b）2 项和第 7 部分的规定，我国对美国在我国专属经济区内从事的海洋调查和情报收集活动拥有管辖权。[3]

---

〔1〕 Zhang Haiwen, "Is It Safeguarding the Freedom of Navigation or Maritime Hegemony of the United States? – Commentson Raul（Pete）Pedrozo's Article on Military Activities in the EEZ", 9 Chinese J. Int'l L. 9 2010, p. 34.

〔2〕 Zhang Haiwen, "Is It Safeguarding the Freedom of Navigation or Maritime Hegemony of the United States? – Commentson Raul（Pete）Pedrozo's Article on Military Activities in the EEZ", 9 Chinese J. Int'l L. 9 2010, p. 35.

〔3〕 Zhang Haiwen, "Is It Safeguarding the Freedom of Navigation or Maritime Hegemony of the United States? – Commentson Raul（Pete）Pedrozo's Article on Military Activities in the EEZ", 9Chinese J. Int'l L. 9 2010, p. 36.

关于自裁管辖权原则应用于
我国仲裁实践的思考

董　箫　2006级　安杰律师事务所

一、案例及引发的问题

因合营企业合同纠纷，某外资公司 A 依据合同中的仲裁条款，以某中国公司 B 为被申请人向中国 C 仲裁委员会提起仲裁，C 仲裁委员会受理了该申请，根据仲裁规则组建了仲裁庭并发出组庭通知。收到仲裁庭的组庭通知后，B 公司立即在其住所地的 D 市中级人民法院立案，案由为"申请确认仲裁条款效力"，理由是双方合同中约定的仲裁机构名称与 C 仲裁委员会的全称有两个字的差异，据此主张双方约定的仲裁机构不明确，请求 D 市中级人民法院确认仲裁条款无效。D 市中级人民法院收到 B 公司提交的申请后，向 C 仲裁委员会发出通知，载明 D 市中级人民法院已经受理 B 公司提出的"确认仲裁条款效力"申请，要求仲裁庭"依法处理"仲裁案件。仲裁庭只得作出决定，中止本案的仲裁程序。

但数个月后，D 市中级人民法院仍未对仲裁协议效力作出裁定，致使仲裁程序被搁置起来，无法继续进行。

从上述案例可以看出，在我国，不对案件实体争议进行审理的法院对于仲裁条款效力的异议有权作出裁定，而享有仲裁案件实体审理权的仲裁庭却没有决定权。当仲裁案件当事人恶意利用该规则向法院提出管辖权异议申请时，法院可能出于"地方保护"等原因迟迟不对异议作出裁定。在这种情况下，仲裁程序中止，仲裁庭只能无奈等待，而另一方当事人并无其他的权利救济途径。在仲裁申请人为外国当事人、仲裁被申请人为中方当事人的案件中，尤其容易引发这种现象。《最高人民法院关于适用〈中华人民共和国仲裁法〉若干问题的解释》第 12 条第 2 款规定："申请确认涉外仲裁协议效力的案件，由仲裁协议约定的仲裁机构所在地、仲裁协议签订地、申请人或者被申请人住所地的中级人民法院管辖。"根据该规定，中方当事人往往会很自然地选择本公司住所地的中级人民法院作为管辖法院。可以想象，难免会造成双方当事人法律处境不公平的局面。而且，根据最高人民法院确立的涉外仲裁协议效力审查的"层报制度"，如果受案中级人民法院认为该涉外仲裁协议应认定无效，还必须通过所属高级人民法院上报至最高人民法院审查答复。在实践中，这一报告程序可能会费时数月甚至逾年。

二、国际条约和其他国家关于自裁管辖权的规定

仲裁庭自裁管辖权原则是 20 世纪 50 年代以后发展起来的一种关于仲裁管辖权的理论学说，目前已经得到世界多国的接受和采纳，成为现代国际商事仲裁法的重要理论和实践。[1]国际商会 1955 年《仲裁规则》第 6 条第 2 款关于仲裁庭有权就当事人"对仲裁庭管辖权提出的异议作出决定"的规定，被认为开创了仲裁庭可以就其管辖权作出决定的先河。随后，该原则首

---

〔1〕 王瀚、李广辉："论仲裁庭自裁管辖权原则"，载《中国法学》2004 年第 2 期。

先在欧洲大陆得到迅速发展并在仲裁实践中得到应用。[1]自裁管辖权原则的核心意思是仲裁庭享有对其自身拥有的管辖权及对当事人提出的管辖权异议作出决定的权利，而不需要事先的司法决定。该理论包含两层含义，一方面体现为它的积极效力，即仲裁庭对管辖权的裁决不需要事先的司法决定；另一方面，该理论又具有消极效力，即在于对法院干预仲裁管辖权决定的时间和条件的限制。[2]

1961年《欧洲国际商事仲裁公约》和1966年的《欧洲统一仲裁法》关于自裁管辖权原则的规定标志着该原则内容的初步形成。1965年《解决国家与他国国民间投资争端公约》被认为是首个采纳自裁管辖权原则的世界性公约。[3]从具体内容看，联合国国际贸易法委员会《国际商事仲裁示范法》（2006年）第16条规定了仲裁庭对其管辖权作出裁定的权力，即"仲裁庭可以对其管辖权，包括对关于仲裁协议的存在或效力的任何异议作出裁定"。《联合国国际贸易法委员会仲裁规则》（2010年）第23条的规定是，"仲裁庭有权力对其自身管辖权作出裁定，包括对与仲裁协议的存在或效力有关的任何异议作出裁定"。《国际商会仲裁规则》（2012年）第6条规定"对于任何管辖权问题，或各项请求是否可以在该次仲裁中作出共同裁定的问题，则应由仲裁庭直接决定"。

从各国国内法来看，英国《1996年仲裁法》第30条规定，除非当事人另有约定，仲裁庭可以决定当事人是否具有有效的

---

〔1〕 乔欣："比较法视野下自裁管辖权原则的理论探讨"，载《西部法学评论》2009年第3期。

〔2〕 霍伟："论仲裁自裁管辖权原则"，载《中国仲裁与司法论坛暨2010年年会论文集》，第184页。

〔3〕 乔欣："比较法视野下自裁管辖权原则的理论探讨"，载《西部法学评论》2009年第3期。

仲裁协议、何种事项可以提起仲裁等事宜。德国、法国等国家也有类似规定。[1]

基于上述规定可见，采纳自裁管辖权原则的国家都规定了仲裁庭有权决定仲裁条款的效力，并据此确认其自身的管辖权。同时，需要注意的是，确立自裁管辖权原则，并非完全排除法院对于管辖权异议的司法监督甚至作出相关裁定的权力。因为如果当事人未能自动履行裁决，最终会由法院予以强制执行，法院对仲裁程序的司法监督权是始终存在的。[2]自裁管辖权原则的另一方面在于在仲裁庭自治和法院司法监督之间寻求合理的平衡，主要体现在法院介入管辖权异议的时间和条件上不同的规定。[3]

三、我国关于仲裁管辖权异议处理的有关法律规定

我国《仲裁法》第 20 条第 1 款规定："当事人对仲裁协议的效力有异议的，可以请求仲裁委员会作出决定或者请求人民法院作出裁定。一方请求仲裁委员会作出决定，另一方请求人民法院作出裁定的，由人民法院裁定。"

为进一步明确管辖权异议问题，最高人民法院于 1998 年通过了《关于确认仲裁协议效力几个问题的批复》。依据该批复的规定，当事人对仲裁协议的效力有异议，一方当事人申请仲裁机构确认仲裁协议效力，另一方当事人请求人民法院确认仲裁

---

〔1〕 张皓亮："仲裁程序中管辖权异议的理论与实践"，载《北京仲裁》2010年第 3 期。

〔2〕 Robert H. Smit, "Separability and Competence-Competence in International Arbitration: Ex Nihilo Nihil Fit? Or Can Something Indeed Come from Nothing?", 13 Am. Rev. Int'l Arb, p. 19.

〔3〕 吕雪娟："仲裁庭管辖权自裁原则评析"，载 http://www.zylawyer.com/analyze-disp.asp? id=1746，访问日期：2013 年 8 月 12 日。

协议无效，如果仲裁机构先于人民法院接受申请并已作出决定，人民法院不予受理；如果仲裁机构接受申请后尚未作出决定，人民法院应予受理，同时通知仲裁机构中止仲裁。如果一方当事人就合同纠纷或者其他财产权益纠纷申请仲裁，另一方当事人对仲裁协议的效力有异议，请求人民法院确认仲裁协议无效并就合同纠纷或者其他财产权益纠纷起诉的，人民法院受理后应当通知仲裁机构中止仲裁。人民法院依法作出仲裁协议有效或者无效的裁定后，应当将裁定书副本送达仲裁机构，由仲裁机构根据人民法院的裁定恢复仲裁或者撤销仲裁案件。

根据我国法律的规定：可以得知：其一，我国仅对当事人对仲裁协议的效力有异议的情况进行了规定；其二，我国将仲裁管辖权异议的决定权赋予了仲裁委员会和法院，法律上并未规定仲裁庭有权对管辖权异议作出决定；其三，我国法律赋予了人民法院处理仲裁管辖权异议的优先管辖权。我国法律的现行规定与国际通行做法差别较大。

四、我国现行法律规定的不足及其完善

（一）应明确仲裁庭决定管辖权异议的范围扩展至所有的管辖权异议

通常情况下，仲裁管辖权问题可以分为三类：一是仲裁协议（或仲裁条款）是否存在及是否有效，二是仲裁事项是否属于约定的仲裁范围，三是仲裁事项是否具有可仲裁性。[1]

根据我国《仲裁法》第20条的规定，人民法院或仲裁委员会可以作出管辖权异议的范围是"当事人对仲裁协议的效力有异议的"，即管辖权限于"仲裁协议的效力"问题。何为仲裁协

---

[1] 张皓亮："仲裁程序中管辖权异议的理论与实践"，载《北京仲裁》2010年第3期。

议的效力问题，通常依据《仲裁法》第 17 条和第 18 条来确定。

对于仲裁协议效力之外的其他管辖权异议，我国法律没有规定。实践中，对这类管辖权异议的决定权归属通常由各仲裁委员会在其仲裁规则中自行规定。参照本文第二部分所提到的国际条约及各国国内法的规定，为避免当事人不当利用管辖权异议的法律规定、有意拖延仲裁程序，我们认为应在法律层面明确仲裁庭处理管辖权异议的范围包括所有的管辖权问题。

（二）应限制法院干预仲裁程序的时点，确立仲裁庭优先决定管辖权原则

自裁管辖权原则中仲裁庭所享有的决定管辖权异议的权力仍是位阶在司法权之下的一种有限的权力。从各国规定看，法院仍享有决定仲裁管辖权异议的终极权力。自裁管辖权原则的关键不在于是否赋予仲裁庭的决定以终局效力，也不在于是否完全排除法院确定仲裁管辖权的权力，而在于限定法院干预仲裁管辖权的时间和条件，从而避免法院过早地干预仲裁程序，有利于提高仲裁效率。[1]

结合我国《仲裁法》及最高人民法院《关于确认仲裁协议效力几个问题的批复》的规定，我国法律赋予了法院对仲裁管辖权异议的优先管辖权，这不仅是对仲裁庭自裁管辖权原则的根本否定，也不利于仲裁权的行使及仲裁业务的发展。

由法院优先处理仲裁管辖权异议，其一，违背了当事人提请仲裁的初衷，是对当事人意思自治的不尊重。仲裁庭处理争议的权力来自于当事人的授权，当事人既已同意将其争议提交仲裁解决，就意味着将协议项下的一切争议，包括对该协议的

---

[1] 翁国民、黄子凯："仲裁的自裁管辖及其与仲裁管辖权司法监督的程序竞合"，载《法律适用（国家法官学院学报）》2001 年第 11 期。

效力的异议，交由仲裁解决；[1]其二，不利于争议的快速、高效解决；其三，当事人选定的仲裁员往往比法官更具国际化背景，尤其在需要适用外国法作为仲裁协议准据法的情况下，仲裁员能够更好地进行查明和更正确的适用。[2]

仲裁的优点之一即是其及时性和经济性，可以使纠纷得到快速解决。从实践看，当事人提请法院介入管辖权异议，很多情况下成为拖延仲裁程序的手段（尤其是我国法律没有规定法院对仲裁管辖权异议作出决定的期限），[3]本文第一部分提到的案件就是一个典型例子。

确立仲裁庭优先原则，其核心含义是赋予仲裁庭在时间上的优先权力，使仲裁庭成为管辖权异议的第一个决定主体。[4]确立仲裁庭优先原则并非是对法院司法监督权力的挑战，因为根据我国法律的规定，法院仍可以通过对仲裁裁决撤销和不予执行，行使其对仲裁的监督权。

（三）仲裁委员会不是行使管辖权异议决定权的最佳主体

大多数国家规定仲裁庭有权对管辖权异议作出决定，原因在于这是仲裁庭基本、固有和必不可少的权力。我国法律规定了仲裁委员会对管辖权异议的决定权，这种立法颇为少见，遭到学者和法律实务界的广泛质疑，原因是：

首先，从仲裁委员会与仲裁庭的分工及安排来看，仲裁委

---

〔1〕 赵秀文："论《国际商会国际仲裁院仲裁规则》及其适用"，载《武大国际法评论》2006 年第 1 期。

〔2〕 Ozlem Susler, The English Approach to Competence-Competence, 13 Pepp. Disp. Resol. L. J. , p. 427.

〔3〕 吴凡："论我国仲裁协议效力的确认机构"，载《齐齐哈尔大学学报（哲学社会科学版）》2007 年第 5 期。

〔4〕 高莉丽："自裁管辖权原则与我国中国仲裁管辖权的确认"，载 "中国涉外商事海事审判网"，http://www.ccmt.org.cn/showexplore.php? id = 2052，访问日期：2013 年 8 月 12 日。

员会是仲裁事务的管理和服务机构，仲裁庭才是对案件作出裁决的专门机构，二者的人员组成和工作模式大相径庭，如果由仲裁委员会作出管辖权异议决定，不仅会削弱仲裁庭处理案件的权力，也缺乏程序上的正当性；其次，案件审理实体争议的决定权在于仲裁庭，却将管辖权异议这一程序性权力交由仲裁委员会行使，会人为割裂一个案件的实体性权力和程序性权力的行使，给案件的正常审理造成不必要的冲突；最后，对于管辖权异议的决定，有时需要与案件的实体审理相结合，出现这一情况时，仲裁委员会仍需仲裁庭的协助才能作出决定。

目前，我国仲裁机构的仲裁规则，如北京仲裁委员会《仲裁规则》（2008 年）第 6 条第 4 款以及中国国际经济贸易仲裁委员会《仲裁规则》（2012 年）第 6 条第 1 款，都规定了仲裁委员会必要时可以将管辖权异议的决定权授予仲裁庭行使，从而在《仲裁法》规定的框架下间接实现仲裁庭的自裁管辖权。尽管如此，仲裁庭能否实现对自裁管辖权的拥有，仍有赖于仲裁委员会的决定。因此，我们认为应确立全面、真正意义上的自裁管辖权，在仲裁法中取消仲裁委员会的管辖权异议决定权，明确规定仲裁庭有权对管辖权异议作出决定。

（四）仲裁庭组成前对管辖权异议的处理建议

已有论述中一个容易被忽略的问题，是在采纳了自裁管辖权原则后，如果当事人在仲裁庭组成之前提出管辖权异议，该异议应当如何处理。

我们认为，可以参考《国际商会仲裁规则》（2012 年）和《新加坡国际仲裁中心仲裁规则》（2013 年）的有关规定来处理。《国际商会仲裁规则》（2012 年）第 6 条第 3 款规定："对于任何管辖权问题，或各项请求是否可以在该次仲裁中作出共同裁定的问题，则应由仲裁庭直接决定，除非秘书长按照第 6 条第 4 款的规定，将有关事项提交仲裁院决定。"而该仲裁规则第六条第 4 款规定："对于根据第 6 条第 3 款提交仲裁院决定的所有案件，仲裁院应就仲裁是否继续进行以及应在何等范围内继续进行作出决定。如果仲裁院基于表面所见（prima facie，也有学者翻译为"表面证据"）认为一份符合仲裁规则要求的仲裁协议可能存在，则仲裁应继续进行。"

相比之下，《新加坡国际仲裁中心仲裁规则》（2013 年）对该问题的规定更为明确，该规则第 25 条第 1 款的规定："仲裁庭组成之前，如一方当事人对仲裁协议的存在或者有效性有异议，或者对新仲裁庭管理仲裁的资格有异议，主簿应当决定是否须将该等异议提交仲裁院。若主簿决定提交，则仲裁院应当决定，是否能够表面证明（"it is prima facie satisfied"），依据本规则可能存在有效的仲裁协议。仲裁院没有认定仲裁协议存在的，仲裁程序必须终止。主簿或仲裁院所作出的决定并不影响仲裁庭就自身的管辖权作出裁决。"

借鉴上述规定，我们认为，在仲裁庭组建之前，对于依据表面证据可以决定的管辖权异议，可以交由仲裁委员会决定，除此之外的所有管辖权异议，均应在仲裁庭组建后由仲裁庭决定。此外，我们还认为，如果能够从立法的层面上将上述规定固定下来会更为理想。因为自裁管辖权原则是现代商事仲裁的核心，并且对于现代立法，可以说是非常必需的。[1]

五、结语

仲裁是解决纠纷的重要手段。仲裁案件的圆满解决，需要以仲裁庭对案件拥有有效的管辖权为前提，如果仲裁庭不能对

---

[1] Jack M. Graves, "Arbitration As Contract: The Need For A Fully Developed And Comprehensive Set of Statutory Default Legal Rules", 2 Wm. & Mary Bus. L. Rev., p. 227.

案件管辖权异议作出直接、有效的决定，不仅仲裁庭可能丧失对案件实体争议进行处理的权力，也会使案件在仲裁和法院之间发生程序反复，难以使纠纷得到及时解决，也难以发挥仲裁制度简便、快捷的特点。

鉴于我国现行法律规定的缺陷，我们认为应对我国的相关规定予以完善，包括应取消仲裁委员会对仲裁管辖权异议的决定权，确立自裁管辖权原则，并应取消法院的优先管辖权，确立仲裁庭的优先管辖权。如此，才能将仲裁权和司法权进行合理配置，也更能发挥仲裁在争议解决方面的优势。

亦冷亦"热"话北极

周立涛　2008 级　中国煤炭能源集团

孟凡明　2008 级　国防大学战役教研部

张　毅　2008 级　北京市国资委

北极理事会会议主席、瑞典北极事务大使古斯塔夫·林德在理事会 2012 年高官会议上一语双关地表示，"北极现在'火热'"。近段时期以来，冰雪覆盖的北极地区再起波澜，美、加、俄等国纷纷"亮剑"，意欲在"北极圈地"运动中抢占先机、赢得主动，极寒的北极地区再次成为"群雄逐鹿的竞技场"。

一、价从何来——极寒天气掩盖不住的"战略高地"

北极地区（简称北极，Arctic），是指以北极点为中心、北极圈（北纬 66°33′）以北的区域，包括北冰洋海域、边缘陆地（北冰洋沿岸亚、欧、北美三大洲大陆北部）、海岸带及岛屿、北极苔原以及最外侧的泰加林带，总面积约 2100 万平方公里（其中陆地和岛屿面积约 800 万平方公里），北极的海洋区域指的是北冰洋。

北极虽然气候恶劣，常年低温，但由于该地区自然资源丰富、航运价值独特、军事价值不可替代，使得其潜在地位日益凸显，成为多国竞相争夺的热点所在。

从自然资源来看，据初步测算，该地区拥有全球 13% 的未探明石油储量，30%的未开发天然气储量和9%的世界煤炭资源。[1]据美国地质勘探局公布的一份最新评估报告称，该地区拥有原油储量900亿桶，天然气储藏超过47万亿立方米，可谓"第二个中东"。同时，该地区的矿产、渔业及可再生自然资源也异常丰富，由此奠定了其作为下一个"资源争夺战场"的地位。

从航运价值来看，该地区拥有"东北航道""西北航道"和中央航道三条航道，虽然短期内通航时间仍受到诸多限制，但其价值不可小觑。以西北航道（North West Passage）为例，其作为连接欧亚大陆的"黄金水道"，已被视为新的"大西洋——太平洋轴心航线"。仅从距离上来看，与巴拿马运河航线相比，选择西北航道可使北美东海岸与亚洲之间的航程缩短6500公里，大大节省运输成本。据俄罗斯统计，2015年，北极航道的货运总量由2011年底的500万至700万吨，增至1300万至1500万吨。[2]由此可见，一旦北极航线作为一条常用航线确定下来，全球经济流向将因此发生根本改变。

从军事价值来看，北极处于北美区域、以西欧为中心的欧洲区域和东亚区域这"三大战略中心地带"的延伸点之上，极佳的地缘战略位置决定了谁能够控制该点，谁就能够对大国进行有效地"瞰制"。对此，俄罗斯军事评论家曾强调，谁主导了北极谁就主导了世界军事舞台的制高点。北冰洋厚达几十米甚至几百米的冰层能够有效遮挡侦察卫星、预警飞机等的跟踪探测，使得其洋底成为全球范围内最安全、最理想的弹道导弹核潜艇的天然隐蔽待机和发射阵地。

---

〔1〕 张晓东等："北极：寒地正在变热土?"，载《人民日报》2010年9月7日。

〔2〕 张健伟："专访林宏宇：解析北极地区主权争端"，载《地理e周刊》2011年总第29期。

除上述价值之外，北极的环保价值亦不容忽视，作为"地球冰箱"，其对全球气候的影响十分明显。环保专家经过长时期跟踪研究认为，近年来东亚、欧洲和北美大部分地区冬季的极端雨雪和低温气候即与北极地区海冰融化有很大关系。

面对战略利益的巨大诱惑，美、俄等国动作频频，以抢占北极这一战略支点，支撑起国家未来发展的利益需求。美国对该地区的争夺，采取了全面推进、战略先行的方式，就在2013年11月22日，美国国防部发布了《北极战略》，该战略是在美国总统于2013年5月发布的《发展北极地区国家战略》的基础上，为美国处理北极地区安全和利益问题提供的行动指南，美国国防部将以此为据规划发展北极地区的海军力量和基础设施。俄则采取开发引路、军事跟进的方式，俄总统普京已于2013年12月10日责成俄国防部在2014年完成北极地区的部队组建和基础设施部署工作。加拿大也不甘落后，采取主权宣示、科考保障的方式。2013年12月加拿大外交部长约翰·贝尔德发表声明，称加拿大已对北极地区海底大陆架延伸情况进行了长达十年的科考调查，并以此为据向联合国提出了对包括北极点在内的大片北极区域拥有主权的主张。

二、争在何处——剑指岛屿主权和海洋权益

近年来，围绕北极地区的争端，焦点主要集中在汉斯岛主权之争、北极航道的归属以及外大陆架划界等问题之上。

在以岛确权的规则下，对岛屿主权的争夺首当其冲。汉斯岛，位于格陵兰岛与加拿大的埃尔斯米尔岛（Ellesmere Island）之间，处于狭长的迪马克海峡（Denmark Cannal）中段。虽然面积仅有113平方公里，但其地理位置极为重要，背后潜藏的战略价值巨大。该岛扼守"西北航道"要冲，潜在的西北航道大

规模通航后，该岛所具有的航运港价值将对西北航道通航产生巨大影响；同时该岛的主权归属将对两国的大陆架划界产生重要影响，直接关系到两国在北极地区权益份额的大小。为此，加丹两国围绕该岛主权展开了长期的激烈争夺，穷尽各种手段试图证明其对于汉斯岛及其周围海域的有效控制，以达到获取排他性占有"汉斯岛经济专属区"各项资源权益的终极目的。当前，两国在谈判的框架下展开了多次磋商，虽未取得实质性进展，但仍朝和平解决的方向努力，争端仍在可控的程度之内。

其次，由于北极航道具有的潜在经济和地缘战略价值，使得其利用与管辖问题在北极争端中占据了突出位置，美加两国就"西北航道"的法律地位、美俄间在"东北航道"管辖归属问题上争议较大。

对于"西北航道"，加拿大坚持认为其北极群岛构成一个完整的"群岛水域"，包括西北航道在内的水域全部属于加拿大的内水，并在1970年向国际社会作出了明确宣示，同时制定了《加拿大北极水域污染防治法》，以防治北极冰封水域污染为名，为行使主权宣示提供国内法依据之实。然而这种一厢情愿之举，并未得到其他国家承认，特别是一贯重视海上通行自由权的美国。美国以及世界主要航运大国认为西北通道是适用过境通行制度的国际海峡，不承认加拿大对北极群岛水域的管辖权，美国还多次派船穿越西北航道而未向加方通报其航程或向其提出航行的许可，借以显示其在西北航道问题上的立场。对于美国的说法与做法，加政府以西北通道没有商业航运的历史，不符合国际海峡的法律标准为由予以反驳。

相较于"西北航道"的主权争议，"东北航道"的争议大同小异。美国主张航道涉及的冰封区域的海峡是国际海峡，应适用过境通行制度，外国船只享有过境通行权，无需通报或向俄方申请。而无论是苏联，还是俄罗斯，在对"东北航道"进行界定[1]时都宣称，这些海峡属于俄罗斯的内水，将此航道视为"国内运输航线"，认为《联合国海洋法公约》规定的"过境通行"或"无害通过"均不适用。特别是俄罗斯依据《联合国海洋法公约》（以下简称《公约》）第 234 条的规定，于 1991 年颁布了《北方海航道航行规章》，对航道进行管理。按照俄罗斯法律，外国船只通过"东北航道"时，必须事先取得许可，在部分专属经济区及特殊水域需接受强制性破冰船护航，未经俄方允许或未缴纳航道使用费，船只禁止进入北方海航道。

由于北冰洋地区的大陆架资源储量极为可观，使其成为继岛屿主权和航道归属争议之后，争夺最为集中的区域。近年来，环北极八国围绕靠近北极点的 200 海里外大陆架划界问题展开了激烈争夺。在此问题上，各国的争议远大于共识。

1982 年《公约》为大陆架划界提供了基本法律依据。该《公约》附件二第 4 条规定，拟按照第 76 条划定其 200 海里以外大陆架外部界限的沿海国，应将这种界限的详情连同支持这种界限的科学和技术资料，尽早提交大陆架划界委员会，而且无论如何应于本公约对该国生效后 10 年内提出。《公约》规定，如果一个国家能提供 200 海里外的大陆架是其陆地领土的自然

---

〔1〕　苏联出版的百科辞典将"东北航道"（Northern Sea Route）定义为："苏联在北极的海运航道，它位于北冰洋，连接苏联欧洲和远东港口。西起喀拉海峡东到普罗维杰尼亚湾，长约 5600 公里。"（A. M. Prokhorov, Sovetskii ensiklopdicheskii slovar, Russia1989, 1196）。1991 年俄罗斯在官方文件中将该航道定义为"位于苏联内海、领海（领水）或者毗连俄罗斯北方沿海的专属经济区内的海运线……西端是新地岛海峡的西部入口或沿子午线北行绕过新地岛北端的热拉尼亚角，东到白令海峡的北纬 66°，东经 168°55′37″处。"（Eric Franckx. *Maritime Claims in the Arctic*, London：Kluwer Academic Publishers. 1993. 315.）

延伸的地理证据，大陆架可以延伸至 200 海里之外。[1]《公约》第 76 条第 5 款对于 200 海里外大陆架专门作了规定：沿海国的大陆架包括其领海以外依其陆地领土的全部自然延伸，其扩展到大陆边缘的海床和底土，其范围从领海基线量起的自然的大陆架宽度不足 200 海里的扩展到 200 海里，而在有证据证明的情况下最多可以扩展到 350 海里或不超过连接 2500 公尺深度各点的 2500 公尺等深线 100 海里。[2]第 77 条规定了沿海国对大陆架的权利，最重要的就是大陆架的自然资源开发权归属沿海国所有。实践中相邻和相向的沿海国之间之所以经常在划界问题上争议不断，正是相关权益推动的结果。

虽然根据《公约》的上述规定，可以确认环北极八国对北极地区的大陆架自然资源拥有勘探和开采的权利。但是由于北极地区特殊的海洋地理环境以及《公约》对外大陆架异常繁琐的规定，加之对这一地区的科学考察还不够深入，使得这一地区的大陆架外部界限至今仍难以确定。

根据《公约》规定，提出外大陆架主张的国家应在成为《公约》缔约国最长十年内向委员会提交所需信息，但 2001 年 5 月《公约》缔约国大会决定，任何国家不应被要求在 2009 年之前提交信息，随后大陆架界限委员会第十次会议将提交截止日期确定为 2009 年 5 月 13 日。基于这一规定，俄罗斯在 2001 年 12 月 20 日提出了关于在北冰洋和太平洋划定外大陆架界限的申请，主张北冰洋底包括罗蒙诺索夫海岭和门捷列夫海岭在内一直到北极点的 120 万平方公里海域都属于俄罗斯西伯利亚领土的自然延伸。但这一申请，被委员会以证据不足为由驳回。

---

〔1〕 张晓东等："北极：寒地正在变热土?"，载《人民日报》2010 年 9 月 7 日。

〔2〕 刘颖、吕国民编：《国际法资料选编（中英文对照）》，中信出版社 2004 年版，第 233 页。

2007 年轰动一时的俄罗斯北极海底插旗行动也是为了宣示这一区域的主权权利，俄罗斯科学家试图通过进一步的科考为上述主张提供科学依据。2009 年，俄罗斯又提出了新的大陆架划界案，申请俄罗斯联邦鄂霍茨克海地区 200 海里外大陆架延伸。对此，美国针锋相对地指出，俄罗斯完全有权利在不违反国际法的条件下确定其在北极地区的大陆架边界，但是划界案的制定必须有真实、可靠而充分的科学数据支持。

大陆架界限委员会对俄罗斯北冰洋外大陆架权利申请的驳回，已然预示着申请必须建立在基于科学考察得到的地质证据之上。目前，没有任何一个国家能够提供令委员会信服的足够的科考证据。截至 2009 年 7 月，委员会收到 51 份关于在不同海域划定外大陆架的申请，已由委员会审查并提出建议的 8 份申请中，尚无一项申请得到委员会的支持。

三、解在何方——成功模式恐难复制、借鉴

开弓没有回头箭。在相关国家争夺已渐趋白热化的情势下，已有成功模式在面对北极争端时难掩窘境，相关国际法规则的缺失，更为争端的有效解决笼罩了一层挥之不去的雾霾。

为解决北极争端，世界主要国家提出了多种解决方案，但在极力争取本国北极利益最大化的情形下，无论是扇形原则、先占原则，还是《斯瓦尔巴条约》模式和《南极条约》模式以至《公约》提供的框架，都不同程度地表现出了局限与无奈。北极地区的重要战略地位与相关法律制度的不确定性之间的矛盾在短时间内难见解决的曙光。

不可否认，《斯瓦尔巴条约》通过"承认主权、共同开发"、均衡各国利益、和平利用的方式，确立了一项独特的北极法律制度，在解决斯瓦尔巴群岛（The Svalbard Archipelago）主权归

属、〔1〕科学考察以及生态环境保护等问题上发挥了重要作用，成为解决北极地区岛屿主权争端的成功典范。但该条约作为国家间妥协的产物，不论是制定的历史背景还是所适用的空间范围都有较大的特殊性，其作用的发挥空间受到很大限制。受当前国际形势限制以及大国博弈作祟，将这一局部成功模式推广适用于整个北极地区争端解决的前景不容乐观。

与此同时，曾成功解决南极法律地位和开发利用问题的《南极条约》，〔2〕似乎使寻找北极争端解决之策的人们看到了一线光明。参照《南极条约》模式建立"北极条约"的构想和呼声越来越高。现实的无奈在于，《南极条约》赖以建立的基础（也即该条约最为关键的两个要素）："领土主权冻结"和"非军事化"，在目前的北极争夺态势下实现的可能性已经微乎其微。

首先从冻结领土主权来看，国际社会通过《南极条约》体制（特别是《条约》第4条），实质上暂时冻结了所有国家对南极的主权要求，维持了南极大陆这块地球上仅存的唯一一块无主地的法律现状，以搁置争议、共同合理使用南极，确保南极在科学考察和环境保护方面的国际法地位。反观北极地区，冻结主权的做法已无可能。暂不说陆地及绝大多数岛屿主权归属已基本确定，环北极国家已依据《公约》对相关海域的法律地

---

〔1〕 斯瓦尔巴群岛（The Svalbard Archipelago）位于巴伦支海和格陵兰海之间，地处北极圈内，总面积6万多平方公里。19世纪时，各国公认群岛为无主地。一战后，挪威要求巴黎和会审议该群岛的法律地位。为此，巴黎和会专门成立了独立的斯匹次卑尔根委员会予以审议。经过密集谈判与磋商，1920年2月9日，美国、英国、丹麦、法国、意大利、日本、挪威、瑞典、荷兰9国，在巴黎签定了《斯匹次卑尔根群岛约》，于1925年8月14日生效。条约生效当日，挪威开始接管群岛并对其进行有效管理。依据挪威的传统地名，将群岛改称为斯瓦尔巴群岛，并于1925年7月17日颁布了《斯瓦尔巴法令》，作为管理群岛的基本法律依据。
〔2〕 1959年12月1日，美国等12个国家签订了《南极条约》，该条约1961年生效。

位进行了确认和宣示。如加拿大的北极战略所包含的 4 项内容之中，首要一点即是"行使北极主权"。2009 年 1 月，美国时任总统小布什离任前签署的《关于北极地区政策的国家安全指令》中，强调美国准备动用所有能够动用的手段来捍卫在北极地区的主权。有关国家正加快通过科学考察收集证明其相关权利主张的法律证据，以期获得国际社会的支持和承认。由此可见，在北极地区提出"冻结领土主权"的主张已无现实可能，获得相关国家的支持的希望渺茫。

　　"非军事化"的设想更是与北极地区的军事存在格格不入。基于北极地区具有的独特而又无法替代的军事价值，使得这一地区的军事存在早已成为既成事实，"和平利用"的前景日趋暗淡。为了在争夺北极利益的竞争中占据先机，展示和运用军事力量已成为各国的重要手段。早在冷战时期，美苏两强便为争夺北极地区的军事优势展开了激烈角逐。1946 年，美国即在阿拉斯加地区建立了弹道导弹预警系统，部署了相当规模的远程相控阵雷达、战略核潜艇、弹道导弹和轰炸机，并联合加拿大成立了"北美空间防御司令部"。2009 年 3 月 21 日，美国海军"洛杉矶"级攻击型核潜艇"安纳波利斯"号冲破 1 米厚的北冰洋冰层露出冰面，高调宣示其军事存在。

　　在此问题上，俄罗斯也不甘示弱。近年来，除保持"台风"级核潜艇常年在北冰洋执行核战略威慑巡航值班任务外，2000 年又将 5 架至 7 架图-95 战略轰炸机[1]驻扎在与美国阿拉斯加隔海相望的西伯利亚两个基地，以恢复对阿拉斯加邻近空域的试探性飞行训练。2011 年，俄罗斯时任国防部副部长的布尔加

[1] 图-95 战略轰炸机的设计要求就是具有穿越北极，攻击美国本土军事基地和设施的能力。在冷战高峰时期它曾经常飞越白令海峡，紧贴着阿拉斯加空域飞行，试探美国战斗机的反应能力。

科夫宣称，俄罗斯将在现有部队基础上组建适应在北极地区展开军事行动的作战旅，负责维护俄罗斯在北极地区的国防安全。俄军计划在 2015 年组建首支北极地区摩托化步兵旅。2012 年，俄总统普京签署的总统令所确定的未来发展战略之一即是"进一步加强海军实力，扩大在北极和远东地区的海上军事力量"。[1]俄海军总司令维索茨基表示，将通过增加新舰只和增设新驻点来提升海军在北极地区的作战能力。[2]

加拿大和丹麦等环北极国家在显示军事实力上亦毫不示弱。通过在该地区频繁组织实施大规模军演，继续加大军事设施建设步伐（包括建立或正在筹建多个军事基地）、组建极地作战军团等方式强化军事存在。

冰雪覆盖的北极地区事实上已火药味渐浓，成为相关各国争相上演"全武行"的新竞技场，借此为宣示主权提供军事支撑。俄罗斯《共青团真理报》甚至预言，由于各方在北极利益划分上存在严重分歧，未来第三次世界大战极有可能在北极爆发。在此情形下，要求有关国家接受"非军事化"、放弃既得军事利益，无异于痴人说梦。

由上述两点可以看出，作为支撑《南极条约》的两大支柱性条件在北极地区并不具备，加之南北极地区不同的地理区位特征和争端形势，使得《南极条约》模式北极化、将北极也定位成"世界公地"的模式在实践中难以成行。同时，这种"条约移植"模式也未获得相关大国的支持和肯定。2009 年 1 月 9 日，美国在北极新政策中即提到，没有必要为北极制定一部类似《南极条约》的国际法典。

---

〔1〕 陈志新、施晓慧："普京签署总统令确定未来战略"，载《人民日报》2012 年 5 月 9 日。

〔2〕 张旸等："北极权益之争加剧"，载《人民日报》2012 年 3 月 30 日。

在多条道路被实践否决之后，人们将希望寄托在已获公认的《公约》模式之上。作为国际社会参与度最高和被普遍遵守的解决有关海洋问题的国际公约，《公约》为当前北极地区海域法律地位界定、航道归属争议以及专属经济区、大陆架权利重叠问题和国际海底区域的确定，提供了法律依据。特别是《公约》针对北极地区的冰封海域特征作出了专门规定。[1]以《公约》为基础和蓝本制定的有关北极地区的各种协议也证明了《公约》的影响力，如《北极熊保护公约》即是对《公约》的法律原则的认同。

当前，《公约》已被看作是平衡环北极国家间利益的最有效的法律依据。多数国家认为，现有的海洋法使各国能够通过和平磋商，顺利解决北极地区可能出现的任何争端。2008 年 5 月，由北冰洋五国参加的首次北极问题部长级会议通过的《伊鲁利萨特宣言》强调，"海洋法赋予了北冰洋沿岸各国重要的权利和义务，涉及大陆架边界划分，海洋包括冰封海域环境保护、航海自由、海洋科学研究及其他的相关事务"，以海洋法为主体的法律框架"为五国和其他使用北冰洋的国家提供了有效管理的坚实基础"。对此，加拿大政府 8 月 20 日在北极外交政策声明中宣称，其将在坚持《公约》的基础上解决与有关国家的边界纷争。在围绕西北航道权属纷争问题上，作为《公约》非签约国的美国也原则上同意该公约的适用。

《公约》作为在全球普遍适用的"海洋宪章"，虽对北极地

---

〔1〕《公约》第十二部分第八节第 234 条对北极地区的冰封海域作出了明确规定："沿海国有权制定和执行非歧视性的法律和规章，以防止、减少和控制船只在专属经济区范围内冰封区域对海洋的污染，这种区域内的特别严寒气候和一年中大部分时候冰封的情形对航行造成障碍或特别危险，而且海洋环境污染可能对生态平衡造成重大的损害或无可挽救的扰乱。这种法律和规章应适当顾及航行和以现有最可靠的科学证据为基础对海洋环境的保护和保全。"

区权利归属具有规范作用，但不容忽视的是，《公约》作为谈判协商的产物其滞后于时代发展的特征，以及制定时无法充分考虑到北极地区特殊的地理环境，无法对北极地区法律地位、资源开发利用、科学考察、环境保护和军事化行动等方面的法律制度作出全面、明确的规定，使其自身不可避免地具有一定的局限性，限制了其效力的充分发挥。如《公约》相关内容过于宽泛，部分条文的设计或极为简单，或异常繁琐，对于特定化的北极问题，显得有些力不从心。又如关于国际海峡的界定标准不够明确，对于解决西北航道的权属问题将产生一定影响。大陆架以及专属经济区的利用亦存在类似的界限划定和具体操作问题。例如，《公约》中有关外大陆架划定的规定，其测算方式的不确定性使得北冰洋沿岸国家在划定外大陆架追求利益最大化的过程中，不可避免地与他国发生利益重叠。

四、结语——中国不应置身事外、抱守中立

北极距中国并不遥远，不论是在地理上，还是在心理上。置身北极事务之外，将使我们丧失未来发展的重要机遇，留下难以弥补的遗憾；只有投身其中，保持必要的关注和参与，在北极争端解决中发挥一个国际政治大国应有的建设性作用，才能为赢得未来下好"先手棋"。

要做到这一点，我们应在内、外两手上作好应对。对外，应在支持现有国际法特别是《公约》的基础上，逐步倡导建立和完善有效规范北极地区有关法律问题的《北极条约》法律框架体系，消除《公约》模式在处理北极争端上的局限性，特别是要极力避免个别国家借《公约》之名瓜分北极而把其他国家

和国际社会的利益排除在外的行为出现。积极参与以北极理事会[1]为主导的北极事务合作机制，依靠但不依赖这一平台，密切跟踪北极事务发展动态、深度参与北极事务，通过交流与合作，提升中国在争端解决及相关事务上的话语权，推动北极地区和平、稳定和可持续发展。同时，应加强对在联合国主导下成立专门的"北极委员会"进行研究论证，特别是对中国在委员会中的地位作用、委员会的职权和议事规则等进行研究论证，为开展多边磋商谈判提供交流平台，推动北极事务向健康、有序的方向发展。

对内，应深入开展法理研讨，为有效维护我国国家管辖范围以外的海域权益提供理论支持。特别是应立足于北极事务现状及未来发展趋势，从保障我国在北极地区相关权益的立场出发，对于我国合理、有效利用现行国际法规则以及通过制定、完善相关国内法律、法规，明确相关权益，为我国参与北极国际法律事务提供基本立场、主张和举措方面的具体参考建议，推动我国北极规划战略和具体政策的完善。

2013 年 1 月 21 日，在全球规模最大的北极事务论坛——"北极前沿"年会上提出了"泛北极"概念，指出北极事务不仅是北极国家的事务，北极圈内、外国家都应准备好应对一个"新北极"的出现。从全球视角看待和解决北极面临的问题和挑战，在政治、经济和生态之间建立良好的对话机制，从而为解决北极争端提供新的视野和思路。

北极并非环北极国家的北极，而是全人类的北极。由此北

---

[1] 对于北极理事会的重要地位和作用，北极政策与经济论坛主席达米安·德格罗斯博士在接受《人民日报》记者专访时表示："目前所有的北极地区重要参与者都加入了北极理事会，今后北极理事会将从一个地区性组织一跃成为全球最有吸引力的论坛之一。"刘仲华、商璐："中国成为北极理事会正式观察员"，载《人民日报》2013 年 5 月 16 日。

极地区面临的诸多问题已非简单的区域内问题，而是需要全球各国共同面对的跨区域问题。只有在全球范围内、通过各国间的携手合作，才能有效应对北极对国际经济、政治结构和安全格局带来的新挑战。这为中国在现有制度框架内参与北极事务提供了新的契机。只有借势北极发展，推动北极治理向机制化、正规化迈进，将北极地区打造成为"和平之极""发展之极""合作之极"，才能为实现我国建设海洋强国的梦想提供强大的助推力。

海上核物质运输的安全性分析

张小奕　2010 级　中国政法大学

核能的利用一直备受争议。切尔诺贝利核事故的剧痛还未隐去，日本核泄露危机又再次警醒人们对核能的利用进行反思。然而核物质已经是现代生活中不可或缺的一种资源。[*]核物质的运输，尤其是跨国界的海上运输，已经成为必需而又难以规范和协调的棘手问题。国际原子能机构从 20 世纪中期就开始了核运输的研究，于 1961 年颁布了《放射性物质安全运输条例》（Regulations for the Safe Transport of Radioactive Material），随后几经修改和完善；国际海事组织在《安全运输条例》的基础上制定了《国际海运危险货物规则》（International Maritime Dangerous Goods Code，即 IMDG 规则 ）和《国际船舶安全载运包装的辐射性核燃料、钚和高放射性废料规则》（International Code for the Safe Carriage of Packaged Irradiated Nuclear Fuel, Plutonium and High-Lever Radioactive Waste on Board Ships，即 INF 规则）；1998 年世界核运输研究所（WNTI）在伦敦成立，核物质海运向"安全、高效、可靠"的方向又迈进了一步。但是，"9·11"恐怖袭击的发生又给核物质海运蒙上了恐怖主义的阴影，美国在 2003 年

---

[*]　核能发电量约占全球总发电量的 16%。参见世界核运输研究所（WNTI）网站：http://www.wnti.co.uk/nuclear-transport-facts-/facts-and-figures.aspx，最后访问时间：2012 年 7 月 30 日。

提出的"防扩散安全倡议"也增加了海上核运输的复杂性。

一、海上核物质运输的必要性和安全性

（一）海上核物质运输的必要性

核材料的运用（尤其是民用）在当前已经非常普遍，核物质的跨界海上运输的规模也相当庞大。据国际原子能机构的统计，现在放射性材料的海上运输每年约发生 1000 万次，其中只有 5% 涉及核燃料循环的放射性材料，其他绝大多数只是满足日常需求的核物质，如烟雾报警器和医用的钴源等。[1]

概括说来，除了核燃料循环之外，在以下三个特定领域也会使用核材料和其他放射性物质：工业、医学和科学研究。[2]在工业中，放射性物质应用非常广泛，如消毒装置、工业射线照相或各种测量仪表等专业设备中，放射性物质必不可少。多数设备中的放射性物质数量很少，寿命也较短，但石油测井和无损检验中射线照相用的某些工业用仪表或仪器，则含有大活度、发射高水平辐射的放射性物质，也是核安保计划最为关注的物项。[3]医学中的应用涉及使用放射性核素诊断或治疗疾病，如用放射性核素碘–131 照射治疗甲状腺机能亢进、用活度很高的放射性核素钴–60 或铯–137 的强辐射束来照射癌症肿瘤，等等。[4]而科学上的主要用途则是为发射 α 粒子、β 粒子和 γ 射

---

〔1〕 参见世界核运输研究所（WNTI）网站：http://www.wnti.co.uk/nuclear-transport-facts-.aspx/faqs#q8，最后访问时间：2012 年 7 月 30 日。

〔2〕 "打击核材料和其他放射性物质的非法贩卖"，载国际原子能机构《核安保丛书》第 6 号，第 60 页。

〔3〕 "打击核材料和其他放射性物质的非法贩卖"，载国际原子能机构《核安保丛书》第 6 号，第 62 页。

〔4〕 "打击核材料和其他放射性物质的非法贩卖"，载国际原子能机构《核安保丛书》第 6 号，第 63 页。

线的放射性核素的测量设定标准。[1]可见，放射性核素多种多样，已经广泛地应用在生活、研究的诸多领域。[2]由于各国核材料生产加工技术的较大差异，核物质的海上跨界运输是非常必要的，也是十分普遍的。

（二）海上核物质运输的安全性质疑

《放射性物质安全运输条例》（下文简称《安全运输条例》）等其他国际原子能机构颁布的法律文件对核物质运输设立了非常细致而苛刻的条件，不仅以最高辐射水平为依据将所在物质分为不同的种类，每一类须采用相应类别的货包标准，并且规定各类放射性物质在装运前都需要经过不同的试验，如冲击试验、撞击试验、耐热试验等；包装好后的各类货包也必须通过严格的试验，如喷水试验、自由下落试验、堆积试验和贯穿试验，以便验证该货包已经具备经受运输的正常条件的能力。[3]各国在实践中也都较好地遵守了《安全运输条例》。正是因为这些严格的要求，迄今为止核物质的海上运输尚未发生过严重损害海洋环境的核污染事故。尽管国际原子能机构的这些努力值得肯定，但近年来发生的事件和公布的审查结果却表明，以上安全标准很难保证货包能承受实际运输中可能发生的极端条件，而且国际上对这些规范的监督、管理还有一些漏洞。缺乏足够安全性的核物质海运仍然让沿途经过国感到不安。

1997年11月，载有核物质材料铯，从法国驶往美国的巴拿马籍船舶 MSC Carla 在驶经亚速尔群岛时遭遇风暴袭击，船体断裂

---

〔1〕"打击核材料和其他放射性物质的非法贩卖"，载国际原子能机构《核安保丛书》第6号。

〔2〕《打击核材料和其他放射性物质的非法贩卖》中第7节列举了一些比较常见的放射性核素，并举例说明它们在工业、医学或科学研究中的各种应用。

〔3〕参见《安全运输条例》，国际原子能机构第 TS-R-1 号（2009年版），第93~101页。

成两段。11 吨铯随着船体的前半部分沉入约 3000 米深的海底。[1]所幸装有铯的桶罐并未发生泄露或破损。事故发生后，无论是法国还是美国都认为海洋环境受到核泄漏危害的可能性可以忽略不计，因而拒绝打捞这些装有铯的桶罐。[2]然而根据核控制研究所（Nuclear Control Institute）的研究成果，运输核材料的器皿很容易会发生敏化（sensitization），即含盐海水对钢铁制品的腐蚀。即使这些桶罐在事故中并没有发生破损，但它们的封口处却非常脆弱，极易被迅速腐蚀，并会在沉没后的数天之内造成核泄漏。[3]因此，即使这些装有核物质的桶罐在事故发生当时并没有泄露，它们还是会像不定时核弹一样，时刻威胁着沿海国海岸环境和生物的存亡。

不仅如此，人们对核物质外包容器的安全性也提出了质疑。1993 年国际海事组织颁布的《运载辐射性核燃料、钚和装有高剂量核辐射的核废料的器皿的安全守则》（下文简称《安全守则》）[4]以及 1996 年国际原子能机构颁布的《国际原子能机构关于安全运输放射性物质的规约》（下文简称《规约》）[5]对盛

〔1〕 11 吨铯，辐射量约为 330 万亿贝克勒尔。切尔诺贝利核电站爆炸释放出的铯的核辐射量为 4800 万亿贝克勒尔。

〔2〕 IAEA, "Inventory of Accidents and Losses at Sea Involving Radioactive Material", at 20~21, IAEA "Doc. TECDOC-1243 (Sept. 2001), available at http://www-pub. iaea. org/MTCD/publications/PDF/te_ 1242_ prn. pdf. *See* David B. Dixon," "Transnational Shipments of Nuclear Materials by Sea: Do Current Safeguards Provide Coastal States a Right to Deny Innocent Passage?", *Journal of Transnational Law & Policy*, Fall 2006, p. 79.

〔3〕 Edwin S. Lyman, "The Sea Transport of Vitrified High-Level Radioactive Waste: Unresolved Safety Issues", available at see http://www. nci. org/e/el12996. htm, Last visited: 2012-6-14.

〔4〕 Code for the Safe Carriage of Irradiated Nuclear Fuel, Plutonium and High-Level Radioactive, "Waste in Flasks on Board Ships", *IMO Assembly Resolution* A. 748 (18) (Nov. 4, 1993).

〔5〕 International Atomic Energy Agency Regulations for the Safe Transport of Radioactive Materials, ST-1 (1996).

装核物质的容器做出了规定：核运输过程中的桶罐必须能够在 800 摄氏度的高温下至少承受 30 分钟至 60 分钟。然而，一些船上的火灾一般会持续一天以上，并且这种融入了核物质材料的火焰的温度能够达到 2000 摄氏度，《安全守则》和《规约》规定的规格远远不能应对核事故的极端情况。不仅如此，《安全守则》和《规约》对器皿的撞击承受力规定为 48 千米/时，对比美国对同类耐撞击力的规格——464 千米/时——相比，差距甚远。[1]另外，对这些《安全守则》和《规约》规定的批评还有，每个器皿并不需要通过所有的测试，只需通过其中一种规格的检测即合格。然而在真正的海难事故中，巨大的冲击力、极端的高温等情况会同时出现，这些只经过单一测试的器皿很难经受住综合性考验。[2]

最后，核物质运输船舶的运载信息很容易被伪造。1999 年，拥有 5 搜核运输船舶的英国核燃料公司（BNFL）为了节省时间而伪造了货物安全检查文件。当这批未经审查的混合氧化物燃料（MOX）抵达日本后，日方拒绝接收，这批核物质最终又被运回英国。英国燃料公司因伪造货物安全检查文件而被罚款 6000 万美元。[3]这些问题都对核物质海上运输的安全性提出了质疑。

---

〔1〕 Northern European Information Group, Spent Fuel — The Most Hazardous Shipments, awailabie at http://neis. org, Last visited：2012-6-14.

〔2〕 Edwin S. Lyman, The Sea Transport of Vitrified High-Level Radioactive Waste：Unresolved Safety Issues, available at http://www. nci. org/e/el12996. htm, Last visited：2012-6-14.

〔3〕 Hideyuki Ba, "Japan's Plutonium Policy and MOX Program Full of Contradictions", *Nuke Info Tokyo*, Sept. /Oct. 2000, at 1. *See* David B. Dixon, "Transnational Shipments of Nuclear Materials by Sea：Do Current Safeguards Provide Coastal States a Right to Deny Innocent Passage?", *Journal of Transnational Law & Policy*, Fall 2006, p. 80.

二、海上核物质运输所涉及的国际法问题

核物质的海上运输具有其特殊性。首先，核污染具有毁灭性。一旦核运输船舶在航行过程中出现事故，核辐射物质将会随着海水的流动迅速扩散，这对依赖海洋资源的沿海国来说无疑是致命打击，也是沿海国强烈拒绝载有核物质的船舶在其领海或专属经济区中通过的主要原因。其次，核物质海运的特殊性还在于被恐怖主义劫持的危险。为了获取核弹头的原料，以便制造大规模杀伤性武器，恐怖分子很有可能会袭击并劫持核运输船舶，尤其是载有高活度核素设备的船只。正是因为以上特殊性，海上核物质运输的背后是不同规则和利益的纵横交织和冲突，海上核物质运输的实质是相关的国际法规则之间的较量和妥协。

（一）核运输的保密性与沿海国的知情权

由于载有核物质的船舶有被恐怖分子劫持的危险，核运输的商议一般都会秘密进行，运输的线路也是承运各方的高度机密。"保密性"决定了这些船舶在经过某国的海域前，一般不会提前告知该沿海国。国际原子能机构制定的《核安保文化》中就指出，国家的责任之一就是在国家机构和营运者的安保部门建立"对于这一领域信息的敏感性和必须保守此种信息的机密的认知"，防止此类信息在公共领域自由传播；还必须制定"关于确定核安保领域敏感信息的准则"。[1]

然而，沿海国却无法接受此类具有高度危险性的船舶在本国海域中秘密地自由穿梭。根据 1982 年《联合国海洋法公约》，沿海国在领海中享有绝对主权，唯一的例外是无害通过权。对

---

〔1〕《核安保文化》，国际原子能机构《核安保丛书》第 7 号，第 8 页。

于"油轮、核动力船舶和载运核物质或材料或其他本质上危险或有毒物质或材料的船舶",沿海国可要求其只在特定的海道通行。对于损害沿海国和平、良好秩序和安全的、非无害的通过,沿海国有权采取必要的步骤予以阻止。在专属经济区内,沿海国有以养护和管理海床上覆水域和海床及其底土的自然资源为目的的主权权利,以及保护和保全海洋环境的权利和义务。沿海国的这些权益决定了沿海国有权提前知晓任何需要经过其海域的载有核物质的船舶的到来,以便做好充分的准备和预防。

未经通知擅自闯入的核运输船舶会受到沿海国的强烈抵制。1992 年一艘载有 1.7 吨放射性元素钚的日本籍船舶 Akatsuki Mar,就遭到了航线可能经由国家的强烈反对。[1]加勒比岛国随后通过了《钚航运宣言》,禁止所有载有核物质的货船经过加勒比海,使加勒比海成为真正的"无核区"。[2]1995 年的英国籍船舶 Pacific Pintail 从法国到日本的核运输则遭遇了更多的阻挠。除了加勒比国家已经确立的"无核化"政策之外,安提瓜、巴布达、哥伦比亚、多米尼加、波多黎各和乌拉圭公开禁止该船通过其领海;[3]巴西、阿根廷、智利、南非、瑙鲁、基里巴斯公开禁止该船通过其专属经济区。[4]这些抗议使 Pacific Pintail 放弃了通过巴拿马运河的计划,改为合恩角,以避免经过上述沿海国的管辖海域。然而,当经过合恩角时,强烈的海风使该船不

---

〔1〕 "Plutonium Shipment Leaves France for Japan", *N. Y. Times*, Nov. 8, 1992, p. 6.

〔2〕 See "Barbara Kwiatkowska & Alfred Soons, Plutonium Shipments – A Supplement", *Ocean Development and International Law*, vol. 25, 1994, pp. 424~25 (1994) (citing Press Release, Caribbean Community (CARICOM), Press Release No. 89, 1992).

〔3〕 Denholm Barnetson, *Nuclear Waste Shipment Leaves France*, United Press International, Feb. 23, 1995.

〔4〕 Jon M. Van Dyke, "Applying the Precautionary Principle to Ocean Shipments of Radioactive Materials", *Ocean Development and International Law*, Issue 4, 1996, pp. 380~383.

得不改变航道而进入智利的专属经济区。智利的海军和空军部队一直在密切监视该船的动态，当它进入智利海域时，智利当局反应迅速，立刻命令其离开，并派智利海军驱逐舰和军用飞机进行拦截，警告说将用绳子缠绕其螺旋桨以阻止其航行。最终 Pacific Pintail 的船长不得不妥协，离开了智利海域回到公海。[1]

（二）航行自由权与海洋环境保护

海洋法中的两大基本原则——航行自由原则和海洋环境的保护和保全原则——在核物质海运问题上也产生了激烈的冲突。在海洋法的发展史上，航行自由权与环境保护权虽然并未同步出现，但却是两个并行的、同等重要的原则。航行自由作为海洋自由最主要的内容，在 17 世纪就被国际社会广泛接受，并成为 1982 年《联合国海洋法公约》（下文简称《公约》）的奠基性原则之一。航行自由源于在没有他国主权或管辖的公海中，一国船舶有权悬挂本国国旗自由航行，其他国家不得干扰和阻挠。[2]后来《公约》将专属经济区从公海中独立出来。为了航行的需要，各国在沿海国的专属经济区内，在"适当顾及沿海国权利和义务，并应遵守沿海国按照本公约的规定和其他国际法规则所制定的与本部分不相抵触的法律和规章"的条件下类推适用航行自由原则。

"海洋环境的保护和保全"则出现较晚，直到 20 世纪，关于保护海洋环境、防治污染的议题才陆续提上日程。尽管出现

---

〔1〕 A. Suva, "Nuclear Ship Chase – Chilean Navy Forces Pintail Out of Waters", *The Hobart Mercury*, Mar. 22, 1995. *See* David B. Dixon, "Transnational Shipments of Nuclear Materials by Sea: Do Current Safeguards Provide Coastal States a Right to Deny Innocent Passage?", *Journal of Transnational Law & Policy*, Fall 2006, p. 75.

〔2〕 在 1927 年的"Lotus 案"中国际法院对"海洋自由"的诠释——"海洋自由原则的意义……（不外乎是）在公海没有任何领土主权。S. S. Lotus (Fr. v. Turk.), 1927 P. C. I. J. （ser. A) No. 10 (Sept. 7), p. 25.

的时间晚，海洋环境立法的发展速度却非常迅猛。国际立法、区域性立法和各主权国家单方面的环境立法同步发展，国际海洋环境的保护与保全方面法律框架已经初步形成。1982 年《公约》单列一章对海洋环境的保护和保全进行了全面规定。第 194 条规定了各国的普遍义务，即应采取一切必要措施，防止、减少和控制任何来源的海洋环境污染，以及采取一切必要措施，确保在其管辖或控制下的活动的进行不致使其他国家及其环境遭受污染的损害或使污染扩大到其主权行使的区域之外。第 211 条对船旗国、沿海国和港口国如何防止、减少来自船只的污染作出了原则性规定，如沿海国制定有关领海和专属经济区的法律和规章以防止、减少外国船只，包括行使无害通过权的船只对海洋的污染。更重要的规定见于《公约》第 221 条，这一条规定赋予沿海国为保护其海岸或有关利益，包括捕鱼，免受海难或与海难有关的行动所引起，并能合理预期造成重大有害后果的污染或污染威胁，而依据国际法，不论是根据习惯还是条约，在领海范围以外采取和执行与实际的或可能发生的损害相称的措施的权利。这是沿海国执行权的直接依据。除此之外，《公约》第 234 条还规定冰封区域的沿海国有权为防止、减少和控制船只在专属经济区范围内的海洋污染，拒绝外国船舶的无害通过权。可见，在海洋环境保护和防止、减少海洋污染的方面，《公约》赋予了沿海国无可置疑的管辖权和自主权。

航行自由原则的含义是一国船舶不受他国阻碍而自由通过的权利，而海洋环境保护原则却要求沿海国应当为了保护其海岸利益、免受海难或其他可能造成重大有害后果的污染或污染威胁而采取措施，这不仅是权利，而且还是一项国际法义务。这两个原则恰好在海上核物质运输上狭路相逢，而且冲突十分尖锐。《公约》虽然尝试调和两者之间的矛盾，却未能涉及问题的本质。

《公约》只在第 22 条 "领海内的海道和分道通航制" 和第 23 条 "外国核动力船舶和运载核物质或其他本质上危险或有毒物质的船舶" 有直接规定。根据这两条规定，沿海国为航行安全可要求行使无害通过权的外国船舶在指定的海道航行，遵守沿海国规定的分道通航制。沿海国可要求油轮、核动力船舶和载运核物质或材料或其他本质上危险或有毒物质或材料的船舶只在上述海道通过。与此同时，《公约》对载有核物质的船舶直接提出了两项基本要求：第一，必须持有国际协定为这种船舶所规定的证书，包括装运核物质的统一规格的适装适运证明书；第二，必须遵守国际协定所规定的特别预防措施，包括防止核物质或其他危险物质泄露、扩散、爆炸或污染，符合各项安全标准的防护措施等。

（三）防扩散安全倡议与已获准的核物质海运

防扩散安全倡议（Proliferation Security Initiative，简称 PSI）是在美国主导下建立的一项防扩散合作安排，各成员国承诺通过信息交流、情报共享和协作行动，"单独或与其他国家共同采取有效措施，禁止大规模杀伤性武器及其运载系统和相关材料向与扩散活动有关联的国家或非国家实体转移或进出"。具体的拦截行动包括：对在本国内陆水域或领海及公海上悬挂本国国旗的可疑船只进行登船检查，并扣押非法物资；同意让其他国家的人员登上或搜查悬挂本国国旗的船只……发现本国港口、机场及其他设施可能被用作运输中转站，则在本国港口、机场等处对船只、飞机或其他运输工具实行检查，并对查出的违禁物资予以扣押。[1]然而，该机制在拦截货物的类型上表述极为模糊。《拦截原则声明》仅仅指出其拦截目标是核生化武器及其运载系统以及相关材料，并没有对这些物项做出具体的界定。

---

〔1〕 The U. S. Department of State, "Proliferation Security Initiative: Statement of Interdiction Principles", http://www. state. gov/t/isn/c27726. htm.

"相关"的表述最为模糊不清。这不禁让人产生疑问，PSI 倡议的打击目标究竟是会被确定无疑地用于核生化武器的组成部件，还是包括所有两用技术材料。上文的论述中也已经提到，对于用于和平目的的民用核材料，国际原子能机构是准许缔约国持有和运输的，《不扩散核武器条约》《禁止化学武器公约》和《禁止生物武器公约》对此都进行了确认。如果 PSI 倡议也针对普通两用材料，那无疑将与其他缔约国在国际原子能机构框架下的权利产生冲突。在防扩散安全倡议的全体会议上，各参与国也没有对这些物项作出清晰界定。这种模糊性是为了使倡议在实际行动中保持灵活性。参与国可根据该批货物所驶向的目的地等情况灵活决定是否进行拦截。[1]

"9·11"恐怖袭击之后，国际原子能机构和国际海事组织陆续修改和补充了各项规范，如《核材料实物保护公约》、IMDG 规则、INF 规则以及 ISPS 规则等，提高了运输高活度核材料（如铀-233 和铀-235）的安保标准等级。[2]尽管如此，这两个机构尚未出台有助于调和"用于和平目的的核材料"与"PSI 倡议"拦截物项的规定。在没有特别说明的情况下，本文所讨论的主要是国际原子能机构和国际海事组织框架下的用于和平目的的核物质海运问题。

三、完善海上核物质运输的安全保障体系

（一）现行的核物质海上运输的安保体系

现行的海上核物质运输是全球核安全制度的一部分，受到

---

〔1〕 参见刘宏松："防扩散安全倡议的局限与困境：非正式国际机制的视角"，载《世界经济与政治论坛》2008 年第 6 期。

〔2〕 除了进一步改善外包装的设计之外，还视情况需要增加了保安部队、出入口管制、员工审查、卫星跟踪定位等保障措施，载 http://www.wnti.co.uk/nuclear-transport-facts-/security.aspx，最后访问时间：2012 年 7 月 31 日。

习惯法、1982 年《公约》、国际原子能机构和国际海事组织制定的国际规则以及进口国、出口国和装运国国内法的严格约束。海上核物质运输的基本法律框架以《安全运输条例》为基础，以 IMDG 规则、INF 规则和《国际船舶和港口设施保安规则》（ISPS 规则）为主体，涉及货物分类、包装、标记、试验、贮存、审批、培训等各个环节的规范。

放射性物质运输不同于一般危险货物，发货人一般都是从事放射性货物生产、销售、使用的单位，具有较丰富的核辐射知识和经验。相比之下，承运人在运输过程中往往难以应对放射性货物的复杂性和危险性。因此，包装、试验、审查、装运等环节都应当由发货人负责，以确保整个运输过程的安全。[1]为了在运输过程中保护人员、财产和环境免受放射性物质的辐射损害，发货人应首先按等级设定货包和运输工具内容物限值，并根据放射性内容物的危害确定货包设计用的性能标准；其次，发货人应确保该批货物满足"货包的设计、操作以及包装的维护"等具体要求；最后，在装运之前发货人还应提交装运国和抵达国或途径国主管部门进行检查和审批。

具体说来，第一步就是按照放射性活度值，将放射性物质分为"低比活度物质、低迷散放射性物质、特殊形式放射性物质、易裂变材料"等类别。第二步是以各类物质的放射性活度值和各类货包所能承受的放射性活度限值为依据，将所承载的物质分装到不同的货包［分为例外货包、工业货包、A 型货包、B（U）型、B（M）型或 C 型货包］中，货包内放射性物质的量不得超过各货包类型的相关限值。包装完成后，每个货包和外包装的辐射水平不能高于规定的限值。第三步是为了确保以

---

〔1〕 于洪波、李炯栋："放射性物质海上运输管理综述"，载《珠江水运》2011 年第 24 期。

上环节已经满足所有的性能标准，需要对各类核物质和各类货包采取不同形式的试验。[1]最后，在通过了各种试验之后，发货人应对货包作标记、贴标签和挂标牌；发货人还应在运输文件上作出证明，并说明要求承运人采取的措施；发货人还须把所有证书的副本提交原装运国的主管部门和途径或抵达国的主管部门。在完成所有以上程序之后，发货人才能够向承运人交付货物。[2]

运载核物质货包的船舶也必须符合核运输的适装条件，在接受承运该类放射性物质之前，船舶必须具有相应的危险货物适装证书，适装证书应载明 IMDG 规则[3]中所载明的第七类放射性物质；同时根据《乏燃料管理安全和放射性废物管理安全联合公约》事先通知抵达国并得到其同意。

另外，运输中的隔离也至关重要。《安全运输条例》就规定：放射性货物在运输过程中，应与生活设施、工作区以及旅客或公众经常逗留的场所保持隔离，使运输人员所受的照射剂量每年不得超过 5 毫西弗（500merem），公众成员每年不得超过 1 毫西弗（10mere）。放射性物质还必须同其它危险品按照要求进行隔离，因为如若堆放在一起，一旦发生燃烧或爆炸都会使放射性包装遭受破坏而失去其对射线的屏蔽作用。[4]

---

〔1〕 如对低比活度和低弥散放射性物质采取浸出试验，对特殊形式放射性物质则采取冲击试验、撞击试验、弯曲试验、耐热试验等；货包则要接受喷水试验、自由下落试验、堆积试验和贯穿试验等，而且试验的标准是不同的。参见《安全运输条例》（2009 年版），第 7 章。

〔2〕 参见《安全运输条例》，国际原子能机构第 TS-R-1 号（2009 年版），第 75~81 页。

〔3〕 IMDG 规则已经列入《1974 年国际海上人命安全公约》（1983 年修正案）中，对成员国具有约束性。

〔4〕 于洪波、李炯栋："放射性物质海上运输管理综述"，载《珠江水运》2011 年第 24 期。

(二) 确立"有限度的告知义务"是完善海上核物质运输安保体系的必然选择

不难看出，在现行的海上核运输安保体系中，并没有明确提出发货人或承运人对沿线途经国的告知义务。事实上，是否应当履行告知义务、在何种程度上公开航线信息，是沿海国保护海洋环境的权利与运输方的航行自由权冲突的本质。发货人和承运人坚持核运输的保密性，拒绝任何形式的公开或告知，声称载有核物质的船舶应当同其他船舶一样，享有公海及专属经济区中的航行自由；沿海国则基于专属经济区不同于公海的特殊性和保护环境的必要性，主张专属经济区中有限度的航行自由，即载有核材料等危险物质的船舶须事先告知，在沿海国充分了解并做好准备的条件下才得通过。

在"Akatsuki Mar"和"Pacific Pintail"两个事件发生之后，国际海事组织1996年3月于伦敦召开了为期3天的关于核物质海上运输的特别咨询会议，32个国家参会并提交了立场文件。如爱尔兰认为，"放射性货物途经其海岸之前，应当提前通知沿海国"；所罗门群岛认为核物质运输方应当事先告知途经的沿海国，沿海国有对该次航运的质询权并且必须参与其管辖海域范围内的航道制定和紧急支援。阿根廷督促国际海事组织制定完整的行动纲领和约束性规则，并主张，载有核物质的船舶享有航行自由权以通过第三国领海和其他管辖海域的唯一条件是——公海中不存在在航行和水文特征方面同样方便的其他航道。南非虽然承认载有核物质的船舶在其领海中的无害通过权，但同样强调事先通知以便做好防备的必要性。[1]

实际上，多数国家所主张的告知义务正是国际环境法中

---

〔1〕 *See* Eugene R. Fidell, "Maritime Transportation of Plutonium and Spent Nuclear Fuel", *International Lawyer*, Fall 1997, pp. 758~759.

"风险预防原则"的主要内容之一。风险预防原则是 1984 年德国在第一次保护北海国际会议上提出来的。此后这项原则频繁地出现在各种环境保护会议、国际条约和国内法律政策中。几乎在 20 世纪 90 年代后通过的所有与环境保护有关的国际法律文件和国际条约中都明确规定了风险预防原则。[1]很多学者认为，在海洋环境保护领域风险预防原则已经成为一项习惯性规则。如夏威夷大学的戴克（Jon Van Dyke）教授就是这一观点的支持者。戴克教授认为在核物质海上跨界运输问题上，风险预防原则的内容包括：进行环境影响评估的义务；提前告知将要途经的沿海国的义务；与途经沿海国共同商议以达成应急预案的义务；化解、减轻所有可以合理预见的海洋环境损害的义务。[2]其中，"告知义务"也暗示了经由沿海国拥有根据这些船舶的情况予以拒绝或限制的权利。

目前的一些国际性或区域性的法律文件中制定的安全操作规范和标准也正是以风险预防为原则确立起来的。如 1989 年《控制危险废物越境转移及其处置巴塞尔公约》第 4 条和第 6 条首次对风险预防原则进行确认。[3]国际原子能机构在 1979 年的《核材料实物保护公约》附件一中明确指出："启运国、抵达国

---

〔1〕 〔法〕亚历山大·斯基：《国际环境法》，张若思编译，法律出版社 2000 年版，第 93 页。

〔2〕 Jon M. Van Dyke, "Applying the Precautionary Principle to Ocean Shipments of Radioactive Materials", *Ocean Development and International Law*, Issue 4, 1996, pp. 381~383.

〔3〕 1989 年《控制危险废物越境转移及其处置巴塞尔公约》第 4 条规定，各缔约国有权拒绝未予提前告知并获取沿海国批准的载有危险物质的船舶通过。第 6 条还特别规定出口国在得到书面同意前不应允许生产者或出口者开始越境转移或出口。Basel Convention on the Control of Transboundary Movements of Hazardous Wastes and Their Disposal, arts. 4 (2) (f) & (h), Mar. 22, 1989, UNEP Doc. I G. 80/3 (1989), art. 4 (2) (f) & (h), art. 6 (3).

和承运人应当对运输作出提前安排，该自然人或法人对该次运输所签订的协议应当符合出口国和进口国的法律规章，并明确时间、地点以及运输过程中责任转移的步骤……运输应当接受护航舰不间断的监视，并保证必要时候适当地武装介入。"[1]1997年《乏燃料管理安全和放射性管理安全联合公约》第27条也直接说明了告知和同意是起运的前提条件。[2]这种态度从国际原子能机构《安全运输条例》和《放射性废料跨国境运送实施法则》中也得以体现。[3]而在区域性规则中，事先告知义务

---

〔1〕 Convention on Physical Protection of Nuclear Material, available at http:// f40. iaea. org/worldatom/Documents/Infcircs/Others/inf274r1. shtml, Last visited：2012-6-14.

〔2〕 1997年《乏燃料管理安全和放射性管理安全联合公约》第27条规定了跨界运输的指导性原则："参与超越国界运输的每一缔约方应采取适当步骤，以确保以符合本公约和有约束力的相关国际文书规定的方式进行此类运输：（1）作为启运国的缔约方应采取适当步骤，以确保超越国界运输系经批准并仅在事先通知抵达国和得到其同意的情况下进行；（2）途经过境国的超越国界运输应受与所用具体运输方式有关的国际义务的制约；（3）作为抵达国的缔约方，仅当其具有以符合本公约的方式管理乏燃料或放射性废物所需的监管体制及行政管理和技术能力时，才能同意超越国界运输……" Joint Convention on the Safety of Spent Fuel Management and on the Safety of Radioactive Waste Management, availabie at http:// www. iaea. org/Publications/Documents/Infcircs/1997/infcirc546. pdf, Last visited：2012-6-14.

〔3〕《安全运输条例》规定了与放射性物质有关的包装和运输的安全要求。这项规程确立了一套确定哪些核物质运输需要过境国事先批准的复杂的双边和多边审查系统，并规定超过特定数量的可裂变物质的运输需要经过沿海国的事先同意。《放射性废料跨国境运送实施法则》中规定："1. 每一个国家都有主权来阻止放射性废料运入、运出或通过它的领土；2. 参与放射性废料跨国境运送的每一个国家都应该采取适当的必要措施，来确保其送送方式符合国际安全标准；3. 每一个国家都应该采取适当的必要措施，来确保在符合国际法的相关标准下，放射性废料的跨国境运送只能在依照他们各国个别的法律与法规，在事先得到运送、接受或转送国的通知与同意下方可进行。" IAEA, Regulations for the Safe Transport of Radioactive Material, No. ST-1 (IAEA ed. 1996 ed.), available at http://www - pub. iaea. org/MTCD/publications/PDF/Pub1225_web. pdf., last visited：2012-7-30；Int'l Atomic Energy Agency Code of Practice on the International Transboundary Movement of Radioactive Waste, IAEA Res. GC（XXXIV）/ RES/530（Nov. 13, 1990）, available at http://www. iaea. org/Publications/Documents/Infcircs/Others/inf386. shtml, Last visited：2012-6-14.

在 1991 年《禁止向非洲进口危险废物并在非洲内管理和控制危险废物越境转移的巴马科公约》[1]、1996 年《防止危险废物的越境转移及其处置污染地中海的议定书》[2]以及欧共体 92/3EEC 和 1493/93/EEC 号指令[3]中都有明确的规定。

越来越多的国家也通过国内立法的形式对风险预防原则做出了承认。多米尼加、海地、委内瑞拉等国家直接通过立法禁止运输危险和放射性废物的船舶进入其管辖海域;澳大利亚在 1999 年《环境保护和生物多样性保护法》第 21 条规定运输废弃燃料或放射性物质需要获得许可;埃及规定进口或运输危险或放射性废物经过其领海或专属经济区要获得事先允许,从事危险材料生产或运转的组织要采取一切风险预防措施防止发生环境损害;新西兰 1996 年《危险物质和新生物体法》则要求海上运输危险物质和新生物体要获得主管机关的事先批准。[4]另外,智利在 2002 年 10 月修订的《核安全法》中的规定更进一步:任何经过智利专属经济区的核物质或其他辐射性物质的运输,

---

[1] 1991 年在非洲统一组织主持下通过的《禁止向非洲进口危险废物并在非洲内管理和控制危险废物越境转移的巴马科公约》(简称《巴马科公约》)禁止危险废物进口到缔约国境内。该公约特别规定了风险预防原则:要对海洋污染采取防止性的风险预防措施,特别是禁止排放有可能对人类或环境造成危害的物质,即使对这种危害还未形成最终的科学结论。作为风险预防原则的一项程序义务,《巴马科公约》第 6 条规定出口国进行废物的越境转移必须事先得到进口国的书面同意,包括进口国与废物处理者之间签订合同确认书。参见朱建庚:"海洋环境保护中的风险预防原则研究",中国政法大学 2005 年博士学位论文,第 71 页。

[2] 该议定书坚持双重同意原则,规定如果地中海发展中国家不具备足够的技术手段,可以不批准废物的越境转移。参见朱建庚:"海洋环境保护中的风险预防原则研究",中国政法大学 2005 年博士学位论文,第 71 页。

[3] 这两个指令要求载有放射性废物船舶进入、经过或离开欧共体成员国水域必须获得事先许可。参见朱建庚:"海洋环境保护中的风险预防原则研究",中国政法大学 2005 年博士学位论文,第 72 页。

[4] 朱建庚:"海洋环境保护中的风险预防原则研究",中国政法大学 2005 年博士学位论文,第 72~73 页。

必须事先征得智利政府的同意。运输方必须向智利政府提供准确的时间、航线、负载特征以及可以采取的安全和应急措施，并且必须保证该次运输不会使海洋环境遭受污染，才能够获得同意。[1]

即便风险预防原则是否已经获得了习惯国际法的地位尚存在争议，但是它至少处于"正在形成中的习惯法"这一阶段。考虑到海上核运输对海洋环境的威胁，确立"有限度的告知义务"应当是调和双方矛盾，解决核物质海运难题的必然选择。所谓"有限度"，就是把核运输的机密信息，包括核物质的种类、数量、所处位置、航线、时间、承运方、目的地等信息，仅通知途经国的核安保主管部门，该主管部门也应当严格控制信息的传播，将信息仅限于告知有必要知道且已获得授权的部门和人员。有限度的告知义务的合理性在于：首先，它充分折中了矛盾双方的利益，一方面沿海国得到告知可以提前做好预案，指定航道，还可在必要的时候予以护航，不仅在出现问题时可以迅速作出反应，还能保护该船舶免受恐怖主义的侵扰，同时履行了保护海洋环境和预防、打击涉及核材料的犯罪两项国际义务。另一方面，信息仅控制在极少数部门和人员的范围中，并没有侵犯核运输的保密性。实际上，在涉及任何核物质的跨境运输时，国际原子能机构要求各国"必须与邻国进行协调以建立一种快速沟通安保相关信息的方法，并保持密切合作以交换可能影响包括运输在内的放射性物质或相关设施安保的情报知识和数据"。[2]如果结合 PSI 倡议号召各船旗国、沿岸国和港口国对危险可疑船只进行登临、检查甚至逮捕的情形，我

---

〔1〕 Law for Nuclear Safety, *Law No.* 18. 302, art. 4（April 16, 1984）（amended pursuant to Law-19825 on Oct. 1, 2002）（Chile）.

〔2〕《核安保文化》，国际原子能机构《核安保丛书》第7号，第9页。

们可以发现，沿海国管辖权的扩大是维护海洋安全局势的必然需求。沿海国有限度地介入和协助载有用于和平目的的核物质的船舶通过其管辖海域，将是大势所趋。

四、结论

虽然 50 多年来海上核物质运输一直在安全、有序地进行，但国际社会对如何进一步规范核运输、提高核物质海运安全性的探索从未停止过。完善海上核物质运输体系的关键在于增加运输方对沿线途经国的"有限度的告知义务"。告知义务是国际环境法中的风险预防原则的重要内容，是一项正在形成的习惯法，反映了国际社会的普遍态度。"有限度的告知义务"兼顾了运输方和沿海国的利益，缓解了航行自由权和海洋环境保护权之间的冲突，将是海上核物质运输制度发展的必然趋势。从另外一个角度我们也可以说，海上核物质运输正在并将最终形成国际法中航行自由的一项例外规定，映射出沿海国管辖权将不断扩大的必然性，也将成为海洋法发展的一座里程碑。

海边拾贝——生活点滴

一次啰嗦到家的旅行

——忆我的恩师周忠海、师母贾蕴青伉俪

宫立云 1996 级 广东省纪委

在我的印象中，我的导师周忠海先生一直都是那么儒雅飘逸，师母贾蕴青女士一直都是那么端庄雅致，以至于离开他们多年，我每当在工作中要发火、咆哮时就会想到导师、师母的样子，就会迅速调整自己的情绪，毕竟还是害怕辱没了导师的门风。离开师门 16 年，我如今也修炼得被人评价"气质颇好"了。

导师和师母做人做事的点点滴滴，教会了我很多，他们的谆谆教诲我始终不敢忘，始终在用心努力做到。学术上的历练固然使我受益终生，但是多少年来，我始终对一件小事念念不忘，历久弥新。

那是某一年的寒假，导师决定陪师母回山东曲阜探亲，师母托我为他们看家。于是我在学校食堂吃过晚饭去师母家。进门看到俩人在发愁，原来是一个朋友答应帮他们买当天的火车票，两人都整装待发了，朋友又打来电话说票源紧张，恐怕很难买。

师母是个善解人意的人，"实在不行的话，咱就坐飞机回吧。"

导师是个恪守信用的人，"人家帮忙买票，我是答应过的。"

于是等，耐心地等。

后来朋友的电话终于打来了，说是票可以买到，不过一张是硬座，一张是卧铺，还有点距离。

导师是个侠骨柔情的人，"没问题！我坐硬座，你坐卧铺！"

师母是个体贴入微的人，"你一个人挤硬座，我怎么能安心?"

两人细声细气、高峰论坛似地讨论着，我这个第三人，一句话也不敢说。我是铁定要当墙头草了，两个人的观点我都支持，都不反对，到底是侠骨柔情的原则更重要？还是体贴入微的原则更有话语权？我也在耐心地等。

后来，还是导师的法学家逻辑略占上风，只能说是略占上风，因为，大概师母同样也是不忍辜负那费了九牛二虎之力才买来的一硬、一软两张票吧。

后来，我送他们出门，他们还带上了我送的礼物：一本小人书，一本笑话选。

给师母看家，更像是师母的家看着我。我睡得很舒服，很快进入梦乡，突然，一阵门铃声把我惊醒了，我一看床头闹钟，12 点了，谁会半夜敲门？虽然校园里是很安全的，但我还是有点懵。小心翼翼地打开门一看：咦！我亲爱的导师和师母两人，穿戴整齐，和晚饭后出门时一模一样地站在门口，他们又回来了！他们离开时，导师一脸豪爽，毕竟他抽出空来陪师母回家省亲也是挺不容易的；师母虽然有些不满意，倒也开开心心，夫唱妇随地去了。半夜回来时，二人如沐春风，轻轻松松、高高兴兴。我晕头转向，不明就里。

倒是师母爽快，一边换鞋子一边念叨，"这回踏实了，卧铺票是假的，我们又被赶下来了，明天买机票回"。

我浮想联翩：某知名教授夫妇，半夜持假火车票上车，在万头攒动的人潮中被赶下车，总得有点尴尬、有点恼火、有点愤怒吧？他们居然还一脸灿烂！我得承认，我绝对做不到，我现在也很难做到。再说，那朋友知道了，岂不要把自己骂晕十次！

第二天，他们迅速地买好了机票，我又去送他们，师母还是优雅而爽快，"这回是真的踏实了，机票在手了"。于是，他们终于顺顺利利地回曲阜了。

我幸福地帮他们看着家。导师的一个学生送来十几只大螃蟹，我马上请示师母，"怎么办？"师母优雅而爽快，"当机立断，吃掉！"

导师、师母的旅行短暂而紧张，我的看家经历短暂而丰富。我更近切地感受到了导师一贯地教育我们对人宽容、对己严格的做人原则，感受到了师母齐鲁女子特有的优雅大气。知识在任何地方、任何时间都可以学到，而导师和师母那份低调做人、进取做事的品格，那份渗透到血液中的淡薄、高贵到骨子里的儒雅，却是我三生有幸才能感受到的。校园因为有这样的学者、伉俪而深邃高远，我因为有这样的导师、师母而坚毅笃行。

多少年来，无论经历怎样的人和事，无论顺境、逆境，我都不敢忘记离开校园时导师和师母的万千叮咛，不敢辜负他们的殷殷期望。这几年，遇到的挫折也不少，但我从未放弃过，因为人生本来就是一场修行；这几年，全国的奖项拿过很多，得到的赞誉也颇多，行业内渐渐有了名气，但是，我从不曾骄傲过。因为学问大如天，没有尽头，把导师和师母教给的做人做事的本领化作对国家、对社会的贡献，是我的职责、本分，我做得还远远不够，我离导师和师母的期待还有太长的距离！

这件小事原本只属于我和导师、师母三人，也许他们早就忘记了，就算记得，也早就化作伉俪情深的一抹跳跃音符了，但我不能忘。值此导师七十华诞，我讲给师弟、师妹们听，作为对导师和师母三年培养、一生熏陶的铭记和感恩。

吾师吾师得师道

林灿铃　1997级　中国政法大学

世态炎凉，道德沦丧，不学无术，惟我独尊；世风日下，人心不古，耻学于师，圣殇愚盛。嗟乎，师道不存，失之久矣！

经年混沌，圣者必出，涤荡污浊，贤才脱颖！吾师勤勉，六艺经传，口不绝吟，百家之编，手不停披；吾师治学，纪事者也，必提其要，纂言者也，必钩其玄；吾师为文，简言精要，闳中肆外，补苴罅漏，张皇幽眇；吾师之道，博古通今，国际之法，觝排异端，攘斥蛊老；吾师育才，有教无类，爱无差等，无贵无贱，无长无少。微观视之，是为中华；宏而言之，实为学术。

世纪之交，吾从吾师，多舛斯人，积跬登堂，受业闻道，师前无拘。吾自茅庐，倍珍机缘；吾自田间，深悟不易；不揣梼昧，勉力擢己，爬罗剔抉，能名一艺，刮垢磨光，能行古道，焚膏继晷，恒兀穷年，贪多务得，细大不捐，朝乾夕惕，刻紫宵旰，沉浸酿郁，含英咀华；业精于勤，行成于思，勤思不辍，兹有年矣。然每当之，荆斋劳形，黢夜倦怠，思懒之际，师范促我，良知益发，精勇倍增，悬梁刺股，继以嚼文。

出世之心，入世之事！忝列师门，吾之至荣！善教吾师，吾继其志！善学吾侪，人继其乐！

星移斗转，日月如梭，甲午金秋，天高气爽，恩师诞辰，古稀之庆，弟子肺腑，援笔为文，感铭师恩，谨此抒怀！

岁月悠悠　师恩难忘

马静　2003 级　中国政法大学

今年适逢我的恩师周忠海教授七十华诞，过往与恩师和师母相处的点点滴滴跃然心头。恩师给予我的点滴终生难忘，感激之情难以言表。作为中国当代法学名家，恩师在国际法领域所取得的成就是有目共睹的，我这里选取的几个小片段可能并不为大家所熟知，我只是想与同门分享恩师对我的影响以及我对恩师的感激。

认识恩师是在 1996 年。那一年的秋天，我和另一位老师接受了一个新的教学任务，为法硕学生讲授法律英语。这是我第一次正式接触法律英语，心里有点忐忑不安。上课之前我们去研究生院找同样教这门课的周老师。那是我第一次正式和周老师说话。老师给我们拿出教材，耐心给我们讲解了教学计划、教学要求，我记得老师还提到了法律英语的特点、普通法、判例制度等。老师的平易近人和和蔼可亲给我留下了深刻的印象，也留下了非常美好的记忆。记得在那个学期的教学中，碰到不明白的地方，我还经常去隔壁教室找周老师请教，期末考试之前我还把周老师请到我的教室里，给同学们解答了有关考试的问题。那一学期的教学任务就这样顺利完成了。

从此以后，我的教学生涯有了改变。自 1987 年从中国政法大学毕业之后，我留校在外语学院工作，从事普通的英语教学。说实话，虽然在外语学院工作了多年，自己总感觉有点不伦不类，对自己的"身份"一直纠结不已：学法律出身，却在从事外语教学。这期间除了做一些法律翻译，与法律没有太多的接触。虽然有些遗憾，但是也没有产生改变的想法。1996 年讲过一次法律英语之后，我的想法开始变了，希望把我从事的英语教学工作与我学过的法律知识结合起来。让我感觉幸运的是，从 1998 年起，研究生院决定为所有研究生开设法律英语课程，外语学院承担了这一教学任务，而我自然而然就变成了教授法律英语的老师。此后，为了加深对英美法律制度的理解和研究，进一步提升自己的教学水平，我又攻读了美国法学院的法学硕士学位，对我现在从事的法律英语的教学和法律翻译的工作有了很大帮助。我现在对自己有了一个恰当的定位，那就是尽量把法律和英语结合起来，教我喜欢的法律英语，做我喜欢的法律翻译。经过多年的探索和努力，法大的法律英语课程逐渐发展起来，外语学院的英语专业今年又设立了"法律英语"和"法律翻译"专业，于 2014 年开始招生。

现在回想起来，周老师不但对我的工作和学习产生了极大的影响，中国政法大学的法律英语的起步和发展也是离不开周老师的。20 世纪 90 年代周老师是中国政法大学研究生院的常务副院长，开设法律英语课程就是在周老师的领导下作出决策的。为此，我专门咨询了老师，结果发现，周老师在中国推动政法大学法律英语的发展方面做出了重大贡献。周老师从 80 年代初就开始在教学中尝试使用外文的原版教材。当时学生的英文水平比较低，为了提高学生的英文阅读水平，培养学生阅读法律英语的能力，周老师为学生们开设了《国际法读本》《外国法律制度》等课程，讲授 case law，使中国政法大学 1983 级和 1984 级研究生大为受益，这两个年级的研究生出国留学的人数在当年也是最多的。周老师还组织了对青年教师的法律英语培训。

到 90 年代，随着对外开放步伐的加快，中国对涉外法律人才的需求急剧增加。为了适应这一需求，加快国家当时急需的涉外法律人才的培养，研究生院计划首先选择性地为法律专业硕士开设法律英语，进而为全体研究生开设法律英语。为此，专门组织编写了教材，并让外语学院参与到法律英语的教学中来。这样，1998 年，我们就正式开始为研究生开设了法律英语课程，中国政法大学也成为全国法律院校中首开法律英语课程的法学院。而今，中国政法大学的法律英语课程已经走在全国的前列，法律专业的本科生从一入学就开始学习法律英语，我们所开设的课程已经不仅仅局限于法律英语，也开设了其他相关课程，如法律英语的听说、写作、翻译。我自己近年就开设过"英美法律制度""美国刑法""国际法""美国侵权法"和"英国商法"等课程，研究了大量的英美法案例，并且做了大量的法律翻译工作。

2002 年，我产生了成为周老师弟子的念头，但我却不敢贸然报考。虽然我本科毕业于国际经济法专业，但是，毕业后我主要从事外语教学，后来又集中于英美法律制度的教学与研究，我深知自己的国际法知识达不到老师的要求。经过周老师的同意，我开始旁听老师为国际法专业的博士生和硕士生开设的有关国际法的课程。经过一年的旁听和努力学习，我对国际法加深了认识和理解，并于 2003 年勇敢报考，最终得偿所愿，成为周老师的正式学生。

大家可能不知道，我认识师母贾蕴青教授已经 31 年了。1983 年，我考入中国政法大学，开学不久，一位美丽端庄的女老师就引起了我们这些学生的注意。这位优雅、知性的女性就是我们的师母贾老师。虽然贾老师没有教过我们班，但是，贾老师的美好形象已经深深地留在了我的心中。可想而知，当我知道贾老师就是师母的时候，我真是欣喜万分。在以后多年的相处中，我更是体会到了师母的温文尔雅、善解人意和细致体贴。二位恩师的宽容、体恤和从容一直吸引着我。我相信他们的人格魅力也在吸引着所有的学生。

感谢老师在我的学术之路上的引领，感谢师母带给我的温暖，感谢二位恩师在工作、学习和生活方面给我的谆谆教诲和殷切关怀。

祝老师身体健康！万事顺意！

我眼中的老师和师母

周丽瑛　2003 级　首信律师事务所

在周老师的众多学生中，我大概算最不思进取的，2006 年博士毕业便远离一线工作，安心沏茶，专心练瑜珈……做毕业论文时潜心研究的外层空间诸多法律问题，随论文的完成，也放飞到了外太空。

老师很失望，说：你每天泡普洱茶，又何必读国际法？甚至还说：你年轻轻的不工作，必未老先衰！

师母在这个时候总是打圆场：我觉得小周选择自己喜欢的生活也挺好！读博士是为感受学术氛围，为提高自己的修养，不一定为功名！

这是八年前，我博士毕业时的情景。大概是因为我也姓周，我和老师、师母在一起，更像一家人。我也有意在生活小事上多融入一点。比如说樱花季节一起去玉渊潭，春茶上市时一起品龙井。我们也讨论装修时怎么选材料，哪种蘑菇更有营养等。

我自然不敢从学术成就上评价老师，我谨从我的角度看老师和师母，说两个侧面吧。

神仙眷侣

有一年玉兰花开时，我和老师、师母在大觉寺喝茶，老师盯着那株著名的紫玉兰自言自语，无论我们聊什么，他都只说眼前的玉兰，一会儿花朵好，一会儿花瓣好……我和师母时不时笑他"痴"，忽然师母话锋一转，说，"周老师一向这么目中无人，特别自负，不过作为夫妻……"，我等着她继续批评他，师母接着说："作为夫妻，我却不得不认为他的每一次自负都是对的"。

我惊讶之余，作为一个女人，对师母的"认识"，高度认同！

还有一次，为了一篇文章，老师在课堂上很生气地批评某同学，随之殃及大家，老师越说越生气，上升到了我们集体学术态度有问题。正在气氛很紧张的时候，周老师忽然放慢了语速，说了一句，"贾老师常提醒我，要多鼓励，少批评。"凝重的气氛顿时被打破，全班同学都笑了。从此以后，每每聚会，同学们都要敬师母酒，认为师母的提醒非常及时。

有礼有节

老师不乏童真，师母也放纵自己对此的欣赏。他们的生活充满着诙谐、愉悦，常常笑语喧哗，但同时他们又是井井有条、很拘礼节的人。和很多教授相比，他们的书房更整洁，他们的客厅更温馨，他们的生活更从容。每逢过年，他们挂春联、贴年画、穿唐装，落地玻璃上贴着"年年有鱼"，欧式沙发上，穿得喜气洋洋的老师、师母接待着来访的学生。他们说话、做事总是有礼有节，尊重别人也爱惜自己。

一件小事，让我记忆深刻。我在老师家吃饭，席间，开了一瓶红酒，师母拿出四个很讲究的红酒杯，我们仨一人一杯，另一杯拿到厨房，师母笑容可掬地递给做饭的阿姨。看我诧异，师母说，我们每次喝酒，都给阿姨倒同样的一杯。

同样，他们也对无礼，说"不"！

几年前，老师到了退休年纪，和其他德高望重的教授一样，学校会返聘老师继续留任，老师本也愿意，他的身体和精力都足以支持他继续留在他得心应手的领域。到了去行政部门办手续时，经办人让老师写一个"申请"，老师更正说，"是领导要聘请我，不是我申请返聘"。经办人说，"学校有规定，返聘的教授都要写申请"。老师很坚定地说，"不，我不申请！"

就这样，老师从容转身，携师母步入世外桃源。

老师和师母没有生养孩子，却有一个庞大的家庭，和很多大户人家一样，有些孩子保家卫国，有些孩子在朝为官，有些孩子经商在远方，也有些孩子在家务农……我大概就是这个务农的孩子吧，希望功成名就的兄弟姐妹们，经常能衣锦还乡，老师、师母在世外桃源里，也惦记着大家！

感恩的心

张小奕　2010 级　中国政法大学

接到通知，希望我作为关门弟子，为老师"七十华诞文集"提交纪念文章，我内心紧张不已。与在各领域中早已有深远造诣的各位师兄、师姐相比，我的事业和家庭才刚刚起步，无任何可圈可点之处。但转念一想，正是这份懵懂和稚嫩，才让老师和师母为我这个关门弟子倾注了更多的关怀和精力，伴我度过转型期，领我步入正轨。夜深人静，点点滴滴浮上心头，与两位恩师相处的一幕幕仿佛就在昨日。初为人母的我，此刻对恩师的教诲似乎有了更深的认识。心绪难平，提笔挥毫，记录这一难忘的成长历程。

感恩老师

要有信仰，有风骨

老师教授给我的第一个信条就是爱国主义。对于从事国际法研究的学者，必须深刻地理解当前的政策和局势，必须坚定地维护祖国的利益。老师对祖国的热爱是如此深厚、真挚和恳切，以至于已经融入了血液，成为了信仰。还记得，老师为我讲述他早年留学美国，为祖国的尊严舌战群儒的故事；仍留恋，老师在会议上拍案而起，力陈己见、针砭时弊的精彩瞬间。正是这种对祖国的热爱，促成了老师刚正不阿的风骨。即使在国际法不受重视，海洋国土未被正视的年代，老师也秉承着这份执着，坚守着这份孤独，潜心研究，著书立说，开领了我国海洋法领域的诸多先河。老师的风骨和气节已经成为师门的一个符号，牢牢地印刻在我心中，成为我做人处事的准则；老师的爱国情怀和海洋情节，深深地感染了我，让我义无反顾地投身海洋法，誓做"海洋人"。

如何安身立命？

老师对我的教诲还在以下两个命题：以何安身立命？何以安身立命？做研究者，当以著作安身立命。写作是一项硬本领，旁征博引、严密论证、自圆其说，需要的是真功夫。老师反复强调写作的重要性，多次要求我要勤练笔，对我的毕业论文也严格把关，精心修改。老师的嘱咐和指点，每每细细想来，都有新的受用；老师的学说和著作，每每品读起来，都有新的启迪。紧接着，如何安身立命呢？这是愈加复杂的命题。老师赐给我的十五个字，使我豁然开朗——博学之，审问之，慎思之，明辨之，笃行之。海纳百川、兼容并包，是为学的第一阶段；怀疑精神、有问必究，是为学的第二阶段；"审问"之后还要认真推敲、仔细考察、清楚辨别，此为"慎思""明辨"；践履所学、学以致用、知行合一，是为学的最后阶段。唯有如此，方能学有所依、学有所成、安身立命。老师之为学，是此十五字箴言的最好诠释。让我印象颇深的是老师给我讲述的那段留学往事。当时国内海洋法研究尚未起步，老师担负使命，公派至美国弗吉尼亚大学法学院研习海洋法。为了领悟海洋法的要义，老师夜以继日，勤学不辍，手不释卷，潜心典籍，用一年时间阅遍图书馆所有海洋法著作，参透了科技进步决定着海洋法发展这一内在规律，洞察了发展中沿海国扩大管辖权的历史机遇和必然趋势。回国之后，老师笔耕不辍，学术成果文思泉涌，许多学说成果乃学科领域的巅峰之作，二十余年之后仍无人超越，各地学者争相拜读。老师的博学笃行，不仅得以安身立命，而且桃李满天下，为各行各业培育了众多杰出人才。

在感慨老师成就之余，我更感恩老师之严教。刚入师门时，我心浮气躁，眼高手低，学问尚未入门，就不顾老师规劝执意出国。结果不仅国外学习浅尝辄止，还险些耽搁国内的博士学业。期间多亏老师严格要求，我才不至于荒废学业；回国后，老师又倾心辅导，督促论文，并帮助我联系工作事宜，如此这般，我才圆满完成学业，并顺利找到了心仪的工作。回想起来，老师的教诲，老师的恩情，将永远铭记在心；向前望去，仍须心无旁骛，潜心研究，谨遵师嘱，安身立命。

感恩师母

如果说老师在宏观的层面上教会我做人为学之道，那么师母则是在微观层面，教会我如何经营精彩的人生。

要坚强，要自信

与老师的严格治学相比，师母对我的影响更在于内心的感化。师母教会我坚强。记得博士一年级时，由于心理的波动，我曾一度消沉。师母敏锐地察觉到了我的心理变化，把我叫到家中，促膝长谈，还挽留我在家中吃饭。那顿饺子的香味我至今记忆犹新。师母的悉心关怀和谆谆教诲，让我平稳地度过了转型期，并变得越来越坚强。转眼间我进入博士三年级，面临着找工作的巨大压力。头脑单纯、未经涉世的我能够留在北京吗？能够在这里立足吗？面对种种不确定，我胆怯了，怀疑了，退缩了。迷茫苦闷之时，我又向师母寻求指点。师母直截了当地指出我的要害问题，就是缺乏自信。她认真地鼓励我，为我分析我的各项优势，最后坚定地说，"小奕，周老师选中你当他的关门弟子，就证明你是足够优秀的！你没有任何理由不自信！"或许师母自己都不知道，这番话在我心目中有多大的分量。能够得到老师和师母这样德高望重的学者的认可，是多么振奋人心！在这种鼓舞下，我勇敢地经受住了各项考验，终不负老师期望，斩获头筹。回忆起来，博士期间的这三年是我获益最多的三年，不仅是学业的进步，更在于心理的成熟和感悟，而这些获益，与师母的开导和点播是密不可分的。

要温柔体贴，更要有自己的事业

师母是我心目中的偶像和榜样，向我展示了完美女性的特质。这种特质首先在于对家庭的付出。师母对老师的照顾可谓无微不至，从生活起居，到接待应酬，师母都全力以赴，为老师筑起了坚实的后盾。除贤惠和细腻之外，师母身上还闪烁着智慧，这种智慧来自于对自己事业和爱好的追求，这正是众多女性无法企及的。在教书育人方面，师母桃李芬芳；在治学研究方面，师母也造诣匪浅。还记得师母为我讲述当年的教学生活时眼中射出的光芒，那丝愉悦和享受的情感至今仍触动我的心弦。没有事业的女性只能成为生活的附属品，只有对事业勇敢追逐同时兼顾家庭的人，才能收获最终的幸福。

提笔至此，早已夜不能寐。未曾试想，四年前我与老师和师母结缘，改变了我一生的轨迹。我的每一次进步，每一步成长，无不浸透着老师和师母的心血。师恩浩荡，情深似海！在感激老师恩情，感慨入周门之幸的同时，我还应谨记恩师的嘱托，对镜自省，扪心自问：我做到不辱师命了吗？

祝恩师海屋筹添、福寿康宁！

附　录

周忠海教授培养的博士研究生

说明：本附录来源于《周忠海教授国际法论文集》。未做变动，仅更新了信息。

博士生

李居迁

1996 级国际法学专业国际经济法方向博士研究生，1999 年授予法学博士学位，其学位论文为《WTO 争端解决机制研究》。现任中国政法大学国际法学院副院长、教授。

宫立云（女）

1996 级国际法学专业国际经济法方向博士研究生，1999 年授予法学博士学位，其学位论文为《WTO 框架下的金融服务：贸易法律与全球化挑战》。现任中共广东省委纪律检查委员会办公厅副主任。

张耿铭

1996 级国际法学专业国际经济法方向博士研究生，1998 年授予法学博士学位，其学位论文为《论关贸总协定的贸易制度》。现任台北市律师，台湾文化大学副教授、台湾东吴大学法学院兼职教授。

牛光军

1997 级国际法学专业国际经济法方向博士研究生，2000 年授予法学博士学位，其学位论文为《国际投资待遇论》。现任中国银行总行投资部处长。

孙炳辉

1997 级，1997 级国际法学专业国际海洋法方向博士研究生，2000 年授予法学博士学位。其学位论文为《共同开发海洋资源法律问题研究》。现任职于中共外联部当代世界研究中心。

林灿铃

1997级国际法学专业国际公法方向在职博士研究生，2000年授予法学博士学位，其学位论文为《论跨界损害的国家责任》。现任中国政法大学国际法学院国际法研究所教授、博士生导师。

简育宗

1998级国际法学专业国际经济法方向博士研究生，2000年授予法学博士学位，其学位论文为《两岸保险法律比较研究》。现任台湾一人寿保险公司董事长。

马呈元

1998级国际法学专业国际公法方向在职博士研究生，2001年授予法学博士学位，其学位论文为《国际犯罪及其责任》。现任中国政法大学国际法学院副院长、国际公法研究所教授。

刘敬东

1998级国际法学专业国际经济法方向在职博士研究生，2001年授予法学博士学位，其学位论文为《国际融资租赁法律问题研究》。评为校级优秀博士论文，中国社会科学院法学研究所博士后。现任中国社会科学院法学研究所、国际法研究中心研究员，国际经济法研究室副主任。

王天红

1998级国际法学专业国际经济法方向博士研究生，1999年授予法学博士学位，其学位论文为《与贸易有关的环境法律问题研究》。现任江苏省高级人民法院民事审判庭法官。

成向阳

1998级国际法学专业国际经济法方向博士研究生，2004年授予法学博士学位，其学位论文为《论金融衍生工具的国际监管》。曾在澳门中国银行证券部工作，现任北京市德衡律师事务所律师。

林瑞珠（女）

1998级国际法学专业国际经济法方向博士研究生，2001年授予法学博士学位，其学位论文为《论电子贸易法制之发展新趋势》。中国社会科学院法学研究所博士后。现任台北科技大学法学部副教授。

张冀明

1999级国际法学专业国际经济法方向博士研究生，2001年授予法学博士学位，其学位论文为《全球电子商务安全法制之研究》。现为美国某律师事务所北京办事处合伙人。

刘国智（女）

1999 级国际法学专业国际经济法方向博士研究生，2002 年授予法学博士学位，其学位论文为《电子银行若干法律问题研究》。现任国家环境保护总局国际司副处长。

王铁栋

1999 级国际法学专业国际经济法方向博士研究生，2002 年授予法学博士学位，其学位论文为《电子支付的风险划分与管理研究》。现任对外经济贸易大学工商学院副教授。

孙维佳

1999 级国际法学专业国际经济法方向在职博士研究生，2004 年授予法学博士学位，其学位论文为《论欧盟电子商务消费者权益保护制度》。任北京 2008 年奥组委宣传部副部长，新闻发言人，北京奥组委媒体运行部部长。现任北京市旅游委员会副主任。

李鸿生

1999 级国际法学专业国际经济法方向博士研究生，2002 年授予法学博士学位，其学位论文为《论电子商务的税法问题》。现任香港鸿生其昌律师事务所律师。

鲍永正

1999 级国际法学专业国际经济法方向博士研究生，2002 年授予法学博士学位，其学位论文为《电子商务知识产权法律制度研究》。清华大学经济管理学院博士后，现在北京从事工作。

谭黎华（女）

2000 级国际法学专业国际经济法方向博士研究生，2004 年授予法学博士学位，其学位论文为《论国际贸易中的保障措施》。2003 年获美国乔治华盛顿大学法学院硕士学位，已取得美国纽约州律师资格，现任美国加州硅谷某律师事务所律师。

吴　伟

2000 级国际法学专业国际经济法方向博士研究生，2003 年授予法学博士学位，其学位论文为《证券投资基金法律问题及其跨国活动法律监管研究》。现任深圳华鹏基金会秘书长，副总裁。

范晓莉（女）

2000 级国际法学专业国际海洋法方向在职博士研究生，2003 年授予法学博士学位，其学位论文为《海洋环境保护的法律制度与国际合作》。国家海洋局国际合作司副司长，2002 年在广西壮族自治区北海市挂职任市委常委、副市长。2003 年任防城港市市长，后

任广西壮族自治区贸促会会长，广
西壮族自治区党委常委、自治区外
事办公室主任，党组书记。领导和
主持自治区外事办公室、自治区港
澳事务办公室全面工作。

王　霞（女）

2000 级国际法学专业国际经
济法方向博士研究生，2003 年授
予法学博士学位，其学位论文为
《国际税收竞争法律问题研究》。
后到英国留学。现在北京交通大学
法学院任教，副教授。

李　萍（女）

2000 级国际法学专业国际经
济法方向在职博士研究生，2003
年授予法学博士学位，其学位论文
为《NAFTA 国际投资法律问题研
究》。现任金杜律师事务所高级合
伙人，济南、青岛分所主任。

谢海霞（女）

2000 级国际法学专业国际经
济法方向在职博士研究生，2003
年授予法学博士学位，其学位论文
为《论 WTO 与国际竞争法》。现
任北京市首都经济贸易大学法律系
副教授，系总支书记，院长。后在
英国政治经济学院留学、访问。

任其昌

2000 级国际法学专业国际经
济法方向博士研究生，2003 年授

予法学博士学位，其学位论文为
《网络证券法律问题初探》。现任
香港鸿生其昌律师事务所律师。

欧必胜

2000 级国际法学专业国际经
济法方向博士研究生，2003 年授
予法学博士学位，其学位论文为
《防治证券市场操纵行为之法律问
题》。现在台湾高雄市中山大学任
教，副教授。

张　沐（女）

2001 级国际法学专业国际经
济法方向在职博士研究生，2004
年授予法学博士学位，其学位论文
为《金融业跨境并购法律问题研
究》。现在中国银行总行证券部
工作。

王玉玮

2001 级国际法学专业国际法
方向博士研究生，2004 年授予法
学博士学位，其学位论文为《欧共
体与 GATT WTO 的法律关系若干问
题研究》。现为上海市同济大学法
律系教师。

王忠宝

2001 级国际法学专业国际法
方向博士研究生，2004 年授予法
学博士学位，其学位论文为《论国
际法上的禁止使用武力原则》。现
在公安部一所工作。

黎晓光（女）

2001级国际法学专业国际经济法方向在职博士研究生，2004年授予法学博士学位，其学位论文为《中外行业仲裁法律制度比较研究》。现任中国国际经济贸易仲裁委员会深圳分会副秘书长，中国国际经济贸易仲裁委员会处长。

王　娜（女）

2001级国际法学专业国际经济法方向博士研究生，2004年授予法学博士学位，其学位论文为《国际法对转基因产品国际贸易的管制》。美国哥伦比亚大学法学院法学硕士学位，现在上海市一所律师事务所任律师。

钟兆馨（女）

2001级国际法学专业国际经济法方向博士研究生，现在台湾地区新竹科技园区工作。

慕德升

2001级国际法学专业国际经济法方向博士研究生，2004年授予法学博士学位，其学位论文为《跟单信用证若干法律问题研究》。现任美国运输公司北京分公司总经理。

赵建文

2002级国际法学专业国际公法方向博士研究生，2004年授予法学博士学位，其学位论文为《国际法上的国家责任》。现任郑州大学法律系国际法教研室主任，教授。现任中国社会科学院法学研究所、国际法研究中心研究员，教授。

黄建中

2002级国际法学专业国际法方向在职博士研究生，2005年授予法学博士学位，其学位论文为《国际法庭管辖权研究》。现任最高人民法院政研室高级法官。

尹立杰

2002级国际法学专业国际经济法方向博士研究生，2005年授予法学博士学位，其学位论文为《GATS框架下的跨国银行监管》。在中国人民银行法律处工作。

张露藜（女）

2002级国际法学专业国际法方向博士研究生，2005年授予法学博士学位，其学位论文为《国家豁免专论》。北京市政法学院副教授。

朱建庚（女）

2002级国际法学专业国际法方向在职博士研究生，2005年授予法学博士学位，其学位论文《海洋环境保护中的风险预防原则研究》，被评为校级优秀博士论文。现任中国政法大学国际法学院国际法研究所副教授。

王曙光

2002 级国际法学专业国际经济法方向在职博士研究生，2005 年授予法学博士学位，其学位论文为《国际投资自由化法律待遇研究》。现任山西省财贸厅投资处处长。

卓英仁

2002 级国际法学专业国际法方向博士研究生，2004 年授予法学博士学位，其学位论文为《论国际环境法发展趋向及对中国环境法影响》。现在台北市工作。

简嘉宏

2002 级国际法学专业国际经济法方向博士研究生。

崔钟威

2002 级国际法学专业国际经济法方向博士研究生。

陈金池

2002 级国际法学专业国际经济法方向博士研究生，2004 年授予法学博士学位，其学位论文为《论 WTO 诸边协议中之政府采购协议》。退休在台北市。

鲍夏明（女）

2002 级国际法学专业国际经济法方向博士研究生。

马 静（女）

2003 级国际法学专业国际法方向博士研究生，2006 年授予法

学博士学位，其学位论文为《论国际义务的性质》。现任中国政法大学外国语学院教授。

周丽瑛（女）

2003 级国际法学专业国际法方向博士研究生，2006 年授予法学博士学位，其学位论文为《外层空间活动商业化的法律问题》。现任北京首信律师事务所主任律师。

王海虹（女）

2003 级国际法学专业国际法方向博士研究生，2006 年授予法学博士学位，其学位论文为：《国家豁免问题研究》。现为北京市高级人民法院刑二庭副庭长。

张 伟

2003 级国际法学专业国际法方向博士研究生，2006 年授予法学博士学位，其学位论文为《国际人权组织人权保护机制》。现任中国政法大学人权研究院常务副院长。

李 红（女）

2003 级国际法学专业国际法方向博士研究生，2006 年授予法学博士学位，其学位论文为《国际组织的责任》。现为山东省律师，北京大成律师事务所合伙人。

李晓民

2003 级国际法学专业国际法方向博士研究生，2006 年授予法

学博士学位，其学位论文为《地理标志法律保护机制研究》。现任江西省景德镇市人民政府副秘书长，市改革发展委员会主任。

刘长敏（女）

2003 级国际法学专业国际法方向博士研究生，2006 年授予法学博士学位，其学位论文为《朝鲜核问题解决中的国际斡旋与调停》。现任中国政法大学政治与公共管理学院分党委书记、教授，博士生导师，中国政法大学党委宣传部长。

李 刚

2003 级国际法学专业国际海洋法方向博士研究生，2006 年授予法学博士学位，其学位论文为《论海洋污染责任认定及赔偿》。中国社科院法学研究所博士后。曾任中央人民广播电台新闻编辑室记者，现为北京市安全监督局干部。

沈尚珍（女）

2003 级国际法学专业国际经济法方向博士研究生。

陈百贤

2003 级国际法学专业国际法方向博士研究生，2006 年授予法学博士学位，其学位论文为《论船舶污染损害赔偿》。台湾震旦集团上海办公用品公司总监。

许诏智

2003 级国际法学专业国际经济法方向博士研究生，2006 年授予法学博士学位，其学位论文为《贸易自由化与可持续发展》。

章毓群（女）

2003 级国际法学专业国际经济法方向博士研究生，2006 年授予法学博士学位，其学位论文为：《论信息时代著作权国际保护的发展与调整》。台北科法律师事务所主任。

叶志华

2003 级国际法学专业国际法方向博士研究生，2006 年授予法学博士学位，其学位论文为《TRIPs 框架下药品专利强制许可之修法趋势研究》。

刘帅贤

2003 级国际法学专业国际法方向博士研究生，2007 年授予法学博士学位，其学位论文为《发展中国家对跨国投资垄断行为的规制》。现任香港特别行政区公务员。

张丽英（女）

2003 年国际法学专业国际经济法方向博士研究生。2006 年授予法学博士学位，其学位论文为《船舶扣押的理论与实证研究》。曾任中国政法大学国际法学院副院长，英国班戈孔子学院院长，国际经济法研究所教授，博士生导师。

王秀梅（女）

2004 级国际法学专业国际法方向博士研究生。2007 年授予法学博士学位，其学位论文为《国家对国际社会整体的义务》。现任职西北政法学院，三级教授。

吴双全

2004 级国际法学专业国际法方向博士研究生。2008 年授予法学博士学位，其学位论文为《少数人权利的国际保护——以〈公民权利和政治权利国际盟约〉第 27 条为视角》。现任兰州大学法学院副教授。

张 旭

2004 级国际法学专业国际经济法方向博士研究生。2007 年授予法学博士学位，其学位论文为《论跨国公司的国际人权责任》。现在北京市朝阳区 CBD 中心规划处处长。

陈 威

2004 级国际法学专业国际法方向博士研究生。2007 年授予法学博士学位，其学位论文为《论专属经济区的剩余权利》。现为中国人民武警部队交通指挥中心上校。

张榆青（女）

2004 级国际法学专业国际经

济法方向博士研究生，2007 年授予法学博士学位，其学位论文为《国际出口信贷法研究》。北京矿业学院研究生部教师。

恽轶群

2004 级国际法学专业国际经济法方向博士研究生，2007 年授予法学博士学位，其学位论文为《电子商务中知识产权国际保护之研究》。台北市律师。

陈怡君（女）

2004 级国际法学专业国际经济法方向博士研究生，2007 年授予法学博士学位，其学位论文为《金融自由化国际化与金融监理研究》。

张卫华

2005 级国际法学专业国际法方向博士研究生，2008 授予法学博士学位。其学位论文为《新港学派视野中的外交保护法》。任职于广东省珠海市人民政府办公厅。

李文沛（女）

2005 级国际法学专业国际海洋法方向博士研究生，2008 年授予法学博士学位。其学位论文为《国际海洋法之海盗问题研究》。现为中国劳动关系学院法律系讲师。

郭红岩（女）

2005 级国际法学专业国际法

方向博士研究生，2010 年授予法学博士学位。其学位论文为《跨界损害损失分担基本理论问题研究》。中国政法大学国际法学院副教授，国际公法研究所所长。

董 萧

2006 级国际法学专业国际法方向博士研究生。2009 年授予法学博士学位。其学位论文为《论国际航权交换》。现为北京市律师。

赵 晋

2006 级国际法学专业国际法方向博士研究生。2009 年授予法学博士学位。其学位论文为《论海洋执法》。国资委工作。

马福威

2007 级国际法学专业国际法方向博士研究生。2010 年授予法学博士学位，其学位论文为《国际反恐与国际法》。中华人民共和国外交部驻日本大使馆三秘，外交部条约法律司海洋处。现任北京市大兴区外事办公室主任。

齐湘泉

2006 级国际法学专业国际法方向博士研究生。2008 年授予法学博士学位。其学位论文为《外国仲裁裁决承认及执行若干法律问题研究》。中国政法大学国际法学院教授，博士生导师。

吴晓峰

2007 级国际法学专业国际法方向博士研究生。2010 年授予法学博士学位，其学位论文为《维和行动中的人道法研究》。上海市浦东区检察院检察官。

武长海

中国政法大学教师，2007 年进站，博士后。2009 年 6 月出站。中国政法大学副教授。

商千仪（女）

2003 级国际法学专业国际法方向博士研究生。

吴俊彦

2003 级国际法学专业国际法方向博士研究生，2010 年授予法学博士学位，其学位论文为《电子信息专利法律问题》。

杨长峰

2003 级国际法学专业国际法方向博士研究生，2012 年授予法学博士学位，其学位论文为《欧盟菲利浦只读光盘案中信息科技的专利强制许可制度研究》。

周立涛

2008 级国际法学专业国际法方向博士研究生。2011 年授予法学博士学位，其论文题目为《能源安全与国家主权》。中国煤炭能源集团法律总监，CEO。

张 毅

2008 级国际法学专业国际法方向博士研究生。2012 年授予法学博士学位，其论文题目为《WTO与区域合作》。曾任中国政法大学规划处副处长，现任北京市国资委规划处副处长。

孟凡明

2008 级军事法学专业博士研究生，2011 年授予法学博士学位，其论文题目为《国际人道法与中国的实践》。中国国防大学战术所副教授，大校军衔。

付泽雄

2008 级国际法学专业国际法方向博士研究生。2014 年获法学博士学位，其学位论文《国际法视角下的海盗》。

顾振豪

2008 级国际法学专业国际法方向博士研究生。

吴淞豫（女）

2008 级国际法学专业博士后，研究海洋法，课题为：《世界主要国家海洋立法的发展趋势和借鉴》。

欧马（OMAR）

尼日利亚留学生，2006 级国际法学专业国际法方向博士研究生，2009 年获博士学位。其学位论文为《几内亚湾东海的海事争端解决》。现在清华大学经济管理学院攻读博士后。

王若源

2009 级国际法学专业国际法专业博士研究生。2012 年授予法学博士学位，其学位论文为《论海上紧追权》。

贺玉珍（女）

2009 级国际法学专业国际法专业博士研究生，东北财经大学教师。2012 年授予法学博士学位，其学位论文为《论金融危机后的金融监管》。

李国光

2009 级国际法学专业博士研究生，2013 年授予法学博士学位。

张永强

2009 级军事法专业博士研究生，中国人民解放军总政治部司法局。现在中央军委法制局任职，上校军衔。2012 年授予法学博士学位，其学位论文为《论非战争时期的联合军演》。

张君周（女）

2009 年国际法学专业博士后，中国民航管理干部学院教师，主要研究航空刑法。2011 年出站，报告为《民用航空的治安管理问题》。

楼剑麒

2010 级军事法专业博士生，中

国人民解放军军事科学院研究员，中校军衔。2014 年授予法学博士学位，其学位论文为《论武力使用规则》。

张小奕（女）

2010 级国际法专业博士研究生，浙江大学法学院法学硕士。2013 年授予法学博士学位，其学位论文为《论海上航行自由》。

谢采廷（女）

2010 级国际法专业博士研究生，2014 年授予法学博士学位，其学位论文为《论岛屿在海洋划界中的效力》。

刘贞辰（女）

2010 级国际法学专业博士研究生。